伟人经典书系
—Weiren Jingdian—
02
毕桂发◎著

谋臣是中国古代知识分子的精英，他们用自己的聪明才智，为帝王献计献策从而服务社会。毛泽东从历史事实出发，重新认识谋臣的独特作用。

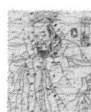

毛泽东看八大谋臣

Maozedong kan 8daMouchen

伟人眼中的帝王将相 细数历代风流人物
WEIRENYANZHONGDEDIWANGJIANGXIANG
XISHUHIYIFENGLIURENWU

台海出版社

图书在版编目（CIP）数据

毛泽东看八大谋臣 / 毕桂发著. －北京：台海出
版社，2011.2
ISBN 978－7－80141－758－9

Ⅰ.①毛⋯　Ⅱ.①毕⋯　Ⅲ.①毛泽东著作研究－政治
人物　②政治人物－人物研究－中国－古代　Ⅳ.①A841.692
②K827=2

中国版本图书馆CIP数据核字（2010）第 259603 号

毛泽东看八大谋臣

著　　者：毕桂发

责任编辑：刘　硕　　　　　　　　　装帧设计：纸衣裳书装
版式设计：水晶方　　　　　　　　　责任印制：蔡　旭

出版发行：台海出版社
地　　址：北京市景山东街20号，　　邮政编码：100009
电　　话：010－64041652（发行，邮购）
传　　真：010－84045799（总编室）
网　　址：www.taimeng.org.cn/thcbs/defauit.htm
E-mail：th-cbs@163.com

经　　销：全国各地新华书店
印　　刷：北京富达印务有限公司
本书如有破损、缺页、装订错误，请与本社联系调换

开　　本：710×1000 mm　1/16
字　　数：160千字　　　　　　　　印　　张：19.5
版　　次：2011 年 6 月第 1 版　　　印　　次：2019 年 4 月第 2 次印刷
书　　号：ISBN 978－7－80141－758－9
定　　价：38.00 元

贺新郎

读　史

人猿相揖别。

只几个石头磨过，小儿时节。

铜铁炉中翻火焰，

为问何时猜得？

不过几千寒热。

人世难逢开口笑。

上疆场彼此弯弓月。

流遍了，郊原血。

一篇读罢头飞雪，

但记得斑斑点点，几行陈迹。

五帝三皇神圣事，

骗了无涯过客。

有多少风流人物？

盗跖庄𫏋流誉后，

更陈王奋起挥黄钺。

歌未竟，东方白。

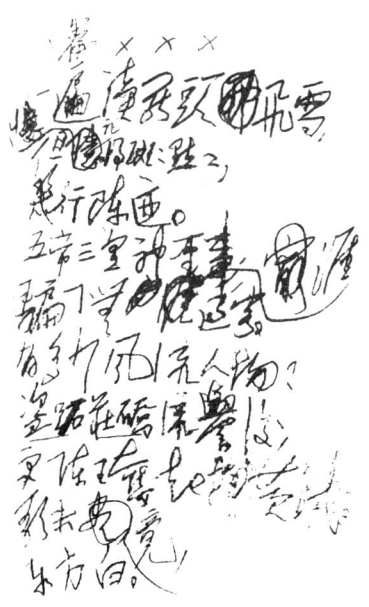

毛泽东《贺新郎·读史》手迹

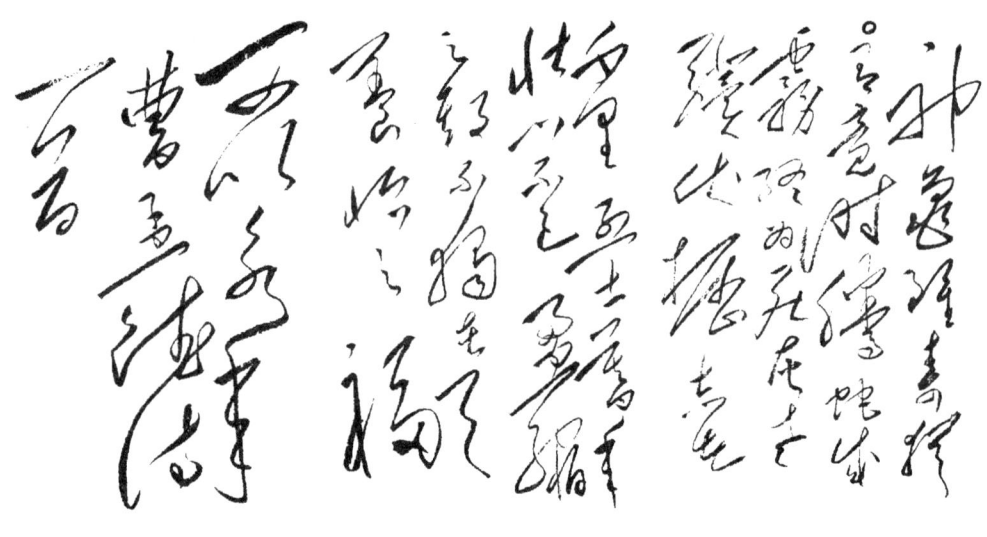

毛泽东《步出夏门行·龟虽寿》手迹

沁园春

北国风光，千里冰封，万里雪飘。望长城内外，惟余莽莽；大河上下，顿失滔滔。山舞银蛇，原驰蜡象，欲与天公试比高。须晴日，看红装素裹，分外妖娆。

江山如此多娇，引无数英雄竞折腰。惜秦皇汉武，略输文采；唐宗宋祖，稍逊风骚。一代天骄，成吉思汗，只识弯弓射大雕。俱往矣，数风流人物，还看今朝。

毛泽东

毛泽东《沁园春·雪》手迹

浪淘沙　北戴河

大雨落幽燕，白浪滔天，秦皇岛外打鱼船。一片汪洋都不见，知向谁边？

往事越千年，魏武挥鞭，东临碣石有遗篇。萧瑟秋风今又是，换了人间。

毛泽东《浪淘沙·北戴河》手迹

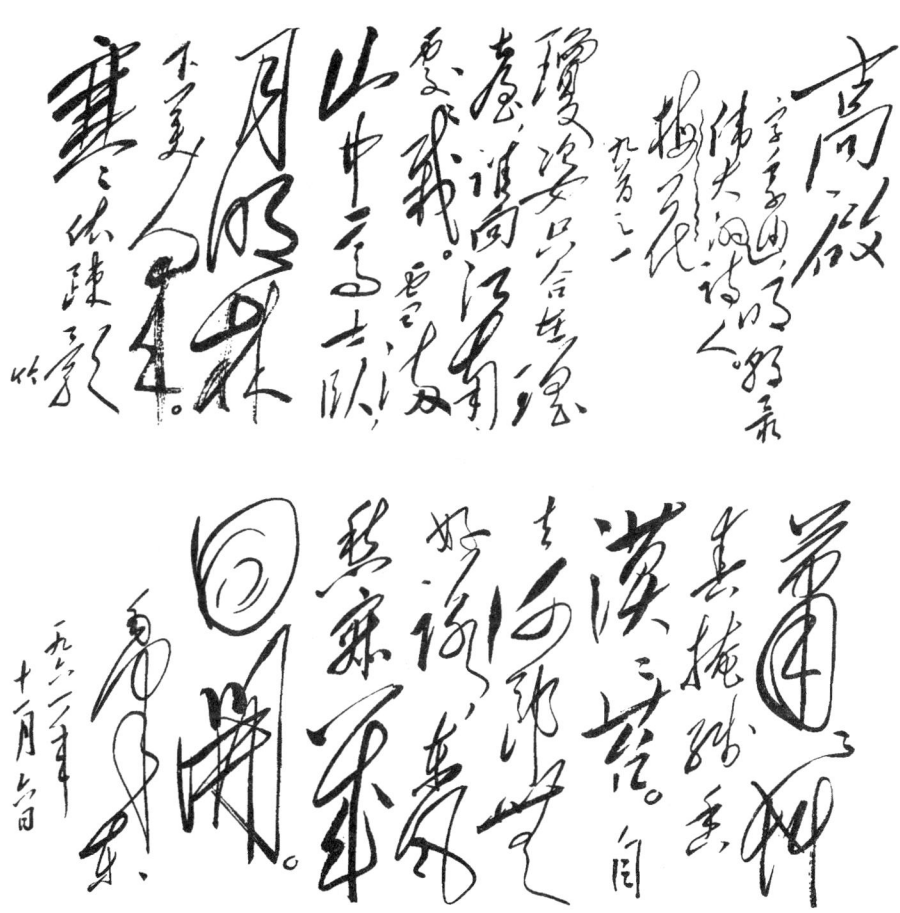

毛泽东手迹（高启《梅花》九首之一）

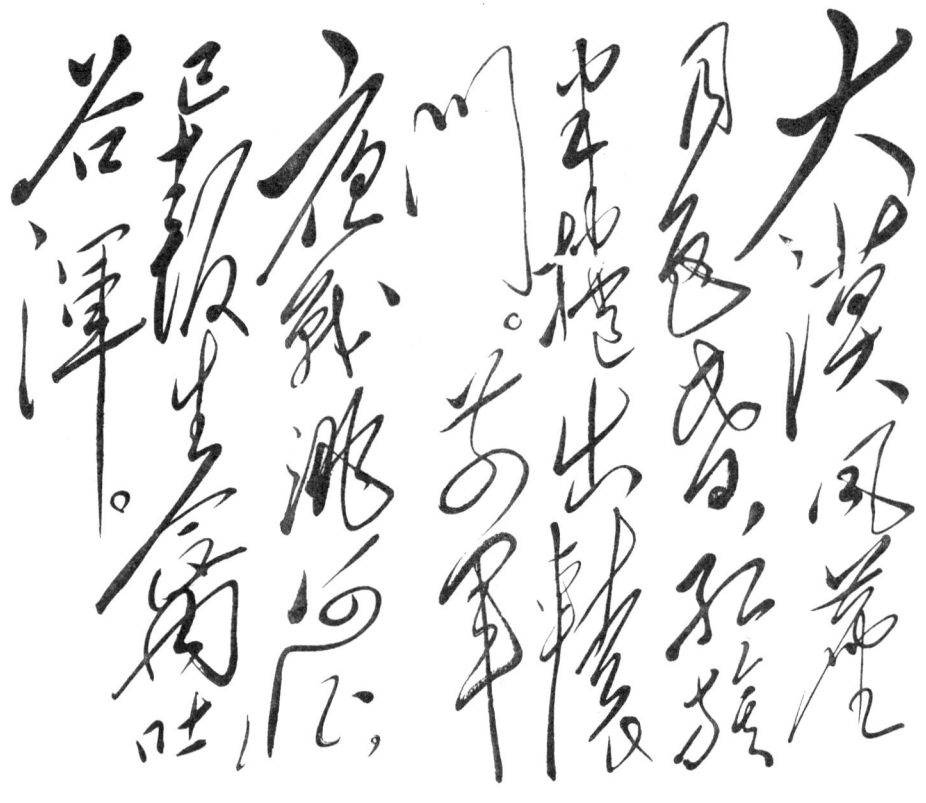

毛泽东《从军行》手迹

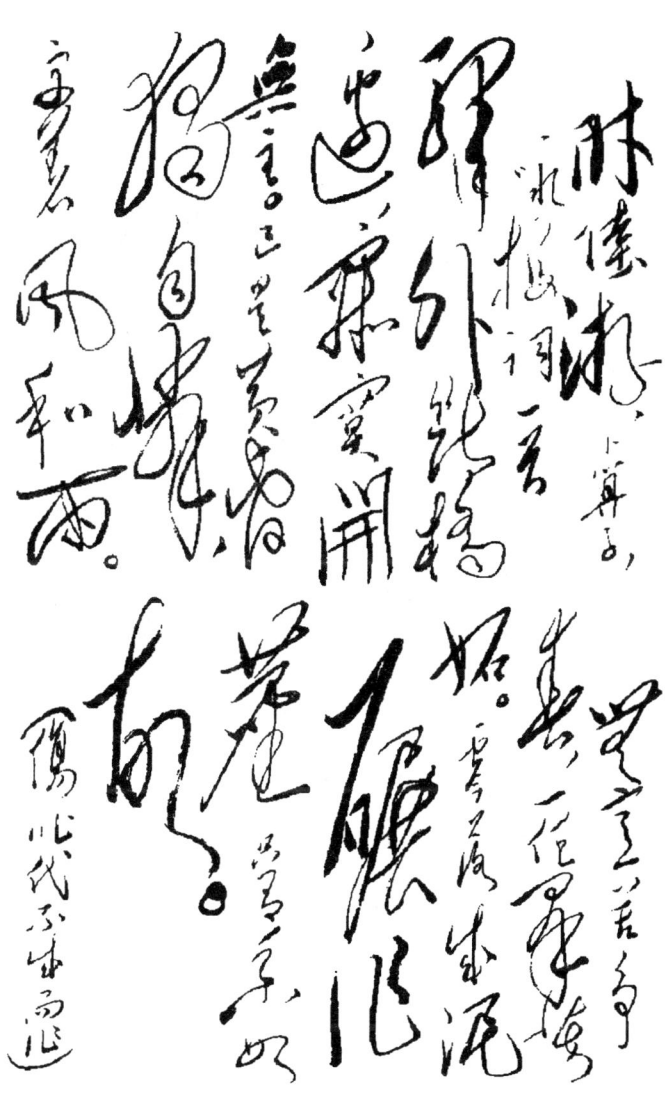

毛泽东手迹《卜算子·咏梅》

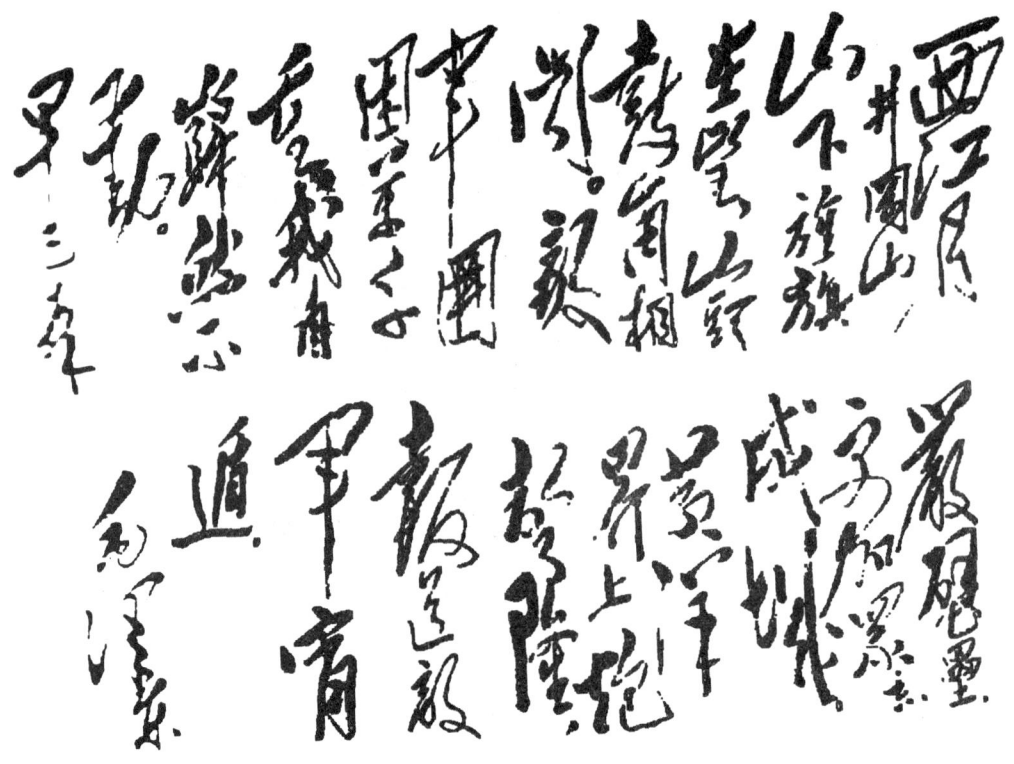

毛泽东《西江月·井冈山》手迹

总　　序

　　为了缅怀伟大的社会主义国家的开国元勋毛泽东和他的战友及广大革命者，我们编写了《毛泽东看八大帝王》、《毛泽东看八大谋臣》、《毛泽东看八大名将》三本书，共收入毛泽东对古代24位人物的评论。

　　每本书中的八个人物都是在某个领域成就非凡，声名赫赫。

　　毛泽东是伟大的无产阶级革命家。他有极丰富的革命经历和过人的智慧，又博览群书，尤其喜读历史书籍。浩如烟海的"二十四史"，他读过多遍，卷帙浩繁的《资治通鉴》，他读过17遍，野史、方志，他也广泛涉猎。其阅读范围之广，恐为一般史学家所不及。他读书时有个习惯，叫做不动笔墨不读书。他往往边读、边圈点、边批注，写下很多精辟的批语，其中不少都是评论历史人物的。在他的文章、诗词、谈话中，也随时谈及不少历史人物。所以，在他一生的言论里，对中国历史长河中的许多人物，都有独特的评述和精辟的见解。我们选取的毛泽东对24位人物的点评，不过是其中很少的一部分。

　　作为一位革命家，毛泽东读史，是要"以史为鉴"，为了解决革命和建设事业中的现实问题，所以，相当多的情况是举例子、打比方，有的是只言片语，却含义深刻，发人深省，是我们理解毛泽东读史的一把钥匙。

我们选取的人物，无疑都是英雄人物，他们在所处的历史时代，都扮演了重要角色，作出了重大贡献。

在撰写本书的过程中，我们力求做到以下几点：

第一，科学性。我们的写法是，每篇分若干部分，题目及各部分标题，都以毛泽东的评论来标示，每一部分把被评者传记相关部分用毛泽东的评述来统率。这样眉目清晰，观点鲜明，毛泽东对某人的看法，一目了然。

第二，知识性。本书除了文字部分以外，还编配了一定数量的被评者肖像、画像、墨迹和有关文物古迹，以及相关的毛泽东的照片、墨迹等，力求做到图文并茂。

第三，可读性。本书是一本普及读物，文字浅显，通俗易懂，特别注意了趣味性，以激发读者的阅读兴趣。

在撰写本书过程中，我们得到了台海出版社以及吕奇伟、石永青先生等的大力支持，参考了相关的研究著作，在此一并致谢。

毕桂发

2010.9.7于河南大学

导　语

　　所谓"谋臣"，通称谋臣策士，就是在历史上参与谋划或善于为帝王出谋划策的臣子。《国语·越语上》："夫虽无四方之忧，然谋臣与爪牙之士，不可不养而择也。"足智多谋的人又被称为"智囊"，常指为别人出谋划策的人。《史记·樗里子甘茂列传》说："樗里子滑稽多智，秦人号为'智囊'。"从事出谋划策或在决策过程中的备咨询的一班人，则被称为"智囊团"。

　　谋臣是中国古代知识分子的精英，是一个特殊的阶层。他们是以自己的聪明才智，为别人献计献策，从而服务社会、服务人民。他们中的大多数出身贫贱，是贫民中的知识分子，但他们智慧超群，抓住机遇，便脱颖而出，干出一番事业。他们中的大多数人是以此来谋求生活出路，但飞黄腾达，成为宰相和将军的大有人在，本书中所选的八位，便是此类人物；有的则只是见义勇为，排难解纷，分文不取，留下千古高风，如曹刿、鲁仲连等人，更令人尊敬。

　　其实，谋臣的本领就是捕捉机遇、多谋善断。正如毛泽东所说："多谋善断，这句话重点在'谋'字上。要多谋，少谋是不行的。要与各方面去商量，反对少谋武断。商量又少，又武断，那事情就办不好。谋是基础，只有多谋，才能善断。谋的目的，是为了断。"又说：

"要当机立断，不要优柔寡断。"（薄一波《回忆片断——记毛泽东同志二三事》，《难忘的回忆——怀念毛泽东同志》，中国青年出版社1995年版，第19页）毛泽东评论曹操的主要谋士郭嘉的这些话，准确地概括了古代谋臣策士的智慧以及谋与断的辩证关系。

马克思主义并不否认杰出人物的聪明才智的特殊作用，但同时又认为这不过是因为他们集中了群众的智慧，是人民群众的突出代表。当然，还是毛泽东说得对："任何一个人都要人支持。一个好汉也要三个帮，一个篱笆也要三个桩。这是中国的成语。中国还有一句成语，荷花虽好，也要绿叶扶持……我们中国还有一句成语，三个臭皮匠，合成一个诸葛亮……单独的一个诸葛亮总是不完全的，总是有缺陷的。"（《在莫斯科共产党和工人党代表会议上的讲话》，《毛泽东文集》第七卷，人民出版社1999年版，第330页）这就正确地阐明了包括谋臣策士在内的英雄人物与人民群众的辩证关系，为我们正确认识谋臣策士的独特作用，提出了正确的立场、观点和方法。

现在我国人民在中国共产党的坚强领导下，正致力于中华民族的伟大复兴事业，学习和借鉴古代谋臣策士多谋善断的智慧，为我国的改革开放和"四化"建设积极出谋划策，对帮助党和政府制定出正确的战略思想与策略思想，具有重要意义。

商鞅是"利国福民伟大之政治家"

李斯的治国策略"有很大的说服力"

张良"运筹帷幄，决胜千里"

"郭嘉这个人足智多谋"

诸葛亮是"办事之人"

陆逊"知己知彼，很会打仗"

"第一奇文"上书人马周

看
八·大·谋·臣

朱升"九字国策定江山"

商鞅是『利国福民伟大之政治家』

朱升

郭嘉　马周　陆逊

嘉　张良　李斯

商鞅　诸葛亮

商鞅（约前390—前338），卫国（今河南安阳市内黄梁庄镇一带）人。战国时期政治家、思想家，著名法家代表人物。卫国国君的后裔，故称为卫鞅，姓公孙，又称公孙鞅，后封于商（今陕西商县东南），后人称之为商鞅。

商鞅像

秦孝公元年（前361）应求贤令入秦，三年说服秦孝公变法图强，五年为左庶长，十年为大良造，二十二年被封为商君，二十四年孝公死后，被旧贵族诬害，车裂而死，全家也遭杀害。在位执政21年（前359—前338），秦国大治，史称"商鞅变法"。

在近现代的诸多思想人物和政治人物中，对法家思想的地位和价值的评价能达到毛泽东所给予的高度的，并不多见。毛泽东对法家思想家与政治家的推崇可谓由来已久。他所留下的最早的文字，题为《商鞅徙木立信论》的中学作文，给予了法家思想极高的评价。

一、"执政者之具费苦心也"

（一）商鞅徙木立信

毛泽东19岁（1912）在湖南省立一中（今长沙一中）读书时写出了一篇受到当时的国文教

员、前清秀才柳潜极力赞誉的作文。柳潜夸奖毛泽东"才气过人，前途不可限量"。这位爱国爱民的前清秀才为什么称赞毛泽东的这篇作文"有功于社会"，为什么预言毛泽东是"伟大之器"呢？今天重读毛泽东的《商鞅徙木立信论》，好生感慨。

徙木立信，见于《史记》卷六十八《商君列传》。原文如下："令既具，未布，恐民之不信，乃立三丈之木于国都市南门，募民能徙置北门者予十金。民怪之，莫敢徙。复曰：'能徙者予五十金！'有一人徙之，辄予五十金，以明不欺。卒下令。"

这段话是说：商鞅强国富民变法的文件已经准备完毕，却没有公布。为何？原来商鞅怕百姓不信任，于是他苦思冥想一番，下令在国都南门外市场立下一根三丈长的大木杆，发布文告，条款是百姓有能够将此木杆从南门搬迁到北门的，就赏给十镒（二十两到二十四两）黄金。百姓对此感到疑惑、惊讶，根本没有人去干这等傻事。商鞅急了，就又发布文告说："有能够搬过去的赏给五十镒黄金。"终于，有一个比较憨的人把木杆搬到了北门。商鞅大喜，立即召开群众大会，当众兑现奖赏，给了那个汉子一百多两黄金。商鞅的这个举措，足以表明他没有欺骗百姓。这件事，一传十，十传百，全国人民立刻都知道了，商鞅这才颁布了变法的法令。

在文中，毛泽东肯定"商鞅之法，良法也"，热情赞扬商鞅是我国历史上"首屈一指"的"利国福民伟大之政治家"。

变法或改革都要取信于民，并且还必须以法治为辅助。由于变法或改革的受众是广大的民众，取信于民有利于获得广泛的支持和信任；变法或改革不是一朝一夕的事，要保持改革的顺利进行和改革的成果，法治的确是关键。人治，只会带来人亡政息的后果。

商鞅以重法著称，他极力主张以"法"代"礼"，反复告诫国君"不可以须臾忘于法"。他认为，法之所以重要，是因为它具有"定分止争"和"兴功禁暴"的作用。"缘法而治"是法家的基本主张，最早由商鞅在秦国付诸实施。他认为，"利天下之民者莫大于治，而治莫康于立君，立君之道莫广于胜法"，"民本，法也。故善治者塞民以法，而名地作矣"。因此，商鞅变法之所以较成功，一个重要的原因就是强化法治。他把变法中行之有效的措施用法律形式固定下来，强制贯彻，或者通过制定法律改变旧有的经济关系和某些阶层的特权，保证变法有效地进行，并巩固它取得的成果。如果不以法治，而以人治，那么随着统治者的变化，变法就有可能终止或废弃。

（二）与保守派的斗争

商鞅入秦之时，秦国还很落后。秦晚至春秋才立国，又偏处西陲，民众袭用戎狄习俗，"父子无别，同室而居"，贵族身亡，以人殉葬，一人犯罪，诛及三族，中原各国鄙视秦国，不让它参加"会盟"。秦国长期内乱，战备不修，魏国乘虚而入，夺去了肥沃的河西之地。面对如此严峻的内外形势，秦孝公于公元前361年继位伊始，就下令"求贤"，公开承认"诸侯卑秦，丑莫大焉"，并且诚心表示，"宾客群臣有能出奇计强秦者，吾且尊官，与之分土"。可见，就现实而言秦国有变法的需要，秦孝公有变法的想法。否则，秦国有可能亡于战国其他强势对手之下。

另外，当时形势瞬息万变，楚有吴起变法，魏有李悝改革。当别人大踏步前进时，弱小的秦国也需要短期而有实效的强国之策。所以，商鞅的"帝道"、"王道"、"霸道"三"道"治国之策中的"霸道"，内蕴严厉的法家思想，正合孝公之意，两人"语数日不厌"。经过这次长

"秦用商君之法，人以富，国以强，诸侯不敢抗，及七君而天下为秦。使天下为秦者，商君也。"（《讲堂录》·《毛泽东早期文稿》，湖南人民出版社1990年版，第602页）

吴起像。公元前382年，楚悼王任命吴起为令尹，主持变法

谈，秦孝公决定重用商鞅，实行变法，以图富强。

商鞅根据李悝的《法经》，调查了秦国的情况，于公元前359年提出了变法的设想，可是遇到的阻力很大。秦孝公犹豫不决，便召集廷议。《商君书·更法第一》详细地记述了这场论战：

秦孝公开宗明义地说：我继承先人做了国君，不能忘大家，这是国君的本分。施行国家法令，努力宣扬光大国君的事业，是人臣的责任。现在我想变更法度来治理国家，改革礼制来教导百姓，但又恐怕天下人会议论我啊！

公孙鞅首先说：我听说，行动动摇不定，就不会有成就；办事犹豫不决，就不会获得成功。请国君赶快下变法的决心，一定不要顾忌人们的议论。况且有非凡作为的人，总是会遭到世俗的反对；有独到见解的人，总是会受到一般人的毁谤。俗话说：愚蠢的人事情过后还弄不清楚，而聪明的人事情发生之前就能看出苗头。对一般人不能和他们商量开创新的事业，只能和他们共享其成。郭偃制定的法令说：讲求崇高道德的人不用附和世俗之见，成就大事业的人无须与众人商量。法是用来爱护人民的，礼是用来便于行事的。因此只要能强国，圣人就不沿用旧制度；只要有利于人民，就不遵循老规矩。

孝公说，好。

当时旧势力的代表甘隆、杜挚反对变法，强调用旧法治国，认为"据法而治者，吏习而民安"。

甘隆马上站出来反对说：不对。我听说，圣人不改变旧习俗来教化百姓；智者不变更旧法规来治理国家。依照旧习俗来教化百姓，不费力就能成功，根据旧法制来治理国家，官吏既熟悉，百姓也安定。现在如果变法，不依照秦国的老规矩，变更礼制来教化百姓，我怕天下的人会议论您了。希望您仔细考虑。

公孙鞅驳斥说：你所说的话，都是保守派的老调子。一般人总是安于旧习惯，儒生们总是迷信于自己的旧见闻。这两种人让他们做官守成规还可以，但不能和他们讨论变法的大事。夏、商、周三代的礼制不同，却都能够称王于天下；春秋五霸的法制不同，也都能够称霸于诸侯。所以聪明的人能够创立新法，而愚蠢的人只能受旧法的制约；贤能的人能够改革旧礼，而不贤的人只能受旧礼的束缚。受旧礼束缚的人，不配商量大事；受旧法制约的人，不配谈论变革。国君您不要再迟疑了。

杜挚也反对说：我听说，没有百倍的利益，不变更法制，没有十倍的功效，不更换器具。我又听说：效法古代不会有过错；遵循旧礼不至于有偏差。希望国君您认真考虑。

公孙鞅面对这种情况，毫不退让，针锋相对地说，古代的政教各不相同，该效法哪个朝代的"古"呢？历代帝王都不互相因袭，该遵循哪个朝代的"礼"呢？伏羲、神农对人民进行教化而不用诛杀；黄帝、尧、舜虽用诛杀，但还不多。到周朝文王、武王的时候，都是各自顺应时代的要求来立法，依据实际情况而制礼。礼和法都要按照具体情况而规定，制度和法令要因时制宜，兵器、铠甲、器械也都要便于使用。所以我说，治理天下并不是都用一种办法，只要对治理国家有利，就不必效法古代。商汤王、周武王统一天下，正因为不遵循古制才兴旺的；殷纣、夏桀的丧国，是因为没有改变旧礼制而灭亡的。这样看来，反对复古未可非议，遵循旧礼并不值得赞扬。君上您不要再犹豫不定了。

商汤、周武不循古法而兴盛，夏桀、殷纣不改变旧礼而灭亡的历史，深深地打动了秦孝公的心，因而商鞅的主张得到了他的肯定和支持。

秦孝公最后拍板说：好！我听说，穷僻的巷子里的少见多怪；认识片面的学士，迂腐的学究喜欢无谓的争论。愚蠢的人所喜欢的，正是聪明的人认为悲哀的；狂妄的人所高兴的，正是贤能人所伤悼的。我对于那些拘泥现状来议论国家大事的议论，现在不再疑惑了。于是，颁布了开垦荒地的法令。

商鞅也因这次辩论为变法做了很好的宣传。

李悝在任相期间，得到国君的信任和同僚的支持，在政治、经济各个方面进行了卓有成效的改革。商鞅面对与李悝不同的形势，积极采取不同的策略，合理利用对手的情况，达到预定的目的。

春秋战国时期是奴隶制崩溃、封建制确立的大变革时期，在这一时期，铁制农具的使用和牛耕的逐步推广，导致奴隶主的土地国有制逐步被封建土地私有制所代替。随着封建经济的发展，新兴地主阶级的经济和政治势力越来越大，纷纷要求在政治上进行改革，发展封建经济，建立地主阶级统治。商鞅变法正是在这种背景下发生的。这种社会变革、变法运动体现了生产关系必须适应生产力发展、上层建筑必须适应经济基础变化的规律。但由于商鞅变法侵犯了贵族们的利益，因而遭到他们的强烈反对。

在推行新法的过程中，商鞅也遇到了各种各样的困难。早在商鞅变法之始，贵族甘龙、杜挚就反对变革祖宗之法。第一次变法之后，仅在国都反对变法者就数以千计。太子驷的老师公子虔和公孙贾是反对派的首领。他们利用太子年幼无知，唆使他触犯新法，给商鞅出难题。商鞅怀着"板身无二虑，尽公不顾私"的雄心，对反对派用铁的手腕以回击。商鞅说，法令不能实行，是由于上面的人触犯法令。且准备依法惩处太子。太子是国君的继承人，不能施加刑罚，便对太子傅公子虔行刑（割去鼻子），并对太子师公孙贾处以黥刑（脸上刺字）。

渐渐地，秦国百姓都服从法令了。实行新法十年，秦国百姓皆大欢喜，路上不捡拾他人遗物，山中没有蟊贼强盗，家家富裕，人人满足。百姓勇敢为国作战，害怕私人斗殴，城乡大治。当初秦国百姓中有来说法令不适合的，商鞅说，这些都是扰乱教化的人。于是，将他们全部迁居到边境城堡。此后百姓中就没有人敢于议论变法了。

商鞅变法的实质是消灭旧的制度，发展新的制度，是历史的一大进步。因此，新法的制定与颁行，必然要遭到旧的习惯势力，特别是旧奴隶主贵族的阻挠和反对，激烈的廷议就是明证。商鞅敢于同旧势力进行斗争，维护封建统治毫不动摇。历史上许多改革家之所以失败，并不完全是因为改革的内容不符合实际，有的改革方案甚至很理想，但一触犯权贵的利益和特权，就不敢继续坚持下去，而使改革成为纸上谈兵。商鞅却能以极大的勇气推行新法，不畏权贵，不达目的誓不罢休。所以说，改革是有风险的，需要有胆识与魄力。否则，改革就不会成功。

尽管商鞅先为变法进入秦国，后却以殉法死在秦国，但这始终不能阻止植根深厚的商君之法在秦的延续，为弱秦变强秦开辟了一条坚实之途。

（三）毛泽东的评论

毛泽东早年在得知"徙木立信"这段故事后，曾写过一篇文章，即《商鞅徙木立信论》。以下为全文内容：

吾读史至商鞅徙木立信一事，而叹吾国国民之愚也，而叹执政者之煞费苦心也，而叹数千年来民智之不开、国几蹈于沦亡之惨也。谓予不信，请罄其说。

法令者，代谋幸福之具也。法令而善，其幸福吾民也必多，吾民方恐其不布此法令，或布而恐其不生效力，必竭全力以保障之，维持之，务使达到完善之目的而止。政府国民互相倚系，安有不信之理？法令而不善，则不惟无幸福之可言，且有危害之足惧，吾民又必竭全力以阻止此法令。虽欲吾信，又安有信之之理？乃若商鞅之与秦民适成此比例之反对，抑又何哉？

商鞅之法，良法也。今试一披吾国四千余年之记载，而求其利国福民伟大之政治家，商鞅不首屈一指乎？鞅当孝公之世，中原鼎沸，战事正殷，举国疲劳，不堪言状。于是而欲战胜诸国，统一中原，不綦难哉？于是而变法之令出，其法惩奸宄以保人民之权利，务耕织以增进国民之富力，尚军功以树国威，孥贫怠以绝消耗。此诚我国从来未有之大政策，民何惮而不信？乃必徒木以立信者，吾于是知执政者之具费苦心也，吾于是知吾国国民之愚也，吾于是知数千年来民智黑暗国几蹈于沦亡之惨境有由来也。

虽然，非常之原，黎民惧焉。民是此民矣，法是彼法矣，吾又何怪焉？吾特恐此徒木立信一事，若令彼东西各文明国民闻之，当必捧腹而笑，嗷舌而讥矣。乌乎！吾欲无言。（中共中央文献研究室、中共湖南省委《毛泽东文稿》编辑组：《毛泽东早期文稿》，湖南人民出版社1990年版，第1—2页）

这是毛泽东在湖南全省高等中学校读书时写的一篇作文。原文无写作时间。作文纸折缝间印有"湖南全省高等中学校"字样，作者在题下写有"普通一班毛泽东"七字。毛泽东于1912年春考入湖南全省高等中学，同年秋即退学自修，此文当写于1912年上半年。

这篇作文联系社会现实，提出要取信于民，开发民智，必须以法治国。故说"法令者，代谋幸福之具也"，法令之善与不善关系到是否"利国福民"。毛泽东高度评价商鞅变法，说"其法惩奸宄以保人民之权利，务耕织以增进国民之富力，尚军功以树国威，孥贫怠以绝消耗。此诚我国从来未有之大政策"，并说商鞅是首屈一指的"利国福民伟大之政治家"。

国文教员柳潜对这篇作文十分称赞，他阅后在多处写有评语，并批给同学"传观"。这些评语是："实切社会立论，目光如炬，落墨大方，恰似报笔，而义法亦骎骎入古"；"精理名言，故未曾有"；"逆折而入，笔力挺拔"；"历观生作，练成一色文字，自是伟大之器，再加功候，吾不知其所至"；"力能扛鼎"；"积理宏富"。文末还写有以下总评："有法律知识，具哲理思想，借题发挥，纯以唱叹之笔出之，是为压题法，至推论商君之法为从来未有之大政策，言之凿凿，绝无浮烟涨墨绕其笔端，是有功于社会文字"。落款为"涤盦六月廿八号"。

　　毛泽东写作此文的深远社会背景是：自1840年鸦片战争以来，洋务运动、太平天国、辛亥革命等一系列救亡图存的社会革命运动的失败，使中国沦为一个任列强宰割的半封建半殖民地的国家。于是，一些志士仁人，不约而同地把改造国民性、建设精神文明作为振兴中华的济世良方，像严复的"开民智，兴民德"，梁启超的"欲维新中国，当维新我民"，鲁迅的"人立而事举"等，都是这种主张。青年毛泽东在本文中所表现的观点，正说明他的心在同时代脉搏一起跳动。在他后来的一系列政治和文化主张中，从"变化民质"，改造"人心道德"入手的救国图存的思路，也是十分明显的。而这种思路正是从《商鞅徙木立信论》引发的。

　　商鞅变法

陕西省商洛市最大的广场——商鞅广场

是利国利民的"良法"，是秦国战胜诸国、统一中原的"大政策"，可黎民百姓却不能认识这些政策的好处，不能辨别好坏，非要统治者"煞费苦心"用徙木立信的办法来推行不可，实在是一种可气、可叹、可悲的事。在青年毛泽东看来，理想的国民，应该是看到好的社会法令就支持，看到坏的社会法令就反对。所以，毛泽东从商鞅徙木立信一事得出的结论是：中国几乎遭受沦亡惨境，原因就在于"数千年来民智之不开"。这一方面反映了青年毛泽东的唯心史观——将中华民族多灾多难的命运归之于民智不开；另一方面也反映了辛亥革命后思想界、知识界的一个共识，即改造国民性。

此外，毛泽东在1913年10月至12月的《讲堂录》中还抄录了两条有关商鞅变法的话，一条是他听讲韩愈的《猫相乳》时记下的："秦用商君之法，人以富，国以强，诸侯不敢抗，及七君而天下为秦。使天下为秦者，商君也。"（中共中央文物研究室、中共湖南省委《毛泽东早期文稿》编辑组：《毛泽东早期文稿》，湖南人民出版社1990年版，第602页）

这段话出自《韩昌黎全集》卷十四《进士策问十三首》，毛泽东特别加以抄录，表现了他对韩愈见解的认同。

另一则出自对清代文学家侯方域的《谢安论》课堂笔记：

"夏禹勤王，手足胼胝。文王旰食，日不暇给，今四郊多垒，宜思自效，而虚谈虚务，浮文妨要，恐非当世所宜。

"秦用商鞅，二世而亡，岂清言致患邪？"（同上书，第609页）

这条出自《晋书·谢安传》（刘义庆《世说新语·言语》也有类似记载）。前几句是谢安与王羲之共登冶城（今江苏南京朝天宫一带）时，王羲之看到谢安有悠闲自得、超尘脱俗的样子，便说了前一段话，尖锐地批评了当时流行的崇向老子、庄子，空谈玄理，逃避现实斗争的风气；后几句则为谢安的答语，意思是说秦国因为任用了商鞅，二世就灭亡了。这是不符合历史事实的。毛泽东也加以记录，想必其心有同感。

二、"商鞅之法，良法也"

（一）商鞅变法的经济措施

秦孝公三年（前359），商鞅利用"徙木立信"所取得的社会效应，开始变法，商鞅变法是分两次进行的。第一次开始于公元前359年，第二次开始于公元前350年。变法对秦国的崛起产生了重要的作用。变法涉及的内容很多，其中经济措施主要如下几方面：

1. 废井田、开阡陌封疆

秦国土地原来是西周王朝的直接统治区，即所谓"王畿"。这个地区西周时确实存在着井田制。井田是一方土地划成井（囲），分成九个方块，每块100亩。一井田之内，有纵横的小道，纵的称"阡"，横的称"陌"。井田与井田之间有较宽的田界，称"封疆"。

奴隶社会时期，奴隶主占有土地，奴隶没有土地，少数自耕农民有少量土地。所以，井田制有两层含义：第一，奴隶主指定奴隶分担各块田的耕作，便于监督，防止奴隶怠工；第二，正中间一块田为公田，周围八块田为中小奴隶主的私田。公田的收获上缴王侯大夫，作为地税；私田的收获物归中小奴隶主所有。这是体现奴隶社会地税制度的一种办法。

司马迁《史记》书影

战国时代，井田制开始崩溃。《史记·六国年表》载："秦简公七年，初租禾。"这件事早于商鞅变法49年。租禾是奴隶主贵族抽取中小奴隶主或自耕农的禾稼的十分之几作为地税，把中间那块公田也交给中小奴隶主或自耕农了。这是地税制度的一次改革。

商鞅在经济上推行的重大举措是"废井田、开阡陌封疆"。《战国策·秦策三》记蔡泽说："商君决裂阡陌。"《史记·商君列传》也记载商鞅"为田开阡陌封疆，而赋税平"。《战国策》说商鞅"决裂阡陌，教民耕战"。《汉书·食货志》记董仲舒说："秦用商鞅之法，改帝王之制，除井田，民得买卖。"又记："孝公用商鞅，制辕田，开仟佰（阡陌）。"（《地理志》）《左传·僖公十五年》记载："晋于是乎作爰田。"《国语·晋语三》"爰田"作"辕田"。爰、辕均当读为"换"。换田就是用钱买田，也就是说平民可以买土地了。综上所述，商鞅在土地制度方面的改革主要有三个：

第一，废除井田，把"阡陌封疆"都开垦成田；

第二，土地"民得买卖"，这是由奴隶社会的土地不准买卖的官有制，转变为封建社会的土地可以买卖的私有制；

第三，"訾粟而税"，朝廷计算土地所有者的粮谷的多少来征收地税。

这三项改革结合在一起，就是摧毁奴隶主剥削农业奴隶的旧制度，建立地主剥削农民的新制度。这样就破坏了奴隶制的生产关系，促进了封建经济的发展。

2. 重农抑商、奖励耕织

商鞅推行重农抑商的政策来发展国家的经济。《算地》说："故圣人之为国也，入令民以属农（归附于农），出令民以计战……富强之功可坐而致也。"《商君书·慎法》中说到相反的情况是："彼民不归其力于耕，即食屈（缺乏）于内。不归其节于外战，则兵弱于外。入则食屈于内，出而兵弱于外，虽有地万里，带甲百万，与独立平原一贯也。"（独立平原，一个人站在平地上，不能自卫）

商鞅的重农政策是建立在封建社会生产关系基础之上的，是用赏刑来推行的。其办法有三：

其一，以解放奴隶为赏，以贬为奴隶为罚，来推行重农政策。司马迁《史记·商君列传》说："大小僇（努）力本业，耕织致粟帛多者复其身（除其奴隶籍，恢复其庶民身份）；事末利及怠而贫者，举以为收孥（孥，奴。收孥，意没收为奴隶）。"意思是说，奴隶努力务农，则升为庶民，庶民不努力务农，则贬为奴隶。

其二，使民识粮谷捐官爵的办法，来推行重农政策。《商君书·靳令》说："民有余粮，使民以粟出（出，捐）官爵。官爵必以其力，则农不怠。"《商君书·去强》又说："按兵而农，粟爵（捐爵）粟任（捐官），则国富。"

其三，以提高粮食价格来推行重农政策。《商君书·外内》说："食贵则田者利，田者利则事者众。"所以，"欲农富其国者，境内之食必贵"。

总之，商鞅的重农政策是，生产粮食和布帛多的，可免除本人劳役和赋税，以农业为"本业"，以工商为"末业"。因弃本求末，或游手好闲而贫穷者，全家罚为官奴。另外，还招徕无地农民到秦国开荒。为鼓励小农经济，还规定凡一户有两个儿子，到成人年龄必须分家，独立谋生，否则要出双倍赋税。

商鞅的重农政策，使奴隶争取解放多了一条途径，使农民必须努力耕作，使地主得到升官发财的机会。

3. 统一度量衡

商鞅变法前，秦国各地度量衡并不统一。为了保证国家的赋税收入，制造标准的度量衡器，要求全国统一施行。1标准尺约合今0.23公尺，1标准升约合今0.2公升。统一斗、桶（斛）、权、衡、丈、尺等度量衡。要求秦国人必须严格执行，不得违犯。

度量衡统一的意义在于：第一，全国上下有了标准的度量准则，为人们从事经济文化交流活动提供了便利的条件；第二，对赋税制和俸禄制的统一产生了积极的作用；第三，有利于消除割据势力的影响；第四，为后

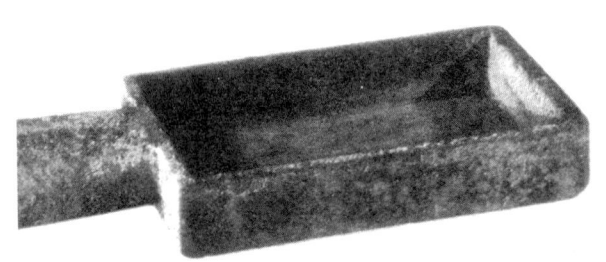

来秦始皇统一度量衡奠定了基础。

（二）"奖励军功、加强集权"

1. 奖励军功，实行二十等爵制

商鞅以重农政策来发展国家的经济，以重战政策来加强国家的武装力量，目的在于富国强兵。商鞅的新法要求全国人民都要服兵役。《商君书·画策》说："民勇者战胜，民不勇者战败。能壹民于战者，民勇；不能壹民于战者，民不勇。圣王见王之致于兵也，故举国而责之于兵。"意思是说，人民勇敢的国家，战争就能胜利；人民不勇敢的国家，战争就要失败。国君能够使人民专心于战争，人民就会勇敢；国君不能够使人民专心于战争，人民就不勇敢。德才超群达于至境的帝王，看到成就王业在于武力，所以要求全国人民都当兵。根据这个规定，全国人民都要服兵役（只有学士和工商业者不服兵役）。

商鞅规定立有军功要赏，对于战争不力的人要罚。《商君书·去强》说："兴兵而伐，则武爵武任，必胜。"意思是说，兴兵去征伐别的国家，就按照人们战功的多少给他们爵位和官职，这样就能战胜。这是说，人们立了战功，就赐给官爵。

怎样给予官爵呢？《韩非子·定法》说："商君之法曰：斩一首者爵一级，欲为官者为五十石之官；斩二首者爵二级，欲为官者为百

商鞅铜方升是战国时期秦国商鞅监制的1升铜量器。全长18.7厘米、内口长12.4厘米、宽6.9厘米、深2.3厘米。器壁三面及底部均刻铭文，方升底部加刻秦始皇二十六年诏书，证明秦始皇统一中国后，仍以商鞅所规定的制度和标准统一全国的度量衡。商鞅铜方升是中国度量衡史上极为重要的珍品。

石之官。官爵之迁与斩首之功相称也。"《商君书·境内》规定："能得甲首一者，赏爵一级，益田一顷，益宅九亩，一除（给予）庶子一人，乃得入兵官之吏。"意思是说，士兵能够获得敌国带甲之士一颗首级，就赏给他爵位一级，给他田地一顷，给他住宅地九亩，给他"庶子"（庶子，即仆人，定期服役）一人，他才可以做军队或衙门中的官吏。这是对庶民（包括地主、自耕农）有战功的赏赐。打一次大胜仗，大、小官员都有重赏，小官升一级，大官升三级，小官"赐虏（奴隶）"、"赐加（货币）"，大官"赐邑"、"赐税"。这是对将官有军功的赏赐。

商鞅新法对于作战不力的惩罚非常严厉。《商君书·境内》规定："其战也，五人来（束）薄（簿）为伍，一人羽（当做兆，读为逃）而轻（读为到）其四人，能人得一首则复。五人一屯长。百人一将。其战，百将、屯长不得首，斩；得三十首以上，盈论，百将、屯长赐爵一级。"意思是说，战士五人编为一伍，记在名册上，在作战时，一个战士逃跑，其他四个战士都要被判刑；如果四个人中有人能够得敌人一颗头，则恢复他的原来身份。五人设置一个"屯长"，一百人设置一个"将"。在战争的时候，百人的将官，五人的屯长，没有得到敌人的头，就要砍他们的头；获得敌人的首级三十颗以上，就达到了朝廷所规定的数目，"百将"和"屯长"都赏赐爵位一级。

商鞅是用重赏鼓励人们在战争中出力而不怕死，用重刑防止人们在战争中不出力而怕死。

商鞅新法还规定，"有军功者，各以率受上爵，为私斗争，各以轻重被刑"，以奖励军功而禁止私斗。规定爵位依军功授予，"宗室非有军功，论不得为属籍"。私斗，并不是指一般人打架，而是指"邑斗"。"邑"是指一般的城镇，被奴隶主所占有。奴隶主之间为了争夺土地、财产，经常发生争斗。新法规定不准私斗，目的在于削弱奴隶主的势力，加强封建中央集权。

由于推崇战功，因此秦国军队的战斗力大大增强。秦国在对外战争中，国力进一步增强，从而扭转了长期以来被动落后的局面。公元前355

年，秦孝公与魏惠王在杜平相会，结束了秦长期不与中原诸侯会盟的被动局面，提高了秦国的地位。秦国还用武力逐步占有了土地肥沃、农业发展水平较高的巴蜀地区和盛产牛马的西北地区，社会生产得到迅速发展，从而奠定了秦统一六国的物质基础。

2. 废除"世卿世禄制"，鼓励宗室贵族建立军功

《史记·商君列传》记载，秦国规定："宗室非有军功论，论不得为属籍。明尊卑爵秩等级，各以差次名田宅，臣妾衣服以家次。有功者显荣，无功者虽富无所芬华。"这是说，秦君的本族没有军功，不准在宗室名册上登记，取消宗室的资格，不得以血缘关系取得爵禄。明确尊贵卑贱的爵位俸禄等级，各按等级班次占用田地宅第，奴婢、妻妾衣着服饰也按各家的爵禄等级享用。有战功的人显赫尊荣，没有战功的人尽管富裕也不光彩。这是依军功大小定贵族身份之高低。该规定沉重打击了奴隶主旧贵族，因而招致了他们的怨恨。《史记》记载："商君相秦十年，宗室贵戚多怨望者。"历史上任何一次变法，不仅是一种治国方略的重新选择，而且是一种利益关系的重新调整，这也是改革受阻的真正原因。

3. 改变户籍制度，实行连坐法

《史记·秦始皇本纪》载："献公五年，为户籍相伍。"这在商鞅变法前十五年，是奴隶制度下的户口编制。商鞅为了加强封建专制统治，另编制居民户籍，并创立了互相监视、连坐的法律。他轻罪用重刑，将李悝的《法经》颁布实行，还增加了连坐法。《韩非子·定法》说："公孙鞅之治秦也，设告相坐而责其实，连什伍而同其罪。"《史记·商君列传》记商鞅之法："令民为什伍，而相收（纠）司（伺）连坐，不告奸者腰斩，告奸者与斩首同赏，匿（隐藏）奸者与降敌同罚。"这就是说，商鞅新法的户口编制规定：居民以五家为"伍"、十家为"什"，按照编制，登记并编入户籍，责令互相纠察、互相监视。告发奸人，予以重赏；不告发奸人，加重处罚；隐藏奸人，惩罚更重。而且同什伍中，一人有罪，他人连带有罪，名叫连坐。告发"奸人"的与斩敌一样受奖赏，隐藏奸人的与投降敌人一样受处罚。旅店不能收留没有官府凭证者住宿，否则店主

连坐。

以上是讲平民百姓，商鞅之法，官吏也要告奸。《商君书·赏刑》说："守法守职之吏，有不行王法者，罪死不赦，刑及三族。周官之人，知而讦之上者，自免于罪，无贵贱，尸袭其官长之官爵田禄。故曰：'重刑，连其罪，则民不敢试。民不敢试，故无刑也。'"意思是说，掌握法律、担任职务的官吏中，有人不执行国王的法令，就是死罪，决不赦免；并且加刑于他的三族。他周围的官吏，有人晓得他的罪行，向上级揭发出来，自己就免了罪；而且无论贵贱，便接替那个官长的官爵、土地和俸禄。所以说，加重赏罚，一人有罪，别人连坐，人们就不敢尝试了。人们不敢尝试，就可以不用刑罚了。

商鞅之法比较严苛，表现在连坐法上。据《史记·商君列传》载："令民为什伍，而相牧司连坐。"唐司马贞《索隐》："一家有罪而九家连举发，若不纠举，则十家连坐。"所以，连坐便是旧时一人犯法，其家属、亲友、邻里等连带受处罚的一种苛法。

4. 普遍推行县制

我国夏、商、周三代奴隶社会，都是诸侯割据的政治局面。夏、商已有了分封制，但不可详考。以周代而言，在分封、等级、世袭三个制度下，天子有天下（指当时的中国），诸侯有国，大夫有邑。他们各有土地、人民、军队，各掌握其管辖地区的政权和军权。由上级分封统治下级，似乎是统一而分治的。但实际上，天子的直接统治地区是"王畿"，等于一个大国，他的力量并不能完全地掌控诸侯，是一种分裂割据的局面。

春秋战国时代，出现了设郡设县的事实，秦国在秦孝公以前也曾设县，但未成为制度。商鞅变法才在秦国废除了西周的分封制，建立了分县制度。《史记·商君列传》说商鞅："集小都乡邑为县，置令、丞，凡三十一县。"《汉书·百官公卿表》也说："县令长皆秦官，掌治其县，皆有丞、尉。"县设县令、县丞、县尉等官吏。县丞管民政，县尉掌军事，县令兼总两者，直属于朝廷。全国政权、兵权集中于朝廷，也就是建立了中央集权、君主专制的封建统治。商鞅通过县的设置，把领主对领邑

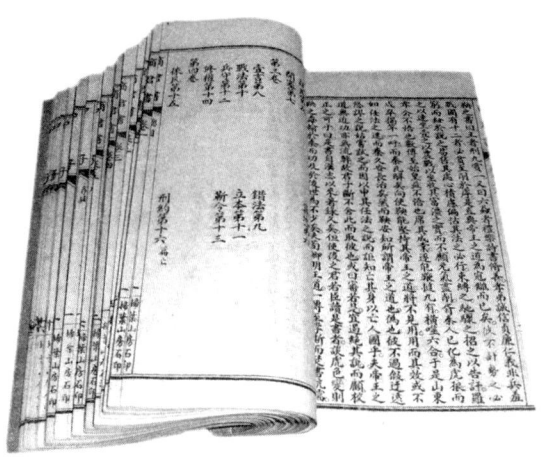

《商君书》，又称《商君》、《商子》，是记载商鞅思想言论的资料汇编

内的政治特权收归中央，有力地配合了"废井田、开阡陌封疆"的政策，用政治手段保证了土地私有，削弱了豪门贵族在地方的权力。

5．制定秦律，"燔诗书而明法令"

当时商鞅变法，放弃儒家的以仁治国的思想，采用法家思想，以严刑峻法管治国家，有功者重赏，有过者则重罚。商鞅的所作所为是为了排除复古思想的干扰。

《韩非子·和氏》说："商君教孝公，……燔《诗》、《书》而明法令。"商鞅烧过《诗》、《书》，在《商君书》、《史记》中虽无旁证，但也是符合商鞅思想的。且看《商君书·靳令》说："六虱：曰礼、乐；曰《诗》、《书》；曰修善、曰孝弟；曰诚信、曰贞廉；曰仁、义；曰非兵、曰羞战。国有十二者，上无使农战，必贫至削。十二者成群，此谓君之治不胜其臣，官之治不胜其民，此谓六虱胜其政也。十二者成朴必削。是兴国不用十二者，故其国多力，而天下莫能犯也。"

这段话译成现代汉语是这样的：六种虱害：是礼制和音乐；是《诗》和《书》；是行善和孝悌；是诚信和贞廉；是仁和义；是非兵和羞战。国中有这十二项有害的东西，国君就没法使人们从事农耕作战，国家必贫穷以致削弱。从事这十二项活动的人成群，这叫做国君的政治战不胜群臣，官吏的政治战不胜人民。这叫做六种虿害战胜了政治。这十二项扎下了根，国家必然削弱。兴旺的国家不要这十二项，所以国力强大，天下各国都不敢侵犯。

商鞅为了使人民的力量集中在农业和战争，他反对礼、乐、《诗》《书》、仁、义等儒教，认为这些都是对国家有害的虿子。这样看来，他主张烧毁《诗》《书》等儒家经典文献便是可能的了。然而，商鞅制定的"燔诗书"的高压政策，不仅极端压制了人民的思想，而且对于我国文化典籍也是一种摧残。

据《史记·商君列传》记载，商鞅在秦国推行改革十年之后，"秦民大说（悦），道不拾遗，山无盗贼，家给人足。民勇于公战，怯于私斗，乡邑大治"。

三、"利国福民伟大之政治家"

（一）商鞅其人

商鞅是卫国公室的庶出公子，他的祖先本来是姬姓。商鞅年少时喜好刑名之学，事奉魏国相国公叔痤当中庶子(家臣)。

公叔痤知道他有才干，还没有来得及向魏王推荐。适逢公叔痤病重，魏惠王亲自前往探视病情，说：您的病倘若有个三长两短，国家将怎么办？

公叔痤说：我的中庶子公孙鞅，年纪虽轻，却是个奇才，希望大王把全部国政交付给他。

魏惠王沉默不语。

魏惠王将要离去，公叔痤屏退旁人，说道：大王如果不起用公孙鞅，就一定要杀掉他，别让他走出国境。

魏惠王一口应承后离去。

公叔痤召见公孙鞅，告诉他：今日大王询问可以担任相国的人选，我推荐了你，看大王的表情不赞成我的意见。我理应先国君后臣子，便对大王说如果不任用你，就该杀掉你。大王应承了我。你可以赶紧离开了，不然将要被逮捕。

公孙鞅说：大王他既然不采纳您的话任用我，又怎么能采纳您的话杀我呢？结果没有逃走。

魏惠王离开公叔痤后，便对身边的人说：公叔痤病得很重，令人悲伤啊！他想让我把国政交付给公孙鞅，岂不荒唐呀！

公叔痤死后，公孙鞅听说秦孝公在国内下令寻求贤才，准备重建秦穆公的霸业，要收复被魏国侵占的土地。于是，就西行进入秦国，通过秦孝公的宠臣景监来求见秦孝公。

秦孝公会见公孙鞅，谈论很长时间政事，秦孝公常常打瞌睡，没有听。

事后秦孝公对景监发脾气说：你的那位来客只不过是个狂妄之徒罢了，哪配任用呢！

景监因此责备公孙鞅。公孙鞅说：我用理想的五帝治国之道劝说孝公，他不能理会呀。

五日之后，公孙鞅又进见秦孝公，谈得比前次更多，然而又没有中秦孝公的意。

谈完后，秦孝公又责备景监，景监也又责备公孙鞅一顿。

公孙鞅说：我用为王之道劝说孝公，而他听不进。请求再一次召见我。

公孙鞅再一次进见秦孝公，秦孝公看起来好像仍没有采用他的建议。谈完后公孙鞅就走了。

秦孝公对景监说：你的那位来客很好，可以同他交谈了。

公孙鞅说：我用霸道劝说孝公，他的意思像要采用我的建议了。如果再召见我，我知道该说

魏惠王，战国时魏国国君(后称梁惠成王)。公叔痤去世前，劝惠王任用商鞅，魏王不听，公叔痤劝他杀商鞅，不要让他逃走，惠王也未听

看
八·大·谋·臣

什么了。

公孙鞅果然又进见秦孝公。秦孝公与他交谈，不知不觉膝盖在坐席上直往前挪动，一连交谈了好几天还不满足。

景监对公孙鞅说：你用什么打动了我们国君的心思？我们国君高兴得很哪。

公孙鞅说：我用帝王之道，达到夏、商、周三代盛世来劝说国君，可国君说，时间太长，他没法等待。况且贤能的君主，都在自身就扬名天下，哪里能默默无闻地等待几十年、几百年来成就帝业呢？因此我就用强国之术向国君陈述，国君大为高兴。但这样就难以同殷、周的德治相比拟了。

秦孝公立即任用公孙鞅实行变法。

法令规定百姓五家为伍，十家为什，相互监视，实行连坐。不告发奸恶者处以腰斩，告发奸恶者给予和斩获敌人首级相同的赏赐，藏匿奸恶者给予和投降敌人相同的惩罚。百姓家中有两个成年男子不分立门户，加倍征收口赋。有战功者，各按规定接受更高的爵位；进行私下斗殴者，各按情节轻重给予大小刑罚。努力从事农业生产，耕耘、纺织送交粮食布帛多者，免除本人徭役。专事工商末利以及因懒惰而贫困者，全部将他们没入官府为奴。国君宗室中没有军功的，不得载入宗室名册。明确尊贵卑贱爵位俸禄等级，各按等级班次占用田地宅第，奴婢、妻妾衣着服饰也按各家的爵禄等级享用。有战功者显赫尊荣，没有战功者尽管富有也无光彩。

实行新法十年，秦国百姓皆大欢喜，路不拾遗，夜不闭户，山中没有蟊贼强盗，家家富裕，人人满足。百姓勇敢为国作战，不再私人斗殴，城乡大治。于是，秦孝公任命公孙鞅为大良造。公孙鞅率领军队包围魏国安邑（今山西夏县西北），迫使安邑投降。经过三年，在咸阳大兴土木，建造门阙、宫殿，秦国从雍（今陕西凤翔西南）迁都咸阳（今陕西咸阳东北）。同时，下令禁止百姓父子兄弟同居共室养育后代。合并小都、小乡、小邑、小聚为县，设置县令、县丞，共31县。整治田地，并开垦阡陌封疆作为耕地，从而使赋税征收整齐划一。统一斗桶（斛）、权衡、丈尺的标准。经过五年，秦人国富兵强，周天子赠送祭肉给秦孝公，诸侯都来祝贺。

前341年，齐军在马陵（今河北大名东南）击败魏军，俘虏魏太子申，杀死将军庞涓。

过了一年，公孙鞅劝说秦孝公道：秦国与魏国，就比如人有心腹之病，不是魏国吞并秦国，就是秦国吞并魏国。什么原因呢？魏国居于山岭险恶的西面，在安邑建都，与秦国以黄河为界而独占山东的地利。情况有利就向西侵伐秦国，情况不妙就向东扩展齐国土地。如今依靠国君的圣明，国家赖以强盛。而魏国去年被齐军打得大败，诸侯纷纷背离，可以乘机攻伐魏国。魏国抵挡不住秦军，必定向东迁移。魏国东迁以后，秦国占据黄河、华山的天险，向东可以控制诸侯，这是千秋帝王之业啊！

秦孝公认为的确是这样，就派遣公孙鞅领兵攻伐魏国。魏王派公子卬领兵迎击秦军。

两军相遇以后，公孙鞅送信给魏军将领公子卬说：我当初与公子相交很好，如今同为两国之将，不忍心互相攻伐，是否可以同公子当面相见，缔结盟约，痛饮一番而撤兵，以安定秦国和魏国。

魏公子卬也认为好。

两人会面，订立盟约完毕，设宴对饮，可是公孙鞅事先埋伏的全副武装的士兵袭击并俘虏了魏公子卬，乘机攻击他的军队，大败魏军而胜利返回秦国。

因军队屡次败于齐国、秦国，魏国日益衰落，魏惠王非常恐慌，于是派遣使者割让河西之地奉送给秦国，以求和解。而后魏惠王就离开安邑，迁都到大梁(今河南开封)。魏惠王说：我悔恨当初不听公叔痤的话啊！

公孙鞅击败魏军归来，秦孝公封给他於、商十五邑(今陕西商县一带)，从此号称商君。

（二）法家代表

春秋战国时期，是由奴隶社会过渡为封建社会的时期，社会生产力得

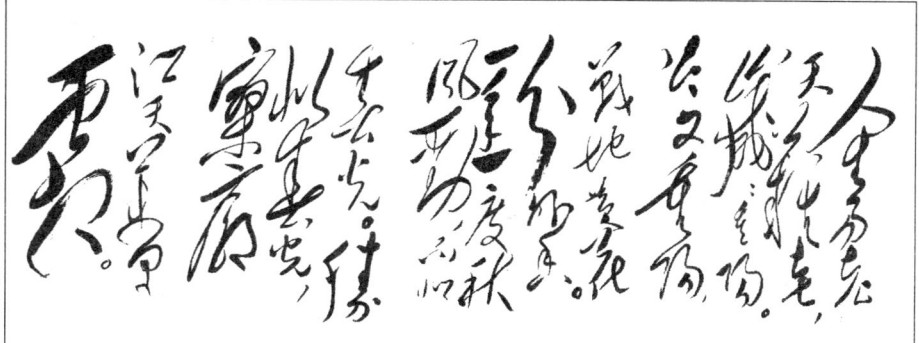

毛泽东《采桑子·重阳》手迹。

到突破性发展，社会性质发生剧变。铁器的出现、生产效率的提高、大量私田的成功开垦、地主阶级的兴起、生产关系的变革，都使这一时期成为中国历史的重要转折点。同时，社会的动荡不安，社会结构的剧烈变化，必然会导致意识形态领域的猛烈变革。不同阶层的人从维护自身利益出发，提出各种政治主张和哲学看法，由此便形成了中国历史上著名的"百家争鸣"的局面。儒、道、墨、法等各家学派纷纷登场。儒家主张"仁治"、"德治"、"人治"；道家主张"自然"、"清静"、"无为"；墨家主张"兼爱"、"非攻"、"尚贤"；法家则主张"法治"、"刑名"。诸子百家各有主张。这里重点阐述一下法家思想。

法家是战国时期产生和发展的以法治思想为核心的学派，是诸子百家中的一家。《汉书·艺文志》中说："法家者流，盖出于理官，信赏必罚，以辅礼制。"理官是治理讼狱的官，即现代的法官。《左传·昭公十四年》："士景伯如楚，叔鱼摄理。"孔颖达疏引孔晁说："景伯，

韩非（约前280—约233）是中国古代著名的哲学家、思想家、政论家和散文家，法家思想的集大成者，继承并发展了法家思想

晋理官。"《礼记·月令》说："（孟秋之月）命理瞻伤、察创……决狱讼，必端平。"东汉经学大师郑玄注："理，治狱官也。有虞氏曰士，夏曰大理，周曰大司寇。"南朝梁顾野王撰《玉篇·玉部》中也提到"理，治狱官也"。狱官在夏称为大理，在商称为司寇，在周称为大司寇。由此看来，法家是从周代的大司寇发展而来的。近代国学大师章太炎在《检论原法》中对什么是法家这一问题提到"著书定律为法家"。

法家最早的代表人物是春秋时期齐国的管仲和郑国的子产，到战国时代魏国的李悝、秦国的商鞅、郑国的申不害和赵国的慎到等人，大大发展了法家思想，战国末年的韩非子集法家学说之大成。法家主张以法治代替礼治，反对奴隶主贵族特权，代表了新兴地主阶级的利益。《史记·太史公自序》说："法家不别亲疏，不殊贵贱，一断于法，则亲亲尊尊之恩绝矣。"近人胡适《四论问题与主义》说："又如法家的势力，虽然被儒家征服了，但以后的儒家，便不能不承认刑法的作用。"倒说出了一个历史事实。

总的来说，法家主张明法重刑、君主集权、发展经济。要理解这些主张的合理性与必要性，必须从当时的社会背景出发。春秋战国时期是政治经济文化发生剧烈变革的时期，社会动荡不安。为了管理国家，结束这种纷乱的形势，客观上就要求权力必须集中统一。只有这样，才能使权力行使的方向与力度保持一致。但是不同阶层的人代表的利益层必然不同，即使是在同一阶层内部，也是如此，因此必须通过一种强制的方式或手段，压制一部分人的利益要求而满足另一部分人的利益要求，以实现利益要求的"统一"，即使这部分人只占据了社会成员的一小部分，即使有时这两部分人的利益要求指向完全相反。

那么，该由谁掌握这种"统一"的权力？当时等级关系森严，人们的等级观念也很严格，按当时的价值观念来说，国家君主被普遍认为是最高权力的象征。即使这种普遍性的认为并非绝对自愿，但由国家君主来掌握这种权力更容易被更多的人所接受。在这种背景下，法家极力推行君主集权。

那么，法家为什么主张"尚法明刑"、"重其轻罪"呢？总的来说，法家是希望通过这些措施达到"以刑去刑"的目的。商鞅就认为，用重刑去治轻罪，会对老百姓形成心理上的震慑作用，老百姓感到恐惧，就不敢去做违法之事了。在重刑面前，老百姓不敢以身试法，这样犯罪的人就没有了。反过来看，如果用重刑惩处重罪，用轻刑处罚轻罪，就达不到防人犯轻罪的目的，也就达不到防人犯重罪的目的。基于这两方面的考虑，商鞅极力主张重刑。

此外，法家非常重视法律的普及和适用。《韩非子·定法》曾说："法者，宪令著于官府，刑罚必于民心，赏存乎慎法，而罚加乎奸令者也。"又说："法者，编著于图籍，设之于官府，而布之于百姓者也。"与以往"刑不可知，威不可测"及秘而不宣的立法原则相比，其进步性显而易见。

同时，法家也主张发展经济，表现为在国君的帮助下颁布和实施了一系列与经济发展密切相关的政令措施。春秋战国时期，各诸侯国间的兼并争霸战争愈演愈烈，要想在如此恶劣的环境中求得生存，最根本的方法就是提高生产力，发展经济。这样一方面可以增强国家实力，发达的经济可以为国家在战争中提供必要的物质基础；另一方面也可以安定民心，实现社会稳定，为国家的发展和强大营造良好的社会环境。换言之，国家君主可以把有限的人力、财力、物力更多地投向于军事竞争，以达到集中力量夺取兼并争霸战争胜利的目的。

俗话说："时势造英雄。"春秋战国时代正处乱世，一方面各国都想在这纷乱形势中异军突起，独霸一方；另一方面各地有贤之士也希望乘此机会脱颖而出，实现自己的政治抱负。两者一旦结合，便会产生无穷力量，最终带来了这一时期各国的政治法制改革。秦孝公是具有雄才大略的一代君主，希望通过变法使秦国强大起来。商鞅，这个有明确目标的有志之士就在此时出现在秦孝公眼前。两者决定在秦国推行一次变法，这就是历史上有名的，甚至可以说是改变了秦国历史的"商鞅变法"。与此同时，变法活动在各国先后展开，包括吴起在楚国的变法和李悝在魏国的变法等。而商鞅在秦国的变法可以说是最成功、最彻底的。

商鞅认为，历史是发展的，社会是变化的，因而统治者也要随之不断变化治国之道，正所谓"世变，道亦变"。基于这种理论，商鞅实行了一系列大刀阔斧的改革，主要包括以下几个方面：

第一，废除世卿世禄制，实行按功受爵制。"宗室非有军功，论不得为属籍"；"有军功者，各以率受上爵"。这一措施一方面从制度上动摇了奴隶制度赖以建立的宗法等级制度，为以后的改革铺平了道路；另一方面也极大地调动了人民参战的积极性，这为秦国军事力量的强大提供了人力资源保证。

第二，奖励耕织，发展个体小农经济。商鞅变法规定：如果一家之中存在两个男劳动力而不分家的，要加倍征税，也就是规定他们一定要分家，这实际上有利于发展个体小农经济。

第三，厉行"法治"、"重刑"原则。这里的"法治"具有三层含义。一是"缘法而治"，强调一切都要依法办事；二是"刑无等级"，主张除国君外，不论身份等级，犯罪当一律论处；三是"法必明，令必行"，主张加强法律宣传力度，并将其落到实处。同样，这里的"重刑"也具有三层含义。一是"行刑重轻"，主张轻罪重罚；二是"刑用于将过"，主张利用刑罚将犯罪制止在萌芽状态；三是"不赦（免罪、减罪）不宥（赦罪）"，主张即使有功在前也要一律严惩。

第四，废井田，开阡陌，改革田制与税制。商鞅变法承认土地私有，把耕地固定分配到户。当时的秦国地广人稀，这些措施的实行使得大量土地可以被买卖，这极大地调动了人民开垦土地、发展农业生产的积极性。在农业社会，发达的农业是一个国家富强的必要前提和重要标志，有了这个前提基础作为支撑，秦国的崛起可以说是必然的。

第五，统一度量衡。这在当时对统一赋税、发展经济、促进各地的经济文化交流都具有积极意义。

此外，此次变法改变了以往的政治体制，变宗法分封制为郡县制。由于地方官吏的任免权都掌握在国君手中，无形中又将权力高度集中于国君一身，这又一次沉重地打击了贵族的利益。

（三）商鞅之死

在历史上，每一次变法都是一场革命。革命就是要打破原有的权力和利益格局，受冲击的往往是那些统治阶级中的既得利益者。

商鞅变法的确危及了秦国旧贵族的利益。变法之前，旧贵族的爵位和俸禄是世袭的，世世代代享有政治和经济特权。但商鞅奖励军功的变法规定，凡是没有建立军功的旧贵族，都要从宗室贵族的簿籍上除名，不许无功受禄，凡是有军功的平民也可以按军功封爵受赏。过去，贵族有封地，自己就是封地中的君主。废除分封制（古人所说的封建制），改设由国君统一领导的县，削弱了贵族的权力，加强了中央集权。这些当然是贵族不能接受的。变法中一些内容也伤及了部分平民的利益。如连坐制、户籍制使百姓有危机感，并且流动不便；弃农经商者妻子、儿女要充为官奴；兄弟不分家须交两份税等。当然，反对变法的首领只能是旧贵族，但这些利益受损害的百姓成了反对商鞅的社会基础。

商鞅任秦国相十年，公室贵族中有很多对其怨恨不满的人。赵良会见商鞅，商鞅说：我能见到你，是通过孟兰皋，现在我请求能同您结交，可以吗？

赵良说：我不敢奢望啊！孔子有句名言说："推举贤才而受到拥护的

人进用，收罗不才而成就王业的人辞退。"我没有才能，故而不敢从命。我听说过这样的话："不该有的地位而占据它叫做贪位，不该有的名誉享有它叫做贪名。"如果听从您的意思，就怕我要成为贪位、贪名的人了。所以我不敢从命。

商鞅说：您不高兴我治理秦国吗？

赵良说：能听取反面的话叫做聪，能自我反省叫做明，能约束自己叫做强。虞舜有这样的话："自我谦卑就高尚了。"您不如实行虞舜的办法，那就不必再问我了。

商鞅道：当初秦国通行戎狄的习俗，父子之间没有区别，男女同室共居。如今我改造他们的陈规陋习，而明确男女的区别，大建悬挂政教法令的门阙，造得如同鲁国、卫国的一样。您看我治理秦国，跟五羖大夫（百里奚）相比谁高明？

赵良说：一千只羊的皮，不如一只狐狸的腋毛值钱；一千人的随声附和，不如一士人的直言争辩可贵。周武王倡导直言争辩而昌盛，殷纣王喜好无人说话而灭亡。您倘若不以周武王为非，那么我便请求始终直言而不受责难，可以吗？

商鞅说：常言有这样的话："花言巧语好比花朵，直言不讳好比果实，苦口逆耳好比药石，甜言蜜语好比疾病。"您当真肯始终直言，便是我治病的良药。我将以您为师，您又何必推辞！

赵良说：那位五羖大夫，原是楚国郊野之人，听说秦穆公贤明而希望进见，可行路没有盘缠，便把自己卖给秦国客商，身穿粗麻衣服喂牛。一年之后，秦穆公知道了，将他从喂牛的低贱身份提拔起来，管理秦国人民，秦国没有人敢埋怨他。他任秦相六七年，东面讨伐郑国，三次拥立晋国的君主，一次救援楚国北上侵伐的祸患。在境内颁发政教，连巴人都来进交贡品；对诸侯施布德泽，连八方戎翟都来臣服。五羖大夫当秦国的相，即使疲劳也不坐安车，即使酷暑也不打伞盖，在国中巡视，不要随从的车辆，也不携带武器，他的功绩名字载入史册保存在府库中，他的德泽品行流传到后代。五羖大夫去世时，秦国男男女女痛哭流涕，小孩子不唱歌谣，春谷人不哼起小调。这就是五羖大夫的德行啊。

如今您进见秦王，利用宠臣景监来引荐，不是成名的正道。当秦相不拿百姓当回事，而大建宫殿门阙，不是立功的举措。对太子的师傅处以惩罚和黥刑，用严刑酷法残害平民百姓，这是在积聚怨恨、酝酿祸患啊！政教感化百姓的作用比国君命令还要深，百姓效仿上司的动作比执行国君命令还要快。如今您又搞歪门邪道让国君大权旁落，这不是实施政教的办法。您同时又在封邑中坐北朝南自称寡人，却时时用法律约束秦国的贵胄子弟。《诗经·鄘风·相鼠》中说："看那老鼠都有皮，做人的却没有礼仪；做人的没有礼仪，为什么不快快死去？"用《诗经》中的话来观察您的所作所为，实在不是谋求长寿善终的法子。公子虔闭门不出已经八年了，您又杀死祝懽而判处公孙贾黥刑。《诗》中说："得人心者兴旺发达，失人心者土崩瓦解。"这几件事，是不得人心的啊。您一出行，后面随从的马车几十辆，车上载满全副武装的卫士，力气大而肌肉发达的做陪乘，手持矛戟的武士紧紧护卫着您的车乘而疾走。这中间有一样不齐，您就坚决不外出。《周书》说："依仗德行的昌盛，依仗暴力的灭亡。"您的生命危险得像早晨的露水（太阳一出就会消失），您还想延年益寿吗？那为什么不归还封赐的十五个都邑，自己到郊外耕灌菜园，劝说秦王起用身居山林的贤士，奉养老人，抚恤孤儿，敬重父兄，叙用有功，尊崇有德，才

嵌错宴乐采桑攻战纹壶（战国）

可以稍微求得平安。您如果还要贪恋商、於的财富，专擅秦国的政教，积聚百姓的怨怒，秦王一旦抛弃宾客而不再在朝，秦国用以收拾您的罪名，难道还会轻吗？到那时您的死期就指日可待了。

商鞅没有听从。

公元前338年，秦孝公去世，太子即位，即秦惠王。公子虔一帮人告发商鞅要谋反，国君就派出官吏逮捕商鞅。

商鞅逃亡到函谷关时，夜幕已经降临，城门按时关闭。当时追兵穷追不舍，但只要熬过一个晚上，次日清早在追兵带来追杀令前出关，商鞅就有逃亡的机会。

可命运却和商鞅开了个不大不小的玩笑。他到一家小店投宿时，客栈的人不知他是商鞅，说，商鞅的法令，留宿没有通行证件的人要判罪。商鞅喟然叹息道，哎呀，制定法令的弊端居然到了这种地步！"

商鞅离开秦国前往魏国，魏人怨恨他欺骗公子卬而大败魏军，拒绝接纳。商鞅打算到别的国家去。魏国人说，商鞅，是秦的乱臣贼子。秦国强大而他的乱臣贼子进入魏国，不遣返是不行的。于是，魏国将商鞅送回秦国。

商鞅再次进入秦国，便直奔封地商邑，与其党羽调动邑中军队往北攻击郑邑（今陕西华县西北）。秦王派兵攻打商鞅，在郑国黾池（今河南渑池西）杀死他。秦惠王车裂商鞅尸体而示众，说，不许再有像商鞅这样的谋反者！于是，又诛灭了商鞅的家族，其家人无一幸免。

商鞅悲剧性的结局，令许多仁人志士和文人骚客扼腕长叹。即使在两千多年后，以他的故事所编成的话剧《商鞅》在京公演时，许多"心有戚戚焉"的观众黯然泪下。

商鞅变法的确实现了秦国的富国强兵。《战国策·秦策三》记载蔡泽评述商鞅的政绩说："兵动而地广，兵休而国富，故秦无敌于天下，立威诸侯。"《韩非子·定法》说："故其国富而兵强。"《战国策·秦策一》叙述商鞅的政绩，说："期年之后，道不拾遗，民不妄取，兵革大强，诸侯畏惧。"《史记·商君列传》这样叙述商鞅的政绩："秦民大说（悦），道不拾遗，山无盗贼，家给人足。民勇于公战，怯于私斗，乡邑大治。"这些较古老的记载，大体上符合史实。用今天的话来说，商鞅变法有利于生产力的提高，有利于人民生活水平的提高，同时提高了综合国力。应该承认，商鞅变法在秦国建立了封建制度，使国家富强，为雄才大略的秦始皇完成统一中国的大业奠定了基础。商鞅的变法适应了历史潮流，推动了历史前进。所以，"商君死"而"法未败"，不像以后的王安石诸人，人死而法废。

商鞅虽死，秦惠王和他的子孙都继续实行商鞅的新法，所以秦的国势才能继续发展，后来秦才能吞灭六国、统一中国。商鞅变法是中国历史上的一个里程碑。它摆脱了一个旧时代，开创了一个新时代。

李斯的治国策略『有很大的说服力』

朱升
郭嘉
马周
陆逊
嘉
张良
李斯
商鞅
诸葛亮

　　李斯（？—前208），楚国上蔡（今河南上
蔡西南）人，秦代政治家、法家代表人物。

　　李斯是法家代表人物荀子的学生，与韩非子
为同学。法家思想在当时受到秦王的欢迎，李斯
借此成为肱股之臣。他帮助秦王一扫六合，统一
天下，建立了不世功勋。

　　十分喜欢读史的毛泽东，对历代的"上书"
都有所研究。他看过李斯给秦始皇上的《谏逐客
书》，非常欣赏李斯的观点及他的文采，对他的
《谏逐客书》评价也特别高，说它"有很大的说
服力"。

　　《谏逐客书》是一篇观点鲜明、叙述有力
的议论文，它的特点是揭露秦始皇使人用物的矛
盾，从而揭示出逐客之非。文章行文婉转，语锋
犀利，辞采缤纷，气势充沛。所以，毛泽东在
1959年12月至1960年2月，读苏联《政治经济学
（教科书）》的谈话中，赞扬这篇文章"有很大
的说服力"，并且接着说："那时候各国内部的
关系，看起来是领主和农奴的关系，每个家族都
有自己的战车、武士。"言外之意，那时各国诸
侯各自为政，关系复杂，统一程度很低，李斯
《谏逐客书》的主张，对秦国招贤纳士、招兵买
马，积聚力量，对日后的统一中国是很有利的。

李斯像

（《毛泽东谈苏联〈政治经济学（教科书）〉谈话记录选载》（六），《党的文献》1994年第5期）

李斯这位秦代政治家、谋略家，作为秦始皇的主要谋士，他是一位怎样的人物呢？他主要为秦始皇出了哪些奇计妙策呢？

一、"李斯是拥护秦始皇的"

（一）赴秦施才

1959年12月至1960年2月，毛泽东在读苏联《政治经济学（教科书）》的谈话中，赞扬李斯的《谏逐客书》"有很大的说服力"。（《毛泽东谈苏联〈政治经济学（教科书）〉谈话记录选载》（六），《党的文献》1994年第5期）

李斯生于战国末年。他年轻的时候，担任郡里的小公务员，看到办公处厕所中的老鼠偷吃粪便等脏东西，还经常受人和狗的惊吓；后来李斯走进粮仓，看见粮仓里的老鼠偷吃着储存的粮食，住在有走廊的大屋子里面，却不受人和狗的惊扰。于是，李斯联想到人的沉浮与处境的关系，便叹着气说："一个人有出息、没出息就像老鼠一样，在于让自己处在怎样的环境里罢了！"

从这件小事可以看出，在战国那个人人争名逐利的时代，李斯也是一个不甘寂寞，想干出一番事业的人。

为了达到飞黄腾达的目的，李斯便辞去小吏，到齐国求学，拜当时著名的儒学大师荀子为师。荀子是打着孔子的旗号讲学的，但是他不像孟子那样墨守成规，而是从当时的政治形势出发，对孔子的儒学进行了发挥和改造，因而很适合新兴地主阶级的需要。荀子的思想很接近法家的主张，也是研究如何治理国家的学问，即所谓

毛泽东
看
八·大·谋·臣

38

的"帝王之术"。李斯学完之后，反复思考应该到哪个地方才能显露才干，得到荣华富贵。经过对各国情况的分析比较，他认为楚王无所作为，不会有什么成就，不值得为他效力，而其他各国都很衰弱，为他们建功立业没有希望，就想只有到西方的秦国去一展才华。

李斯入秦之前，从楚国先到了赵国，在赵孝成王面前与荀子、临武君议兵时说：秦国历秦孝公、惠文王、武王和昭王四代节节胜利，兵强马壮，威震天下，不是行仁义造成的，只是抓住了有利的机遇罢了。

临行之前，荀子问李斯为什么要到秦国去，李斯回答说：干事业都有一个机遇问题，有了机遇就不要放松。现在各国诸侯都在争取时机，希望成大事，这正是有谋略的游说之士立功成名的好机会。游说者容易受到重用，主持政事。秦王雄心勃勃，想奋力一统天下，称帝而治，这正是没有官职俸禄的人四去奔走、猎取富贵的好时机，到那里可以大干一场。一个人总处于卑贱穷困的地位，而不设法改变，好像鹿见肉不吃，徒有人的面孔而只能用两脚走路罢了。人生在世，卑贱是最大的耻辱，穷困是最大的悲哀。长久地处在卑贱的地位、困苦的境地，非议世道而憎恶富贵荣利，自己甘愿无所作为，那是会令人讥笑的。不爱名利，无所作为，不是有才智、有抱负的读书人的想法。所以，我要到秦国去游说秦王。

李斯分析天下形势，认为经过战国以来长期

荀子（约前313—前238）名况，字卿，战国时期赵国猗氏（今山西安泽）人，汉族。著名思想家、文学家、政治家，对儒家思想有所发展，提倡性恶论，常被与孟子的性善论比较

秦始皇雕像

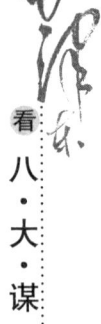

看八・大・谋・臣

的诸侯兼并战争，业已出现了统一的趋势，而当时"六国皆弱"，只有秦国具有实力。于是，李斯告别了老师，到秦国去实现自己的愿望了。

（二）献灭六国之策

李斯自从遇到秦始皇之后，便成为他最信任的助手，至死未变。在跟随秦始皇东巡至海边时，秦始皇命李斯写下"天尽头秦东门"以作标记。

李斯到达秦国的时候，恰巧庄襄王去世，他就请求在秦丞相文信侯吕不韦府中当家臣，吕不韦认为他贤能，保举他当了宫中侍卫官。李斯因此就得到游说秦王的机会。

一次，他对秦王嬴政说："待人而成事的人，常常失去转瞬即逝的时机。一个能成就大功业的人，就在于他能趁别人的空子利用可乘之机下狠心消灭敌人。从前秦穆公虽然称霸，终究没有并吞东方各国，原因是什么呢？就是因为当时诸侯多，周天子的德望还没有衰落，所以五霸一个接一个地兴起，相继尊重周朝。自从秦孝公以来，周朝衰弱，诸侯互相兼并，函谷关以东的关东地区分成为六国，秦国趁着胜利的形势控制各国，已经有六代了。现在各国服从秦国，就像郡县服从朝廷一样。以秦国的强大、大王的贤明，就像厨妇扫除灶上的灰尘一样，完全可以灭掉各国，建成帝业，统一天下。这是万世难逢的唯一时机呀！现在如果疏忽懈怠不赶快抓住时机，诸侯各国再强盛起来，彼此团结订立合纵的盟约，虽然有黄帝那样贤明，也无法兼并了。

这次会面对嬴政震动很大，他发现，李斯正是他要找的那个人。李斯得到了秦王政的赏识，因而被提拔为长吏。李斯劝秦王政派人持金玉去各国收买、贿赂、离间六国的君臣，果然也收到了效果，他又被封为客卿。

李斯为嬴政提出了统一大业总的指导思想：从内部瓦解六国，首先用重金贿赂各国权臣，离间其君臣关系；如不就范，就实施暗杀政策；与此同时，配合以强大的军事威胁，通过内外夹攻，实现各个击破。结果，秦王政十七年（前230）灭韩，二十二年（前225）灭魏，二十四年（前223）灭楚，二十五年（前222）灭燕、赵，二十六年（前221）灭齐。短短十年间，秦始皇翦灭六国，结束了征战几百年的分裂状态，建立了规模空前统一的秦王朝。

（三）《谏逐客书》

就在秦王嬴政刚刚继位之时，韩国因为害怕秦国会攻打韩国，就派一位名叫郑国的水利专家来到秦国，名义上是帮助秦国修筑一条规模很大的水渠，实际上是为了消耗秦国的人力和财力，以阻止秦国攻打韩国。但是，在水渠还没有修成的时候，秦国识破了韩国的计谋。秦国的很多宗亲大臣，便以此为借口排斥到秦国做官的客卿。此时吕不韦这个卫国人权倾朝野，更使秦王嬴政对非秦国人产生一种恐惧心理。于是，嬴政颁布了"逐客令"，驱逐所有居住于秦国的他国人。

秦始皇像

楚国人李斯刚好在秦国待满十年，十年里他由门客一路提升，提到了客卿的位置，算是一个中级官员了，也在被驱逐之列。于是李斯给秦王写了一封信，劝秦王不要逐客，这就是有名的《谏逐客书》。

臣闻吏议逐客，窃以为过矣。

昔穆公求士，西取由余于戎，东得百里奚于宛，迎蹇叔于宋，来丕豹、公孙支于晋。此五子者，不产于秦，而穆公用之，并国二（三）十，遂霸西戎。孝公用商鞅之法，移风易俗，民以殷盛，国以富强，百姓乐用，诸侯亲服，获楚、魏之师，举地千里，至今治彊。惠王用张仪之计，拔三川之地，西并巴、蜀，北收上郡，南取汉中，包九夷，制鄢、郢，东据成皋之险，割膏腴之壤，遂散六国之从，使之西面事秦，功施到今。昭王得范雎，废穰侯，逐华阳，彊公室，杜私门，蚕食诸侯，使秦成帝业。此四君者，皆以客之功。由此观之，客何负于秦哉！向使四君却客而不内，疏士而不用，是使国无富利之实，而秦无彊大之名也。

今陛下致昆山之玉，有随、和之宝，垂明月之珠，服太阿之剑，乘纤离之马，建翠凤之旗，树灵鼍之鼓。此数宝者，秦不生一焉，而陛下说之，何也？必秦国之所生然后可，则是夜光之璧不饰朝廷，犀象之器不为玩好，郑、卫之女不充后宫，而骏良駃騠不实外厩，江南金锡不为用，西蜀丹青不为采。所以饰后宫、充下陈，娱心意、悦耳目者，必出于秦然后可，则是宛珠之簪、傅玑之珥、阿缟之衣、锦绣之饰不进于前，而随俗雅化、佳冶窈窕赵女不立于侧也。

夫击瓮叩缶，弹筝搏髀而歌呼呜呜、快耳目者，真秦之声也；郑、卫、桑间、昭（韶）虞、武象者，异国之乐也。今弃击瓮叩缶而就郑、卫，退弹筝而取昭虞，若是者何也？快意当前，适观而已矣！今取人则不然。不问可否，不论曲直，非秦者去，为客者逐。然则是所重者，在乎色、乐、珠、玉，而所轻者在乎人民也。此非所以跨海内、制诸侯之术也。

臣闻地广者粟多，国大者人众，兵彊则士勇。是以太山不让土壤，故能成其大；河海不择细流，故能就其深；王者不却众庶，故能明其德。是以地无四方，民无异国，四时充美，鬼神降福，此五帝、三王之所以无敌也。今乃弃黔首以资敌国，却宾客以业诸侯，使天下之士退而不敢西向，裹足不入秦，此所谓"藉寇兵而赍盗粮"者也。

夫物不产于秦，可宝者多；士不产于秦，而愿忠者众。今逐客以资敌国，损民以益雠，内自虚而外树怨于诸侯，求国之无危，不可得也。

在这封上书中，李斯一口气列举了自春秋秦穆公以来多位六国人才被秦王重用，从而使秦国走向富强的例证，这其中就包括赫赫有名的百里奚、商鞅、张仪、范雎等人，如果不是这几位关键的六国人才忠心事秦，秦国是不可能获得"超级大国"的地位的。接着，他又列举了诸如珍珠、玉石、宝剑、良马等名贵物品，甚至包括音乐、美女之类，这些为秦王所享用的一切，都不产自秦国，而秦王却对此偏爱有加，从没有驱逐之意，那这是不是说明你秦王只重视器物，而不重视人才呢？最后，李斯提醒嬴政，"逐客令"正是令秦国之敌弹冠

李斯《谏逐客书》

相庆的行为，"今乃弃黔首以资敌国，却宾客以业诸侯，使天下之士退而不敢西向，裹足不入秦，此所谓'藉寇兵而赍盗粮'者也"。

李斯在《谏逐客书》中把"逐客论"批驳得体无完肤，是一篇战斗的檄文，而且文章的语言辞采丰富，文思横溢，是一篇优秀的政论文。这篇上书，排比铺张，有战国纵横家辞辩余风；而文辞整饬，音节流畅，又与汉初散文和汉赋相近。所以，鲁迅先生在《汉文学史纲》中给予此文极高的评价："法家大抵无文采，惟李斯奏议，尚有华辞，如上书《谏逐客书》云：……"接着他引了"必秦国所生然后可……此所以跨海内、制诸侯之术也"一大段，又在引李斯的《泰山刻石文》后对其作出总评价说："故由现存者而言，秦之文章，李斯一人而已。"

这篇文章经由何种途径到了嬴政手里，史书上没有记载。作为秦国国宝的李斯，在这样的遭难之际，仍然受到了秦国的一些有识之士的保护，因此这篇文章也很快被送到嬴政手里。

这篇不到八百字的文章，让嬴政茅塞顿开。是啊，理政治国岂能一叶障目、因噎废食？一声令下，李斯在被逐的半路上被追了回来，所有为秦国工作的"六国人"也都被一一召回。纵览古今，以一篇文章而改写历史，这样的人除了李斯，还能有谁？

秦王接受李斯建议，接纳、使用客卿，使其经济、政治、军事、文化的迅速发展。如秦始皇时代的客卿就有王崎、茅焦、尉缭、王翦、李斯、王贲、李信、王离、蒙恬等。李斯的《谏逐客书》对秦网罗天下人才是有功绩的。

从《谏逐客书》开始，李斯的政治生涯发生了根本性改变，他被秦王任命为廷尉，掌管司法。这说明李斯已经进入到了权力的高层空间，得以近距离辅佐秦王嬴政统一六国。这种信任关系，直到嬴政驾崩都没有改变。

（四）推行郡县制

公元前221年，"六王毕，四海一"，秦朝建立，秦王嬴政变身秦始皇，李斯也由廷尉升任丞相。在随之而来的帝国建制中，一人之下、万人之上的李斯发挥了无可替代的作用，他的最大贡献就是推行郡县制。

郡县制是战国到秦代逐步形成封建地方政权组织。它是与自周初以来所实行的"分封制"截然不同的一种政权组织形式。所谓"分封制"，是我国古代帝王分封诸侯的制度。旧被称为"封建"。

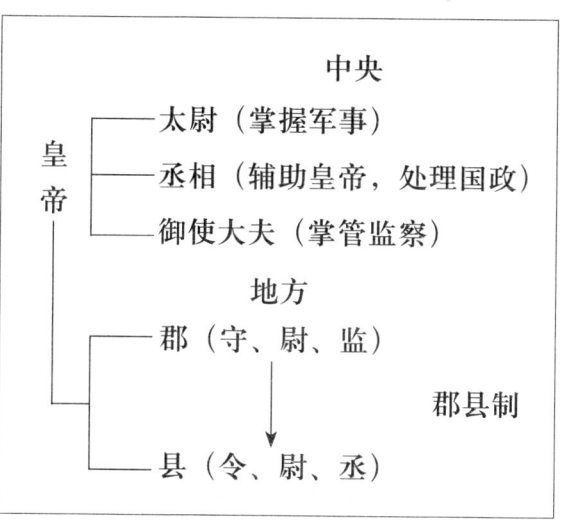

中央

皇帝
- 太尉（掌握军事）
- 丞相（辅助皇帝，处理国政）
- 御使大夫（掌管监察）

地方

- 郡（守、尉、监）
  ↓
- 县（令、尉、丞）

郡县制

秦统一后郡县制遂遍行于全国

"封建"是封邦建国的意思。古代帝王把爵位、土地分赐给自己的儿子和功臣，使之在所赐区域内建立邦国。相传黄帝为封建之始，至周制度逐渐完备。

《礼记·王制》说："王者之制禄爵，公、侯、伯、子、男凡五等，……天子之田方千里，公、侯方百里，伯七十里，子、男五十里。"《左传·僖公二十四年》载："昔周公吊二叔之不咸，故封建亲戚，以早蕃屏周。"孔颖达疏："故封立亲戚为诸侯之君，以为蕃篱，屏蔽周室。"西周奴隶制国家建立时，分封贵族到全国各地为诸侯王。诸侯在他们各自封国里拥有统治权，对周天子仅有定期朝贡和提供军赋、力役等义务，实际上形成了一个个独立的王国，中央的权力被架空，因而在全国形成分裂割据的局面。

秦始皇统一中国以后，面临的第一个大问题，就是要实行中央集权的郡县制，还是恢复分

李斯的治国策略『有很大的说服力』

封制。秦始皇召集专门公议，讨论这个重大问题。代表奴隶主贵族利益的丞相王绾提议恢复分封制。当时任廷尉的李斯坚决反对。他说："周文、武所封子弟同姓甚众，然后属疏远，相攻击如仇雠，诸侯更相诛伐，周天子弗能禁止。今海内赖陛下神灵一统，皆为郡县，诸子功臣以公赋税重赏赐之，甚足易制。天下无异意，则安宁之术也。**置诸侯不便**。"

这段话是说，周文王、周武王所分封的子弟和同姓很多，后来王亲功臣都因国家赋税收属关系疏远了，就互相攻打，好像仇敌一样，诸侯之间更是互相讨伐，周天子也不能禁止。现在天下依靠陛下的威灵得到了统一，都建立了郡县，对皇上的儿子给予重赏，这是很容易控制的。天下同心一意，这才是求得安宁的根本办法。总之，设置诸侯是不利的。

李斯坚决反对开历史倒车，尖锐地指出：如果恢复分封制，就会重演春秋战国时期诸侯"相攻击如仇雠"的分裂局面，十分不利于国家的统一。秦始皇采纳了李斯的意见，决定全面推行郡县制。

而所谓"郡县制"，是把全国分成若干个郡、县，县下设乡，郡、县的行政长官统一由皇帝任命，不得世袭，这样做，权力就尽可能地集中到了中央。

郡县制是由春秋、战国到秦代逐渐形成的一种封建地方政权组织。郡县之名，初见于周，周时县大于郡。《逸周书·作雒》："千里百县，县有四郡。"《左传·哀公二年》载："克敌者，上大夫受县，下大夫受郡。"后世则郡大于县。这种社会制度在秦朝之前有个漫长的形成过程。春秋时代，秦、晋、楚等国初在边地设县，后逐渐在内地推行。春秋末年以后，各国开始在边地设郡，面积较县大。战国时代，在边郡分设县，逐渐形成县统于郡的两级制。

自李斯建议取消封建之后，中国分封制度瓦解，由此进入古代欧洲国家所没有的一种社会形态——中央集权制。20世纪20年代，为了和西欧的历史发展相对应，中国自秦朝至清朝的历史被称为封建社会，而中国真正的封建社会时期则被冠名为奴隶社会。为了给中国历史上的社会制度正名，众多历史学家们作出了艰苦卓绝的努力。《封建考论》便是一本对

"封建"进行研究的专著。

从法家思想出发，李斯是坚决主张君主集权的，而君主集权的核心方式应该就是采用郡县制。秦始皇采纳李斯的建议后，将全国分成三十六个郡，下设县，郡县长官均由中央政府任免，成为专制主义中央集权组织的一部分。郡县制得以贯彻执行。

李斯故里，位于河南省上蔡县芦岗乡李斯楼村

自从李斯确立郡县制，即中央—郡—县三级管理体制，历朝历代都沿袭这一制度。我国今天实行的中央—省—市（地）—县四级体制，多了一个二级的"省"，其他三级无大变化（现在的"市"大体相当于郡）。其间即使有所改变，也都只是在郡县制的框架内小修小补。

毛泽东对秦始皇实行郡县制评价颇高。1973年8月5日，在"批儒评法"的高潮之中，写了一首《七律·读〈封建论〉呈郭老》：

劝君少骂秦始皇，焚坑事业要商量。

祖龙魂死秦犹在，孔学名高实秕糠。

百代都行秦政法，十批不是好文章。

熟读唐人封建论，莫从子厚返文王。

《封建论》是唐代文学家、思想家柳宗元的史论文章，阐发了设置郡县、废除分封、加强中央集权、反对藩镇的主张。

郭老，指郭沫若，当时任中国科学院院长兼

历史研究所所长。"十批"，是指郭沫若的一本旧著《十批判书》，收入有关中国古代先秦诸子批判的十篇文章。毛泽东在1973年7月的一次谈话中，曾讲到《十批判书》尊孔反法。

文王，指周文王，姓姬名昌。他是中国历史上开始推行较完备的封建制（即分封制）的国君。

子厚，柳宗元的字。

这首诗热情赞扬了秦始皇创制包括郡县制在内的政治法律制度，批评了郭沫若尊孔反法的倾向，规劝他不要从柳宗元肯定郡县制倒退回周文王的分封制。秦代的政治法律制度包括很多方面，诗中所谓"百代都行秦政法"，主要指郡县制这一体制。

秦始皇统一货币，铸造"半两"

中国历史的特点有所谓"合久必分，分久必合"的说法，之所以"合"会成为主流，"分"只是暂时，郡县制在其中起的作用是不可小视的。在推行郡县制的过程中，李斯展示出了一个古代政治家的果决与卓识。

作为廷尉，李斯对法律是相当精通的，为维护君主专制政体，他主持制定了《秦律》。根据湖北云梦秦简的考古发现，《秦律》秉承了李悝以来的立法思想，强调以严酷的刑法统治天下。李斯要求全国的民众都来学习法律，要他们"以吏为师"，即以懂得法律的官吏为教师。这场中国古代的"普法运动"，与李斯一贯重视的"厚今薄古"的思想是紧密相连的。

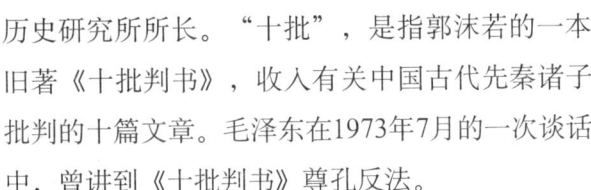

八·大·谋·臣

（五）统一文字

李斯卓越的政治才干还体现在他统一文字、货币和度量衡上，这里最值得一提的是他在统一文字上的不朽贡献。

自仓颉造字到西周时期，中国的文字本来是统一的，那时的文字主要用于占卜、祭祀。进入春秋

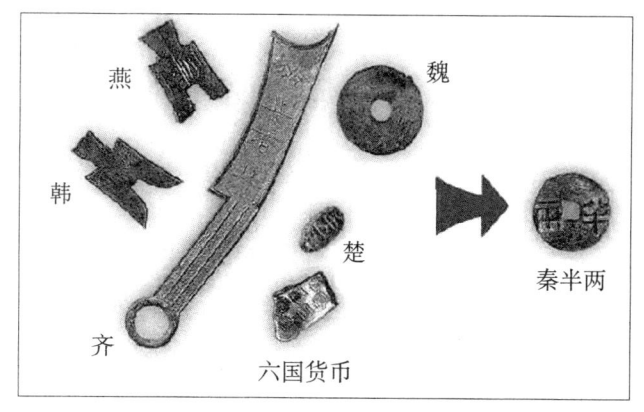

秦始皇统一货币

以后，诸侯割据，各国纷纷出现"言语异声，文字异形"（许慎《说文解字·叙》）的现象，这种局面很不利于天下归于一统后的政令畅通。为此，李斯亲自主持文字统一的工作，他将籀文简化为秦篆，又称小篆，籀文称大篆。他以秦篆为基础，吸取各国文字的优点，删繁就简，创造出了"圆转流畅、典雅秀朗"的小篆，颁行全国。为了让全国的人有一个学习的模板，他还亲自书写了《仓颉篇》，以供临摹。

李斯在汉字发展史上的地位是划时代的，他不仅使文字复归统一，还使它的使用由庙堂走向民间，更使它具备了审美的功能，催生出一门新的艺术——书法。当时，几乎所有秦朝的铭义碑刻，甚至包括传国玉玺上的"受命于天，既寿永昌"八个字都出自李斯之手。他随秦始皇巡游时写下的泰山石刻，是他唯一留存至今的真迹。李

斯堪称中国历史上的第一位书法家。

秦始皇二十八年（前219），秦始皇东巡所到之处多立石刻碑，以记述和宣扬秦始皇"器械一量，同书文字"与"功盖五帝，泽及牛马"的殊功。如李斯的《琅邪台刻石》、《泰山刻石》和《峄山刻石》。《琅邪台刻石》为标准小篆书体，是最可信的秦代传世石刻之一，可惜秦始皇刻石已泯灭不存，现在保存下来的琅邪台刻石为秦二世元年所加。残石现藏于中国国家博物馆。

作为一位宰相，李斯对秦朝建制的贡献是全方位的，以历史的眼光审视，即使他只完成了其中的任何一项，也足以留名后世。中国历史上的名相很多，但套用一句俗话，真正能够做到"利在当代，功在千秋"的，几乎无人能出其右。难怪会有那么多的后人称他为"千古一相"，也难怪会有锐利的历史学家肯定他"圣人"的一面。

二、"思想上属于荀子一派"

（一）秦汉历史人物的学术背景

李斯活动于战国入秦的时代，是一位学术色彩非常浓厚的历史人物。对李斯人格心理产生影响的主要是他的老师荀子。李斯受其影响，进而形成自己的法家思想。就法家的理论建设来说，李斯远远比不上韩非子，但把理论运用于实践，李斯则是法家中最杰出的一个。

荀子（前313—前238），即荀况。又称荀卿

荀子像，位于山西省安泽县

毛泽东看八·大·谋·臣

或孙卿，赵国人。战国思想家、法家代表人物。著有《荀子》三十二篇。

　　荀子是中国古代思想史上最富创新精神的唯物主义思想家之一，是先秦时期各种思想文化之集大成者。他处在一个社会变革及对社会历史进行反思的时代，他对中华传统思想的渊源、学术流派及现实政治问题都作出了较为系统全面的价值评判，在许多专门领域都作出了巨大理论贡献。历史哲学思想便是荀子突出的理论贡献之一，对中华民族秦汉以后的政治制度、伦理道德、思想文化及观念形态都产生了极为深远的影响。

　　中国有着重视学术理论的悠久传统，学术思想渗透到人们的心灵深处，深刻地影响着人们的人生价值追求和行为方式。西周春秋时期学术思想相对单纯，主要体现在统治者制定的礼义方面。《国语》、《左传》中所描写的历史人物，其思想学术内涵大都在《诗》、《书》、《礼》、《易》范围之内，当然伴随着西周礼制日益发展，其中也有一些历史人物僭越礼义，而任凭膨胀的政治野心和无穷贪欲自然呈现。

《国语》书影

　　进入战国之后，诸子蜂起，百家争鸣，各种流派的学术思想体系相继被创造出来。当时社会各阶层的精英人物，差不多都会站到诸子某一家的理论旗帜之下，自觉地用这一家学说规范自己的思想行为，从而使各自的人格模式呈现出明显的学派化倾向。我们读《战国策》和战国诸子书，会明显地感觉到战国历史人物的思想内涵与春秋以前大不相同，他们都有非常独特的人格特征，有各自的价值追求和不同的行为方式，而他们的人格形象差不多都能够从他们所服膺的诸子思想学说中得到解释。这种用百家学说指导思想言行的现象，一直延续到汉武帝"罢黜百家，独尊儒术"。

需要特别强调的是，除极少数人口是心非、言行不一之外，战国秦汉之际的人们都非常真诚，好是真诚的好，坏是真诚的坏，他们信仰、服膺某一种思想学说，就坚决、真诚地按照这种学说行事，言行一致，表里如一。像墨家人物信仰"兼爱"，他们在行动中也真的能够做到为他人赴汤蹈火，死不旋踵；以杨朱为代表的道家人物倡导为我，宣称拔一毛而为天下，誓所不为，他们也就用这一套理论游说世人；擅长于国际战略的纵横策士，赤裸裸地表白他们的人生追求是卿相富贵，而根本不顾天下的苍生和士人的社会责任，他们在现实政治生活中是朝秦暮楚，翻云覆雨；而主张法治的法家人物则在现实生活中表现为刻薄寡恩……伟大的人，伟大得旗帜鲜明；无耻的人，也无耻得光明磊落；他们都是从理论到行动，将某一种思想学说化为各自的人格模式。

总之，他们的人格与行为是统一的，不存在后代某些人口若尧舜、行同桀纣的人格分裂现象。

（二）荀子"主张法后王"

"法后王"是先秦以荀子、韩非子为代表的"法今"的政治观。它主张效法当代圣明君王的言行、制度，因时制宜。与"法先王"相对。

所谓"法先王"，是先秦儒家为代表的"法古"的政治观。他主张效法古代圣明君主的言行、制度，言必称尧、舜、周文王、周武王。

荀子在《荀子·儒效》中批评俗儒说："逢衣浅带，解果其冠，略法先王而足乱世；术谬学杂，不知法后王而一制度，不知隆礼义而杀《诗》、《书》。"

荀子"法后王"是以历史进化论为根据的，历史从远古发展到现在，因此仅效法先王还不够，先王不能指导现代人的行为，不能运用礼义制度改造现代社会，先王只在历史发展的初期起着巨大的作用。

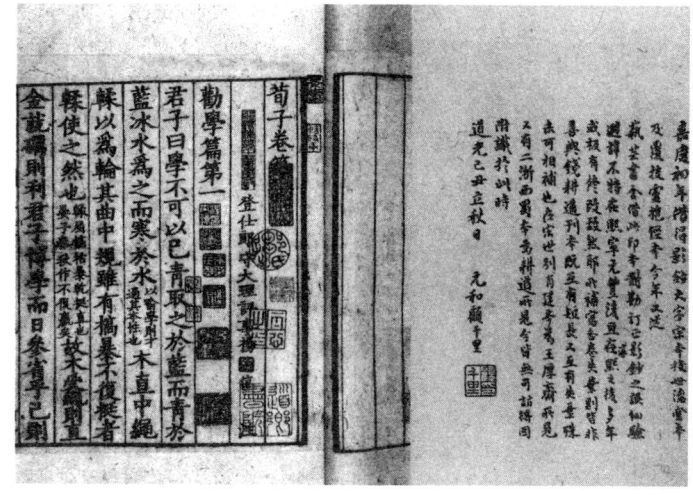

《荀子》书影

战国时期，历史发生了很大变化，应确定一个新的理想人格目标，这就是荀子树立的"后王"形象。荀子虽没有像商鞅、韩非子那样对历史进行时期划分，但从荀子的历史倾向看，我们可以明显地感觉到：人们的欲求和需要在不同历史时期是具有不同的形式和内容的，这从荀子的需要层次论就可得到证明。

荀子的历史学说不是孤立静止的，而是把历史看做一条绵延不断的长河，是一长远的历史发展过程，荀子用"久"字来表示这一过程，这表明荀子具有非常强烈的历史感。荀子对历史的态度与孔孟不同，孔子提出了"三代损益"的历史观，孟子对历史则采取"一治一乱"的循环论态度。在他们看来，历史不过是周而复始的大循环，无进化发展可言。荀子则偏离了孔孟历史观的既定轨道，认为历史是发展变化的，不但所谓"礼"是悠久的历史文化积淀而成，就是"后王之道"也是远古时期"先王之道"积累凝练的结果。荀子采取的是一种向前看的历史观，在历史观上，荀子虽然没有达到法家的理论水平，但却超越了孔孟，成为从儒家向法家过渡的重要代表人物。

荀子"法后王"的思想不是其思想的唯一内容，也不是全部内容。荀子的思想有两个层次。第一个层次是"道"、"统"层次，在这个层次上，荀子强调"法先王"，这实际上是儒家学说的理想层面，是荀子思想的终极目的，表现了荀子对孔孟思想的继承；第二个层次则是"制度"层次，这是荀子思想最有特色的部分，表现了荀子对孔孟思想的发展，实际上是荀子开辟的走向儒家理想的新通道，是儒学与政治接轨之榫卯，是解决儒学与政治疏阔的有效方法。这个层次使荀子成为了荀子，也为汉代儒学走向独尊奠定了基础。这一层次又可以分为两个部分：一是人性论部分，这是荀子思想注重制度的理论基础与前提；二是制度论部分，"法后王"是在这个层次上提出来的。荀子的思想系统可用下面的简图表示：

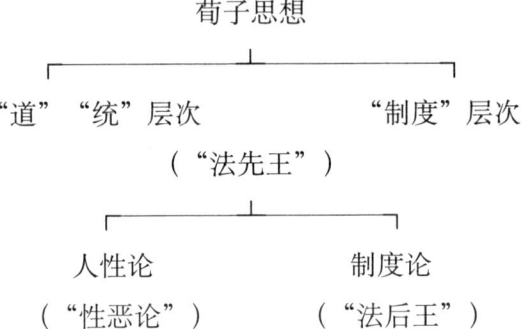

荀子思想

"道""统"层次　　　　　"制度"层次

（"法先王"）

人性论　　　　　制度论

（"性恶论"）　　　（"法后王"）

孔孟思想中和荀子"制度"层次相对应的是"道德教化"，它基于"性善论"，认为人性本善，人通过内省就可以保持善性，克己复礼、推己及人。这样外在的制度就变得无足轻重，也就不需要过分注目于制度建设，只要遵从先王留下的礼制就可以成建一个完美的社会。而荀子从"性恶论"出发，必然要引入外在的控制系统——制度、规范，才能导人向善。不同时代，人偏离善性的程度、方式和途径等方面会有很大不同，所以制度、规范就需要随时变化以起到匡正作用。"随时设教"、"以救当世之急"，从这个对比上说，荀子的"法后王"必须是"法近、当代之王", 才是对孔孟儒学的有意义的发展, 才足以打破孔孟之学内趋、封闭的局面, 走向制度建设, 并通过制度的引导与匡正作用走向儒家的社会理想。

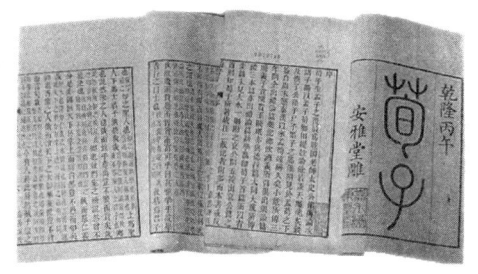

《荀子》是荀况的
著作集, 今存三十二篇

与先王相比, 荀子更注重"后王"所表现的价值和意义, 荀子汲取先秦诸子的合理成分, 适应了社会形势的发展, 提出了义利并重、王霸兼施、礼法兼尊等一系列主张, 较之孔孟儒家、商韩法家, 更有利于维护国家的统一, 而"后王"作为理想人格的化身, 正是义利、王霸、礼法等思想的综合体现, "法后王"象征着历史的进步, 荀子正是通过"法后王"来阐明自己进步的历史观的。

荀子的先法后王理论有其一定的历史价值, 这是我们应当肯定的, 但对其历史局限性我们也应有充分的认识。正如马克思所指出的, 一切旧的唯物主义者, 当他们一进入广阔的历史领域, 便毫不例外地陷入历史唯心主义的泥坑。荀子也是这样, 他把历史发展的动力归于圣人(先王), 他没有从社会关系和联系中去解释人如何创造历史, 而向圣人的心智、愿望意识去寻求答案, 把历史的一切最后归结为圣人的意志精神, 荀子的错误不在于他承认精神、心智等对历史发展所起的推动作用, 而在于他没有进一步探求这些精神动力背后的"动力"又是什么。马克思有段科学论述很能说明包括古今中外一切旧唯物主义思想家们在历史领域中所犯的错误, 马克思说: "旧唯物主义……认为在历史领域中起作用的精神的动力是最终原因，而不去研究隐藏在这些动力后面的是什么，这些动力的动力是什么，不彻底的地方并不在于承认精神的动力，而在于不从这些动力进一步追溯到它的原因。"这一科学论断是我们分析一切历史观问题的钥匙。

（三）荀子的"性恶论"

战国时期儒家人性论大体可分为两派。一派提倡性善论，这一派以孟子为代表。认为人生之初，其天性是善良的，是一种先验的人性论。《孟子·告子上》说："人性之善也，犹水之就下也，人无有不善，水无有不下。"郭店楚墓竹简中的《性自命出》、上海博物馆藏战国楚竹书中的《性情论》，也持这种观点。另一派提倡性恶论，以荀子为代表。认为人性本来是恶的，必须以仁义、礼智刑法治之，才能使之改恶从善。与孟子的性善论相对立，这也是一种先验的人性论。《荀子·性恶》开宗明义地说："人之性恶，其善者伪（人为）也。"其后荀门弟子韩非子接受了其师的性恶论，又有新的发展。

荀子认为，人的自然本性是追求利欲，所以人类的天性是丑恶的。《荀子·王霸》说："夫人之情，目欲綦（基本）色，耳欲綦声，口欲綦味，鼻欲綦臭（气），心欲綦佚。此五綦者，人情之所必不免也。"《荀子·性恶》说："若夫目好色，耳好声，口好味，心好利，骨体肤理好愉佚，是皆生于人之情性者也；感而自然，不待事（人为）而后生之者也。"《荀子·荣辱》说："凡人有所一同：饥而欲食，寒而欲暖，劳而欲息，好利而恶害，是人之所生而有也，是无待而然者也，是禹、桀之所同也。"这是说，人类的感官天生具有趋利性，趋利避害是人类与生俱来、不需要学习就具有的自然天性。

那么，天性就有贪欲的人为什么会有善举，为什么有的人会成为圣人呢？荀子有一个说法叫做化性起伪。伪者，为也，意指后天的造作。化性起伪，就是通过后天的人为努力来感化、矫正、改变人类丑恶的自然天性。《荀子·礼论》说："性者，本始材朴也；伪者，文理隆盛也。无性，则伪之无所加；无伪，则性之不能自美。性伪合，然后成圣人之名，一天下之功于是就也。"这里荀子强调后天人为的作用，社会的政治和道德都不是先天的，圣人在化性起伪中起到关键的作用，《荀子·性恶》也说："故圣人化性而起伪（进行各种工作），伪起而生礼义，礼义生而制法度。然则礼义法度者，是圣人之所生也。"

如何化性起伪呢？荀子提出劝学，即通过学习《诗》、《书》、礼义，积礼义而为君子。移风易俗对于化性尤为重要，《荀子·儒效》说："注错（措置）习俗，所以化性也；并一而不二，所以成积也。习俗移志（意志），安久移质（本质）。并一而不二，则通于神明，参于天地矣。"《荀子·性恶》有一个说法："涂（途，道路）之人可以为禹。"《荀子·荣辱》也说："尧、禹者，非生而具者也，夫起于变故，成于修为，待尽而后备者也。"

荀子与孟子，一主性善，一主性恶；主性恶者倡导化性起伪，主性善者主张培养善性，最后殊途同归，分别得出"人皆可以为尧、舜"、"涂之人可以为禹"的结论。

李斯对荀子的性恶论只接受了前半截，即认为趋利是人的天性，却抛弃了其师荀子关于化性起伪、终为圣人的思想。《史记·李斯列传》载："乃从荀卿学帝王之术（儒家的政治主张）。学已成，度楚王不足事，而六国皆弱，无可为建功者，欲西入秦。辞于荀卿曰：'斯闻得时无怠。今万乘（万乘三君略语，指各国诸侯）方争时，游者（游说之士）主事。今秦王欲吞天下，称帝而治。此布衣驰骛之时，而游说者之秋也。处卑贱之位而计不为者，此禽鹿视肉，人面而能强行者耳。故诟（耻辱）莫大于卑贱，而悲莫甚于穷困。久处卑贱之位，困苦之地，非世而恶利，自托于无为，此非士之情也。故斯将西说秦王矣。'"

这是李斯内心情感的真实显露，生活在战国后期的李斯，看准了当时正处于风云际会、布衣驰骛的历史时机，发愤图强要做一番解穷脱困、平步青云的伟大事业。他说，人生最大的耻辱莫过于卑贱，最大的悲哀莫过于穷困。一个人如果自托无为，不能改变自身卑贱困苦的处境，那就无异于人面禽兽。可见，他是将谋取功名利禄作为人类区别于禽兽的本质特征。李斯辞别其师时所说的那些话，是荀子人性好利思想的传述。这表明李斯从出师门那一天起，就没有打算要化性，根本没有想到要做一名圣人，他满脑子想的都是功名富贵。

李斯是这样说的，也是这样做的。从此，李斯就一直"得时无怠"，抓紧一切获取功名利禄的时机。他向秦王进献歼灭

秦·彩绘铜车

山东诸侯的计策："诸侯名士可下以财者，厚遗结之；不肯者，利剑刺之：离其君臣之计。秦王乃使其良将随其后。"（《史记·李斯列传》）通过采用种种手段，李斯最终辅佐秦王一统天下，而他也登上丞相之重位。

秦统一天下之后，李斯揣摩秦始皇的心理，为持禄保宠而频出新招。他从荀子学《诗》、《书》、《礼》、《易》，但他当权后却视《诗》、《书》为死敌，一心迎合秦始皇以酷刑治国的意图，建议秦始皇焚烧《诗》、《书》，禁止天下民众议论时政，实施愚民政策；他陪同秦始皇巡游天下，所到之处为秦始皇刻石颂功；他将韩非子的理论付诸实施，以严刑峻法作为治国的手段，将全国变成一个大监狱。经过几十年处心积虑的经营，李斯本人在布衣驰骛、实现人的趋利本性方面达到了"富贵极矣"的地步："斯长男由为

三川守（郡守），诸男皆尚（大臣娶国君的女儿为妻）秦公主，女悉嫁秦诸公子。"（《史记·李斯列传》）

身居"高处不胜寒"的境地，李斯在感激、陶醉、庆幸之余，似乎有一种隐隐约约的无名恐惧："当今人臣之位，无居臣者，可谓富贵极矣。物极则衰，吾未知所税驾（停车，止泊）也！"（《史记·李斯列传》）在事业达到顶峰的时候，他所害怕的是盛极而衰，失去富贵，而根本不思考如何改恶从善。他的一言一行淋漓尽致地体现了荀子的性恶学说，但他却将荀子化性起伪的理论抛到九霄云外。他一生中也有两次劝谏，一次是秦王下令逐客，他写了一篇有名的《谏逐客书》，成功地避免了自己成为逐客；另一次是给秦二世上《督责书》，同样是出于自保。天下苍生的利益，士的社会责任，李斯是从来不考虑的，他心中只有自己。司马迁在《史记·李斯列传》中批评李斯"知六艺之归（主旨），不务明政以补主上之缺，持爵禄之重，阿顺苟合，严威酷刑"，这其中的学术原因，就在于李斯从荀子那里所接受的半截子人性论。

三、李斯之过

（一）是古非今之禁

秦始皇三十四年（前213），在咸阳宫摆酒设宴，博士仆射周青臣等颂扬秦始皇的威德。齐国人淳于越劝谏道：据我所知，殷、周两朝统治了一千多年，都分封子弟功臣作为自己的辅翼力量。现在陛下享有天下，而子弟却是平民，一旦出现了像田常、六卿那样的逆子，没有辅佐的藩臣，靠谁来相救呢？办事不按照古代的办法而能长久的，我从来没听说过。现在周青臣等又当面奉承以助长陛下的过失，这不是忠臣。

秦始皇把这个意见交给丞相去考虑。

丞相李斯认为这种说法是荒谬的，废弃不用，且呈上报告说：古时候天下散乱，不能统一，因此诸侯同时起来争霸，社会舆论都颂扬古代来否定现实，装饰一些空洞的辞藻来扰乱实际工作，人人都称道自己一派的学说最好，用来反对朝廷所建立的法制。现在陛下已统一天下，分辨了是非黑白，天下共同尊崇一个皇帝的意志。但是，儒生们却搬出私学，纷纷非议朝廷的法令制度，一听到命令下来，就用他们自己的一套来议论，在朝廷里口头赞成而心中反对，一出朝廷就在街头巷尾纷纷议论。他们以诬蔑批评君主来显扬自己的名气，认为只有标新立异才算高明，并且纠集下层群众来诽谤朝廷。这种情况如不禁止，在上面，君主的威望将要下降，在下面，私人的帮派将要形成。因此，禁止这种活动，对朝廷是有利的。我请求陛下命令：凡有收藏《诗》、《书》及诸子百家著作的，一律加以焚毁。除博士官掌管的文献典籍，凡私人藏有《诗》、《书》、诸子百家著作的，一律送交郡尉，堆在一起烧掉。今后敢凑在一起谈论儒家书籍的，一律处以死刑。以古非今的，灭族。官吏发现或知情而不检举的，按同罪处分。命令到达三十日，还不焚毁的，判处黥刑，罚充筑城劳役。所不清除的，只是有关医药、占卜、种植之类的书籍。如果有想学习法令的人，应以在职官吏为师。

秦始皇批准了李斯的建议，没收了《诗》、《书》和诸子百家的著作，让百姓愚昧无知，使天下无法用古代的制度来否定当今。修明制度，制定法律，都从秦始皇开始。统一文字，在全国各地修建离宫别馆。第二年，秦始皇又到各地去巡视，平定四方外族。以上各项措施，李斯都出了力。

在秦始皇批准的这些禁令中，《诗》、《书》，非《秦纪》的史籍、非博士官所职百家语都在焚烧之列，内容相当广泛，不烧的只有医药、占卜、种植等实用性的书籍。私藏禁书的有罪，偶语《诗》、《书》者有罪，以古非今者灭族。"焚书坑儒"在中国历史上开启了一个恶劣的先例。它的危害在于灭绝文化，愚弄人民，堵塞言路，在精神上扼杀知识分子与民众。这无疑是一种历史倒退。无数事实证明，防民之口，甚于防川。川壅而溃，危害甚大。让老百姓开口讲话，天塌不下来。只有建立畅通的、能够让人民自由表达意见的机制，执政者按照民意行事，能够为人民说话办事谋利益，这个政权才能被人民所认可，才能长期存在下去。否则，总有一天，会激怒人民，为人民所唾弃。秦王朝之所以短命，这不能不说是一个重要原因。后来历史上明朝的极度专制、清朝的"文字狱"等无不以秦时的"焚书坑儒"为滥觞，其后果是造成万马齐喑的局面，对中国社会的进步害莫大焉。

李斯与韩非子共同师从荀子门下学习帝王之术，在政治思想上如出一辙。他们共同的特点是鄙视人民，将人民视为奴仆，只配被统治者奴役驱使。因此，他唆使秦始皇"焚书坑儒"，搞愚民政策、高压政策，可以说同韩非子为君主谋划的法、术、势那一套是一脉相承的。

但是毛泽东对秦始皇和李斯的评价却很高，而且两人的业绩是紧密连在一起的。1964年6月24日，毛泽东在同新西兰共产党总书记威尔科斯谈话时说："秦始皇比孔子伟大得多。孔夫子是讲空话的。秦始皇是第一个把中国统一起来的人物。不但政治上统一中国，而且统一了中国的文字、中国各种制度如度量衡，有些制度后来一直沿用下来。中国过去的封建君主还没有第二个超过他的。可是被人骂了几千年。骂他就是两条：杀了四百六十个知识分子；烧了一些书。"（《希望》，1992年新总第1期）

同年8月30日，在一次讲话中谈到黄河流域的水利建设时，毛泽东讲道："齐桓公九合诸侯，订立五项条约，其中有水利一条，行不通。秦始皇统一中国，才行得通。秦始皇是个好皇帝，焚书坑儒，实际上坑了四百六十人，是属于孟夫子那一派的。其实也没有坑光，叔孙通就没被杀么。孟夫子一派主张法先王，厚古薄今，

"秦始皇比孔子伟大得多。孔夫子是讲空话的。秦始皇是第一个把中国统一起来的人物。不但政治上统一中国，而且统一了中国的文字、中国各种制度如度量衡，有些制度后来一直沿用下来。中国过去的封建君主还没有第二个超过他的。可是被人骂了几千年。骂他就是两条：杀了四百六十个知识分子；烧了一些书。"（《希望》，1992年新总第1期）

反对秦始皇；李斯是拥护秦始皇的，属于荀子一派，主张法后王，后王就是齐桓、晋文，秦始皇也算。"（《希望》，1992年新总第1期）

1965年6月，在与越南胡志明主席谈话时，毛泽东说："在中国历史上，真正做了点事的是秦始皇，孔子只讲空话。几千年来，形式上是孔夫子，实际上是按秦始皇办事。秦始皇用李斯，李斯是法家，是荀子的学生。李斯是楚国人，是秦相吕不韦的门客。"

公元前237年，因吕不韦被黜罢相事，秦宗室贵族提出驱逐关东六国籍人员。李斯写了一篇《谏逐客书》，受到秦王嬴政采纳。此后，李斯以他的才干和见识，受到秦王重用。"（陈晋：《毛泽东之魂》［修订本］，中央文献出版社1997年版，第285页）

1968年10月，毛泽东在中共八届十二中全会闭幕会上批评郭沫若旧著《十批判书》时又讲了法家，并特别提到李斯。他说："在范老（范文澜）的书上（指范文澜著《中国通史简编》）对于法家是给了地位的。就是申不害、韩非子这一派，还有商鞅、李斯、荀卿传下来的。"（《希望》，1992年新总第1期）

1973年9月23日，毛泽东在会见埃及副总统侯赛因·沙菲时又谈到了秦始皇。他说："秦始皇是中国封建社会的第一个有名的皇帝，我也是秦始皇。最近林彪还骂我叫'秦始皇'。中国历来分两派，一派讲秦始皇好，一派讲秦始皇坏。我赞成秦始皇，不赞成孔夫子。因为秦始皇是第

"在范老（范文澜）的书上（指范文澜著《中国通史简编》）对于法家是给了地位的。就是申不害、韩非子这一派，还有商鞅、李斯、荀卿传下来的。"（《希望》，1992年新总第1期）

一个统一中国，统一文字，修筑宽广的道路，不搞国中有国，而用集权制，由中央政府派人去各地方，几年一换，不用世袭制度。"（《中华人民共和国实录》第3卷下，第961页）

1975年5月底至6月之间，曾在毛泽东身边工作和学习的北京大学女教师芦荻，曾经就"评法批儒"时有人吹捧秦始皇，不准人们对秦始皇作历史分析这个问题向毛泽东请教，问他对秦始皇到底怎么看。毛泽东指出，秦始皇作为一个历史人物评论，要一分为二。秦始皇在历史发展进程中的进步作用要肯定，但他在统一六国以后，丧失了进取的方面，志得意满，耽于佚乐，求神仙，修宫室，残酷地压迫人民，到处游走，消磨岁月，无聊得很。陈胜、吴广揭竿而起，反抗秦的暴政，其中就包括对秦始皇，完全是正义的。这次战争掀开了我国封建社会中波澜壮阔的农民战争的序幕，在历史上有很大意义。（杨建业：《在毛主席身边读书——访北京大学中文系讲师芦荻》，《光明日报》1978年12月29日）

毛泽东肯定秦始皇的历史功绩，认为李斯是法家，是拥护秦始皇的，就是肯定李斯的历史功绩。但毛泽东又认为秦朝迅速灭亡，与"焚书坑儒"关系不大。他曾引唐代诗人章碣的《焚书坑》表明这种观点。其诗云：

竹帛烟销帝业虚，关河空锁祖龙居。
坑灰未冷山东乱，刘项原来不读书。

诗的意思是说，秦始皇、李斯以为焚了书坑

"我是赞成秦始皇的，不赞成孔夫子。因为秦始皇是第一个统一中国，统一文字，修筑宽广的道路，不搞国中有国而用集权制，由中央政府派人去各地方，几年一换，不用世袭制度。"（《中华人民共和国实录》第3卷下，第961页）

了儒就万事大吉了，但灭亡秦朝的刘邦、项羽都不是读书人，对"焚书坑儒"进行了辛辣的讽刺，但也有为其开脱罪责之嫌。

（二）大兴土木，奴役人民

秦经过连年征战统一六国后，百废待举，百业待兴。长年兵荒马乱，人民流离失所，苦不堪言。作为丞相的李斯，本来应该采取与民休养生息的政策，使社会生产力得以恢复，使新生的政权得以巩固。但是，情况并非如此。天下初定，紧接着，便大征徭役，盖宫殿，修长城，筑陵墓。那时全国的人口不过两千多万，服各种徭役的劳力就达几百万。修长城是国防工程倒也罢了，为秦始皇修筑陵墓的工程则纯粹是耗费民脂民膏，残害人民之举。秦始皇自登基时就为自己筹划筑陵，命李斯为总管。李斯为讨秦始皇的欢心，费尽心机，运筹策划，苦心经营。前后动用七十二万人，花费了十多年时间，营造出一座前无古人、后无来者的帝王陵墓。其工程之浩大，堪称世间罕有。李斯在监造骊山始皇墓完工时，给秦始皇写了一份报告说："丞相臣斯冒死言：臣所将隶徒七十二万人治骊山者，已深已极。凿之不入，烧之不然（燃），叩之空空，如下天状。"

修墓期间有无数奴隶不堪劳累致死，可以说，那座庞大的阴森森的墓穴，是用无数人的累累白骨堆积而成的。举天下之力，耗民脂民膏，为一人筑墓，这是多么荒唐的行为！孟子早就有"民为贵，社稷次之，君为轻"的古训，李斯此举，是对民本思想的亵渎，是对生命的践踏。应该说：那座至今还被某些人引以为自豪的秦始皇陵实则是无数为之失去性命的奴隶和殉葬者们的血泪控诉！

（三）同赵高同流合污

秦始皇于三十七年(前210)十月出游到会稽山（今浙江绍兴东南），沿海而上，北到琅邪山（今山东胶南县南）。丞相李斯、兼代符玺令的中车府令赵高随从。

这年七月，秦始皇到达沙丘（今河北平乡东北），病得很厉害，命令

65

赵高写诏书给公子扶苏说：把军队交给蒙恬，赶快来参与丧事，到咸阳会合，举行丧礼，然后安葬。诏书已封好，还没有交给使者，秦始皇就逝世了。诏书和御印还都在赵高那儿。当

秦始皇陵

时只有胡亥、丞相李斯、赵高和五六个亲信宦官知道秦始皇逝世了，其余百官都不知道。李斯认为皇上在外面逝世，又没有正式确定太子，所以保守秘密，而把秦始皇的尸体安放在一辆既能保暖又通风凉爽的卧车里，百官报告政务和进献食物都照往常一样，宦官就假托皇帝的命令从卧车里批准百官报告的政务。

赵高扣留了秦始皇给扶苏的诏书对公子胡亥说：皇上逝世，没有命令封各位公子为王而只赐给长子一封诏书。长子到来，就会登位做皇帝，可是您却连一寸封地也没有，怎么办呢？

胡亥说：是啊。我听说，父王是个贤明的君主，是了解臣子的；父王是个贤明的父亲，是了解儿子的。父亲临终，不下令封儿子们，那还有什么话可说呢！

赵高说：话不是这么说。当今天下的大权，要谁存谁亡，都在您、我和丞相手中，希望您慎重考虑。况且让别人称臣和向别人称臣，控制别人和受别人控制，难道可以相提并论吗？

胡亥说：废掉兄长而立其弟弟，这是不义；不遵从父亲的遗命而怕死，这是不孝；才能浅薄，依靠别人的扶植而勉强登位，这是无能。这三件事，都是大逆不道的，天下人心不服，自身会遭到祸殃，国家也会灭亡。

赵高说：我听说商汤周武杀死他们的君主，天下人都说干得对，不能算是不忠。卫君杀死他的父亲，卫国人称颂他的功德，孔子记载了这件事，不能算是不孝。办大事不能顾小节，行大德用不着谦让，乡里的风俗各有习惯，百官的工作方式也各不相同。所以顾小节而失大体，日后一定有祸患；狐疑犹豫，将来一定后悔。当机立断、大胆放手地去干，连鬼神也会回避，将来一定成功，希望您好自为之！

胡亥深深地叹着气说：现在大行皇帝新死，还没有发丧，丧礼还没有结束，怎么好拿这件事去要求丞相呢！

赵高说：时间哪时间，短暂得不允许谋算！要像背着干粮骑上快马赶路一样，唯恐耽误了时机！

胡亥同意了赵高的意见。

赵高说：不跟丞相商量，恐怕事情不能成功，我请求替您去跟丞相商议这件事。

既然胡亥以赵高之言为是，赵高便去对丞相李斯说：皇上逝世，给长子留下了一封诏书，要他到咸阳会合参加丧礼，并立为继承人。诏书还没有发出，如今皇上逝世了，此事没有别人知道。给长子的诏书和御印都在胡亥那儿，确定太子就在您与我赵高口中一句话罢了。这事将怎么办？

李斯仰面对天叹了一口气，流着眼泪叹息道：唉！我偏偏遭遇这个变乱的时代，既然不能以死效忠，又向何处寄托我的命运呢！最后李斯就听从于赵高的阴谋。

于是，李斯便参与策划，伪造秦始皇给丞相的诏书：立胡亥做太子。更改赐给长子扶苏的诏书说：我巡视天下，向各处名山的神灵祈求延长寿命。现在扶苏和将军蒙恬率领几十万军队驻守边疆，已经十多年，不能前进，而士兵伤亡很多，没有一点儿功劳，反而屡次上书直言诽谤我的措施，因为不能解除监军职务回朝当太子，日夜怨恨。扶苏做儿子不孝，赐

剑自杀！将军蒙恬和扶苏一同在外，不纠正他的过失，应当知道他的谋算。蒙恬做臣子不忠，让你自杀，将军队交给副将王离。

赵高将诏书封好，加盖了皇帝的御印，派胡亥的门客捧着诏书到上郡交给扶苏。

使者到达上郡，扶苏拆开诏书看了，就哭着跑进里面的屋子想要自杀。蒙恬劝止扶苏说：皇帝在外巡视，没有确定太子，派我率领三十万大军守边，公子担任监军，这是天下的重任。如今一个使者来，就自杀，怎能断定他不是假的？希望您再请示一下，经过再次请示而后自杀，也不为迟。

使者连连催促他，扶苏为人忠厚，对蒙恬说：父亲赐儿子死，还要请示什么！就自杀了。蒙恬不肯死，使者就把他交给狱吏，囚禁在阳周。

赵高像

使者回来报告，胡亥、李斯、赵高皆大欢喜。回到咸阳，才给秦始皇发丧，胡亥继位做了二世皇帝。赵高担任郎中令，在宫中侍奉二世，掌握了实权。

起初，赵高当郎中令，被他杀害和因报私怨而被陷害的人很多，他怕大臣到朝廷报告政务的时候揭发他，就劝说二世道：天子之所以尊贵，只是因为群臣仅能听到他的声音，而不能见到他的容颜，所以称为"朕"。而且陛下年轻，未必对一切事物都熟悉，如果坐在朝廷上听群臣奏事，有赏罚不当之处，就会把短处暴露给大臣了，这样就不能向天下人显示您的圣明了。陛下不妨拱手深居宫中，跟我和熟悉法令的侍中在一起，等待大臣们把事情报告上来后，再考虑研究处理的办法。这样大臣就不敢把是非难辨的事报告上来，天下人就都会称您为圣主了。

二世采纳了他的建议，不再坐朝接见大臣，经常住在宫里。赵高常侍奉左右，掌握着大权，一切事情都由他决定。

赵高听说李斯有不满言论，就借故查办李斯。李斯被拘捕，套上了刑具，关在监狱里，他仰面对天叹道：唉，可悲呀！无道的昏君，怎么能为他谋划呢！从前夏桀杀死关龙逢，商纣杀死比干，吴王夫差杀死伍子胥。这三个臣子难道不忠么，然而免不了一死，他们虽然为尽忠而死，只可惜忠非其人呢。我的智慧比不上他们三人，而二世的昏暴超过夏桀、商纣和夫差，我因为尽忠而死，是应当的。况且二世的治国还不是胡搞么！以前杀死兄弟而自立为皇帝，进而杀害忠臣，尊宠贱人，修盖阿房宫，向天下横征暴敛。我不是不劝谏，可是他不听我的话呀！凡是古来圣明的帝王，饮食有一定的节制，车辆器用有一定的数量，宫室有一定的限度，颁布命令和举办事情，增加费用而不利于民的一律禁止，所以能够长治久安。现在二世在兄弟之间使用残暴的手段，不考虑后果；枉杀忠臣，不顾忌后患；大修宫殿，向天下榨取重税，不爱惜钱财。这三件事实行以来，天下人不服从，如今反叛的人已占据了天下的一半，而他心里还没醒悟，用赵高为辅佐，我一定会看到盗贼打进咸阳，朝廷变成废墟，麋鹿嬉游于废墟之上了。

当时二世派赵高去审理丞相李斯的案件，赵高诘问李斯和儿子李由谋反的情况，把他们的家族和宾客都逮捕起来。赵高审问李斯，答打了他一千多板子，李斯受不了痛苦，冤屈地招供了。

李斯之所以不自杀，因为自以为能言善辩，有功劳，实无反叛之心，希望能够上书辩解，希望二世幡然省悟过来而赦免他。他就从监狱中上奏书说：我当丞相治理百姓，已经三十多年了。我曾赶上当初秦国土地狭小的时代，先王的时候，秦国土地不过千里，士兵几十万。我竭尽微薄的才能，谨慎地奉行法令，暗中派遣谋臣，给他们金玉珍宝，让他们游说诸侯，又暗中组织武装力量，整顿政治、教化，任用勇敢善斗的战士，尊重功臣，提高他们的爵位俸禄，所以终于凭着这些措施胁迫韩国，削弱魏国，击破燕国、赵国，削平齐国、楚国，最终并吞六国，俘虏他们的君主，拥立秦王做了天子。这是我的第一条罪状。

并吞六国以后，土地不再是狭小的了，还要在北方驱逐胡人、貉人，在南方平定百越，以显示秦朝的强大。这是我的第二条罪状。

尊重大臣，提高他们的爵位，以巩固他们同皇室的亲密关系。这是我的第三条罪状。

建立社稷，修建宗庙，以显示主上的贤明。这是我的第四条罪状。

改革书写符号，统一度量衡和文字，颁布天下，借以树立秦朝的威名。这是我的第五条罪状。

修筑驰道，建议巡游全国，以显示主上的得意。这是我的第六条罪状。

放宽刑罚，减少赋税，以满足主上赢得民心的愿望，使百姓都拥戴主上，至死不忘主上的恩德。这是我的第七条罪状。像我这样做臣子的，所犯的罪足以处死本来很久了。皇上希望我尽其所能，才活到今天，希望陛下明察！

李斯狱中给二世的上书中所述他的七大罪状，其实是他的七大功劳。他采用正话反说的方法，明为述罪，实为表功，希望像当年《谏逐客书》那样产生奇效，使二世猛醒，让他逢处绝生。但他看错了对象，二世和赵高狼狈为奸，阴谋篡夺国家最高权力主意已定，他的这种做法无异于与虎谋皮，不可能达到目的。

书呈上去后，赵高让狱吏隐瞒不上报，说道：囚犯怎么能上书！

赵高派他的门客十多人伪装成御史、谒者、侍中，轮番拷问李斯。李斯翻供拿自己的实情回答，就总是让人再拷打他。以后二世派人去对证李斯的口供，李斯以为又跟以前一样，终究不敢更改口供，在供词上承认了罪状。

判决书呈报上去，二世高兴地说：没有赵君，我几乎被丞相出卖了。

当二世派去调查三川郡守的人到达三川时，项梁已经杀死了李由。

使者回来，正当李斯已被交给狱吏看管，无法对证，赵高就胡乱编造了李由谋反的罪状。

秦二世二年(前208)七月，定李斯五刑，判决在咸阳市腰斩。李斯出狱的时候，跟他的次子一同被押解，他回头对次子说：我想和你再牵上黄狗一同出上蔡东门去打猎追逐狡兔，还办得到吗！于是，父子相对而哭，三族的人都被处死。

司马迁《史记·李斯列传》末有一段评论说：李斯出身布衣，行迹经历诸侯各国，进入秦国，趁六国有机可乘时来辅佐秦始皇，终于成就帝业。李斯位列三公，可以说是受尊重，被任用了。李斯知道"六艺"（诗、书、乐、易、礼、春秋）的主旨，不力求使政治修明，纠正秦始皇的过失，却紧紧抓住高官厚禄不放，曲意顺从，无原则地任意迎合，严厉的威势，残酷的刑罚，听从赵高的邪说，废掉长子扶苏，立庶出之子胡亥。各国诸侯已经背叛，已经来不及，李斯还要用言辞来向二世争辩，这种做法已经属于下策。一般的人都以为李斯为秦尽忠而受酷刑死去，是冤枉的。追究根本，李斯罪行很大，其结果并不算冤枉。咎由自取，与俗说不同。不然的话，那照一般俗人的看法，李斯的功劳岂不可以与西周的周公、召公相比了吗！司马迁对李斯的功过是非的评价应该说是比较公平的。

唐代诗人白居易《咏史》云：

秦磨利刀斩李斯，齐烧沸鼎烹郦其。

可怜黄绮入商洛，闲卧白云歌紫芝。

彼为菹醢机上尽，此为鸾皇天外飞。

去者逍遥来者死，乃知祸福非天为。

白居易在诗中把李斯、郦食其与商洛"四皓"（东园公、夏黄公、绮里季、角里先生）对比，对李斯、郦食其的遭遇表示不平，但又认为是由他们选择的不同道路决定的，怨不得别人。这个评价是中肯的。

唐代另一诗人胡曾《咏史·上蔡》云:

上蔡东门狡兔肥,李斯何事忘南归?
功成不解谋身退,直待咸阳血染衣。

此诗对李斯贪恋权位、不能功成身退提出了批评,也是对的。

1958年2月3日,毛泽东在中央政治局扩大会议上讲话说:"比如我们对于秦始皇,他的名誉也是又好又不好。……这个人大概缺点甚多,有三个指头。"(中央文献研究室编:《毛泽东著作专题摘编》,中央文献出版社2003年版,第2281—2282页)

我们知道毛泽东对斯大林的功过是三七开,就是说,功劳是七分,过失是三分。这是很高的评价。

毛泽东这个看法,有时用十个指头作比。他说秦始皇的"缺点"是"三个指头",那就是说,他的功劳是七个指头。整个来看,也是三七开。李斯的功过是和秦始皇联系在一起的,也应该是三七开吧!

1958年2月3日,毛泽东在中央政治局扩大会议上讲话说:"比如我们对于秦始皇,他的名誉也是又好又不好。……这个人大概缺点甚多,有三个指头。"(中央文献研究室编:《毛泽东著作专题摘编》,中央文献出版社2003年版,第2281—2282页)

张良『运筹帷幄，决胜千里』

朱升
马周
陆逊
郭嘉
张良
李斯
商鞅
诸葛亮

秦末汉初的军事谋略家张良（？—前185），是中国历史上一位颇具传奇色彩的人物。所谓"运筹策帷幄之中，决胜于千里之外"，指的就是张良。张良被誉为"谋圣"，他的名字成了智慧的代名词，与文圣孔丘、武圣关羽、诗圣杜甫等人一起并列为中国古代的14位圣人。

在秦末风云突起的战争中，张良辅佐刘邦击溃各路武装，使刘邦最终一统天下，建立起绵延400余年的大汉王朝。刘邦感激之余，评价张良："夫运筹策帷幄之中，决胜于千里之外，吾不如子房（张良）。"后世也因此称张良为"帝王之师"。

张良是一个卓越的军事家，但不掌军权，却能"运筹策帷幄之中，决胜于千里之外"，毛泽东十分赞成刘邦对张良的这个评价，并且认为，在中国军事史上能当此评价的，要数张良和诸葛亮。张良是一个高明的政治家，但他掌握国家的行政权力，只出谋划策，往往从政治高度着眼，总是技高一筹，毛泽东特别欣赏他的建都关中和反对以鸿沟划界，追击项羽的主张。

毛泽东对张良评价甚高。1957年6月，他在与吴冷西谈话时说："据《史记》载，刘邦称帝之初，曾问群臣：何以他得天下而项羽失天

张良像

下？群臣应对不一。刘邦均不以为然。毛主席就这时背诵《史记》中刘邦说的一段话：'夫运筹策帷帐之中，决胜于千里之外，吾不如子房。镇国家，抚百姓，给馈饷，不绝粮道，吾不如萧何。连百万之军，战必胜，攻必取，吾不如韩信。此三者，皆人杰也，吾能用之，此吾所以取天下也。项羽有一范增而不能用，此其所以为我擒也。'"（吴冷西：《忆毛主席》，新华出版社1995年版，第43页）

一、青年张良的反秦斗争

（一）五世相韩

张良庙

虽然张良是历史上一位赫赫有名的人物，古籍对张良的籍贯却无明确记载，张良的身世给后人留下了诸多谜团，不但其出生年月不详，其籍贯也是众说纷纭，莫衷一是。

正所谓"神州处处张良祠"，出于对历史俊杰的膜拜心理，人们都喜欢与名人"攀亲结缘"，古往今来，全国各地兴建的张良祠竟然达上百座之多！不但安徽亳州等地宣称是张良的故乡，在河南郏县、新郑两地对此也有争议。有媒体还发表了大块的专访文章，言之凿凿地称张良的故乡在禹州市的张得乡，因张得是张良之父。

毛泽东看八·大·谋·臣

张良，字子房，出生于战国末年，具体出生时间不详，出生地相传位于当时韩国的城父（今安徽省亳县东南）一说指今河南省郏县李口乡张店村，也有专家认为他出生于韩国的都城新郑（今河南省新郑市），出生于父亲任职的相府之中。我们以为，安徽亳县应是张良的祖籍，他的出生地是韩国都城比较合理。

据《史记·留侯世家》记载，张良出身贵族，他的祖先是韩国人。祖父名叫开地，先后担任过韩昭侯、宣惠王和襄哀王的丞相。父亲张平，担任过韩釐王和悼惠王的丞相。他的父祖两代五为韩相，辅佐了五世皇帝，共87年。所谓"五世相韩"，并不是张良祖上有五位先人都当过韩国的宰相。从此我们可以看出其家族与韩国有密切关系。

韩悼惠王二十三年（前250）张平去世。张平死后20年，韩王安九年（前230），韩国被秦始皇所灭。当时张良还很年轻，不曾在韩国做官。

韩国灭亡时，张良家里有300家丁仆人。这时，他的弟弟死了，他不用厚礼安葬，却举倾家之财访求刺客，谋刺秦王，为韩国报仇。张良这样做，是因为祖父、父亲曾经做过韩国五代君主丞相的缘故。

（二）狙击始皇

张良曾经在淮阳（今河南淮阳）学习当时的典章制度，又去东方拜访有名的贤人仓海君，从他那里得到一个大力士，并特地为他铸造了一个

张良『运筹帷幄，决胜千里』

张良曾散尽家财，欲在博浪沙刺杀秦王，但是没有成功，图为张良和用铁锤砸破秦始皇车架的大力士

120斤重的大铁锤。

秦始皇二十九年（前218），秦始皇到东方巡游，来到阳武博浪沙（今河南原阳南），受到埋伏在那里的张良和他请的大力士狙（袭）击，误中扈从秦始皇的一辆车子。秦始皇大怒，命令在全国进行大搜捕，紧急捉拿刺客。于是，张良改名换姓，逃亡到下邳（今江苏睢宁西北）隐避起来。

（三）捡履得书

张良到了下邳，闲暇时，到跨于沂水之上的坯桥上游玩，遇到一位老人。老人穿着粗布短衣，走到张良所立的地方，老人恰巧把自己的鞋子掉到桥下，回头对张良说：小孩子，下去把我的鞋子捡上来。张良十分惊讶，想打他一顿。但因为他年纪

韩都新郑

太大了，勉强忍耐，下去把他的鞋子捡了上来。老人说：给我把鞋穿上！老人伸着脚，张良伸直身子跪着给他把鞋子穿上。老人笑了笑走了。张良大惊，用目光追随着老人的行踪。老人走了一里多路，又转回来了，对张良说：小孩子有培养前途！过五天黎明，来这里与我相会。张良于是感到诧异，跪下来回答，是。

五天后，天不亮，张良就赶到桥上。可是，老人已经在桥上等候，便生气地说：与老人约

会，来迟了，这是为什么呢？说罢，老人转身就走，说：再过五天，早点
来相会！

又过了五天，鸡刚刚啼叫，张良就匆匆忙忙地赶到桥上。但老人又已
经在那里等候，又大怒地说：来迟了，这是为什么呢？老人转身又走时，
说：再过五天再早点来！

又过了五天，还不到半夜，张良就赶到桥上。不一会儿，老人也来
了，高兴地说：应该这样。老人拿出一册书交给张良，说：读好这册书，
就可以给皇帝做老师了！今后十年，时局当有大变动。再过13年，你来见
我，济北穀城山（今山东东阿东北五里）的黄石，就是我了。老人说罢就
走了，从此也不再来相见。

天亮后，张良发现老人给他的那册书是《太公兵法》，他十分重视，
经常熟读此书，反复学习。

《太公兵法》，相传为姜太公所遗，南朝梁阮孝绪《七录》曾有著
录。太公，即太公望吕尚。周初人，姜姓，吕氏，名尚。俗名姜太公，字
子牙。据《史记·齐太公世家》载，尚穷困年老，钓于渭滨。文王出猎，
遇之，与语大悦，曰："吾太公望子久矣。"故称太公望。载与俱归，立为
师，也称师尚父。辅佐文王、武王灭商有功，封于齐。有太公之称，通称姜
太公。兵书《六韬》，传为所作。所以《太公兵法》就是《六韬》。郭嵩焘
《史记札记》说："案，张良智术纯袭《老子》'欲翕（合）固张（开），
欲取固与'之旨。所从受学，殆亦盖公（西汉时的道家者流，曾为相国曹参
之师）言黄、老者之流，而托名《太公兵法》耳。"

郭嵩焘的说法有一定道理，因为从张良的思想体系来看，无疑是属于
道家，而且他晚年"欲与赤松子游"，"辟谷"，学轻身、导引之术，完
全是道家的一套。但道家学说终非兵书，所以《太公兵法》应该是一部兵
书，也许就是传说的《六韬》。《六韬》，旧说由汉朝人采集，假托为姜
尚编写的古代兵书，分《文韬》、《武韬》、《龙韬》、《虎韬》、《豹
韬》和《犬韬》六个部分，讲六种韬略，故称《六韬》。该书记周文王、
周武王问太公兵战之事。张良只有研究好兵法，才能在秦末战争中助刘邦

推翻秦朝，翦灭群雄，成就大业，这才是合乎逻辑的。如果张良仅信仰"清静"、"无为"的黄老之学，与世无争，就不会投入群雄纷争，而且即使投入，道家学说也是无能为力的。

毛泽东对张良遇黄石公的故事也很熟悉。1952年10月29日，他到徐州视察，和陪同他的徐州领导同志及随行人员登上云龙山，看了放鹤亭，咏诵了苏轼的《放鹤亭记》，讲了活了800岁的老寿星彭祖（钱铿）的养生之术："历史上很多名人来过徐州，做过很多有意义的事，如秦始皇为了秦政权的巩固和持久，曾亲临彭城，于泗水求鼎。汉初三杰之一的张良曾隐居在古邳镇，并在那里的圯桥见到黄石公。黄石公给他一部兵书，帮助张良成就了大事业。著名史学家司马迁，诗人谢灵运、李白、白居易、李商隐、范仲淹、文天祥、李渔、苏轼、韩愈、李煜等都来过徐州。大诗人李白专程去下邳圯桥凭吊张良往事，写下《经下邳圯桥怀张子房》一诗，其中有这样的句子：

> 我来圯桥上，怀古钦英风。
> 唯见碧流水，曾无黄石公。
> 叹息此人去，萧条徐泗空。

这李白也想见黄石公，得到上天指点，干点大事业，可惜，黄石公不在了！"（杨庆旺：《毛泽东指点江山》，中央文献出版社2000年版，第1175页）

这是李白经过下邳圯桥时写的一首怀古诗。

"汉初三杰之一张良曾隐居在古邳镇，并在那里的圯桥见到黄石公。黄石公给他一部兵书，帮助张良成就了大事业。"（杨庆旺：《毛泽东指点江山》，中央文献出版社2000年版，第1175页）

诗分前后两部，第一部分共八句：

> 子房未虎啸，破产不为家。
>
> 沧海得壮士，椎秦博浪沙。
>
> 报韩虽不成，天地皆振动。
>
> 潜匿游下邳，岂曰非智勇？

这首诗写青年张良的反抗秦朝的英雄事迹。毛泽东引的后六句是第二部分，写诗人对张良的钦慕和感触，颂扬张良的智勇豪侠，其中暗寓着诗人怀才不遇的感慨。毛泽东对张良评价很高，又喜欢李白的诗，所以来到徐州自然想起这个历史故事。

（四）初期的反秦斗争

在初期反秦活动中，项羽在下邳也有参与。当时，项伯杀人，张良把他藏匿起来。项伯（？—前192），名缠，字伯。秦末下相（今江苏宿迁西）人，楚国贵族出身，楚霸王项羽的叔父。

十年后，即公元前207年，陈胜、吴广等在蕲县大泽乡（今安徽宿县西南）首举义旗，轰轰烈烈的秦末农民大起义爆发了。张良也聚集了100多人举行起义。

当时，景驹在留（今江苏沛县东南）暂时自立为楚国的国王，以资号召。张良想去投靠他，在半路上遇见沛公刘邦。这时刘邦率领着几千人马，攻占了下邳以西的地区，张良就归附了刘邦，成为他的部下。刘邦任命张良为管理军马的官，像孙悟空一样也就是个"弼马瘟"，这说明当时刘邦并不重视张良。但后来张良多次根据《太公兵法》向刘邦进献计策，刘邦很赏识他，经常采纳他的计策。可是，张良对别人讲这些计策的时候，别人却都不能理解，只有刘邦能懂。因此，张良说：沛公的才智大概是上天所授吧！于是张良就跟定刘邦，不再去投奔景驹了。

张良跟了刘邦到薛县（今山东藤县南）去拜见项梁，项梁立熊心为楚怀王。项梁又是何许人也？项梁为楚名将项燕之子。项燕被秦将王翦围困，被迫自杀。因此，项梁与秦有杀父之仇。他曾经杀人，与侄子项羽避仇吴中。每有大徭役及丧葬事，项梁都主办。他暗中用兵法教导、训练子弟。陈胜起兵，项梁、项羽叔侄便在吴中起兵响应，并立楚愧王熊槐的孙子熊心为王。

见到项梁拥立楚怀王，张良就趁机劝项梁说：你已经立了楚国的后裔为王，而韩国的公子横阳君韩成非常贤能，可以立他为王。楚如果助韩立国，则更可以增加楚国的同盟力量。于是，项梁派张良把流落在民间的韩成找来，立为韩王，以张良为司徒，以增加部队的号召力。

张良与韩王成率领1000多人向西攻取韩国的旧地，夺取了几座城池，但秦军每每又把失地夺了回去。这样，张良、韩王成的部队便成了散兵游勇，在颍川（今河南东南部）一带打游击。

二、张良"比较出色"

张良被后人尊为"谋圣"，在楚汉战争期间，他提出不立六国后代，联结英布、彭越，重用韩信等策略，又主张追击项羽、歼灭楚军，都为刘邦采纳。汉朝建立后封张良为留侯。

毛泽东对张良的军事谋略十分赞赏。据他的警卫员尹荆山回忆：……毛泽东认为"运筹帷幄，决胜千里"方面，汉朝的张良和三国的诸葛亮都比较出色。（孙宝义：《毛泽东的读书生涯》，知识出版社1993年版，第157页）

"运筹帷幄，决胜千里"方面，汉朝的张良和三国的诸葛亮都比较出色。（孙宝义：《毛泽东的读书生涯》，知识出版社1993年版，第157页）

毛泽东看

八·大·谋·臣

82

（一）"鸿门宴"

秦朝末年，宦官赵高把持的秦王朝在波澜壮阔的反秦力量打击下，摇摇欲坠、岌岌可危。自楚怀王在彭城颁布"谁先入主咸阳，谁将是关中之王"的谕旨后，项羽和刘邦两支大军挥师西进，直逼关中。趁着项羽在巨鹿为叔父项梁报仇而鏖战秦大将章邯的机会，刘邦采纳了张良和萧何的建议，避其锋芒，以不战而屈人之兵的仁义之师，顺利进入关中，接受了秦朝子婴帝的投降，和吕雉携手京城咸阳，入主秦宫。

虽然从彭城出发前，刘邦和项羽定下了"入关之约"，但刘邦并不是没有称霸天下的野心。如今已抢先一步进入关中、取得咸阳，刘邦称帝天下的野心更是躁动不已，但苦于力拔山兮的项羽像一块巨大的绊脚石横亘在自己的面前，刘邦只能隐忍不发。得知刘邦进入关中的消息，项羽立刻挥师咸阳，进入要塞函谷关（今河南灵宝东北），陈兵鸿门（今陕西临潼东北），决心一鼓作气地杀退刘邦。项羽下令，当晚造饭，让战士饱餐一顿，第二天黎明向刘邦发起进攻，一举歼灭。一时间，咸阳城外，霸王之强悍威震关中，一场大战即将爆发，这便有了历史上著名的"鸿门宴"。

"鸿门宴"标志着项羽、刘邦从联合反秦到互相争霸的历史转折点，同时预示了"夺项王天下者，必沛公也"的发展趋势。

"鸿门宴"是一场惊心动魄的斗智斗勇的场面。当时项羽的实力比刘邦强大四倍，正是在兵力这样众寡悬殊的情况下，刘邦才不得不忍辱负重，冒着生命危险，亲入虎穴，骗取项羽的信任，经过种种艰难曲折，然后脱险回营，躲过一劫。

在"鸿门宴"中，共有四对相应的人物出场：项羽和刘邦是主帅，范增和张良是谋臣，项庄和樊哙是勇将，项伯和一个没有出场的曹无伤都是内奸。这八个人物演出了一场威武雄壮的话剧。

项羽的叔父项伯与张良曾有旧交，在项羽大军决定进攻刘邦的前夜，项伯悄悄骑马来到刘邦军中私见张良，把消息告诉了张良，并邀他一同潜逃。张良说：我奉韩王之命，送沛公入关，而今沛公身处危难之中，我悄悄逃走，是不合道义的。我必须去向他辞行再走。

随即，张良来到刘邦的营帐中，把项伯所说的一五一十地告诉了刘邦。刘邦大惊失色，忙问张良：这可怎么办？

张良没有直接回答，反问刘邦：您真想背叛项羽吗？

刘邦说：是一个浅薄无知的小人教我，把守住函谷关，不让诸侯的军队进来，就可以占住全部关中地区而称王了，所以我就听信了他的话。

张良说：请您认真想一想，您能够打败项羽吗？

刘邦沉默了好久，说：确实不能。可是事已至此，又怎么办呢？

张良一想，当务之急是打消项羽对刘邦的疑虑，使他放弃进攻刘邦的计划，而要达到这一目的，项伯是个关键人物。审时度势，张良给刘邦出了个釜底抽薪的主意：请您去告诉项伯，说您不敢背叛项王。

刘邦问：项伯和你，谁的年龄大？

张良说：项伯长我几岁。

于是，刘邦对张良说：你替我把项伯请进来，我要像对待兄长一样对待他。

张良出去，再三邀请项伯入帐见刘邦。项伯进帐后，刘邦亲自为项伯斟酒祝寿，结为朋友，并约为儿女亲家。

当项伯酒酣耳热之时，刘邦委屈地说：我入关以后，秋毫无犯，吏民都造册入籍，府库财产严加封存，专门等待项将军来接收。之所以派将士把守函谷关，是为了防备其他盗贼窜入，并防备有非常的变故发生。我守在这里，日夜盼望项将军到来，怎么敢反叛呢？请您千万向项将军转达我的心意，我决不敢背弃将军的大德。

一席话，说得项伯信以为真，便交代刘邦：明天一定要早一点亲自来向项羽谢罪。

项伯连夜驰回鸿门，把刘邦的话都转告给了项羽，并百般疏通，使原已剑拔弩张的局势有所缓解。

刘邦亲赴鸿门，已势在必行。他明知此去如虎口做客，危机四伏，但又不能不去，真是前后为难。张良知己知彼，精辟地向刘邦分析了项羽其

看
八·大·谋·臣

人，决心深入虎穴，谨慎而灵活地保护刘邦的安全。

第二天，刘邦仅带着张良、樊哙和100余名随从骑兵来见项羽。刘邦一到鸿门，见到项羽便忙上前谢罪说：我与将军您合力攻秦，将军您在黄河以北（指项羽在河北巨鹿与秦军血战）作战，我在黄河以南（指刘邦在河北攻下南阳，下武关与秦军交战）作战。不料我侥幸先入函谷关破秦，能在这里又见到将军您。现在，有小人进谗，致使将军与我有了隔阂。

项羽见刘邦只带百余从骑前来赴宴，而且一副谦恭委屈的样子，不禁动了"妇人之仁"，脱口说道：这是您部下的左司马曹无伤告诉我的呀。说你要在关中称王，令子婴为相。不然的话，我怎么会这样呢？

刘邦先入为主，努力从精神上压倒对方，项羽自知刘邦依楚王约，先行入关并无非分之处，自己对刘邦如此这般倒有违约之嫌，顿觉有些理屈词穷。

项羽当天款留刘邦宴饮。项羽、项伯向东坐在首席；亚父向南坐——亚父就是范增；刘邦向北坐在下首，张良向西坐着当陪客。

席间，项羽的谋臣范增屡次向项羽使眼色，又再三举起他所佩戴的玉玦，示意项羽速速下手，杀死刘邦。

项羽沉默地无所表示。

范增只好站起身来，走到外面，叫来项庄，对他说：我们的大王为人心肠太软。你进去，向前去敬酒，等敬完酒，请求舞剑助兴，伺机在座位上杀掉刘邦。否则，你们这班人都将被他所俘虏、污辱！

于是项庄就到里面去敬酒。敬完酒，说道：大王和沛公饮酒，军中没有什么娱乐，请让我舞一回剑吧！

项羽说：好。

项庄拔剑起舞，项伯看出破绽，也赶紧拔剑对舞，时时用自己的身体遮挡住刘邦，项庄找不到刺杀刘邦的机会。

张良一看情况不妙，赶快起身出帐去找樊哙。樊哙问：今天的事情怎么样？

张良说：危急万分！现在项庄拔剑起舞，常常在沛公身上打主意。

樊哙说：这太危险了！让我进去，跟他们去拼命！

樊哙立刻带着剑、提着盾牌闯向营门，持着长戟的卫兵们想拦住不让他进去，樊哙侧着盾用力一撞，卫兵跌倒在地，樊哙就进去了。他掀开帐幕，向西一站，两眼怒视项羽，愤怒得连头发都竖起来、眼眶都要裂开了。

项羽不禁骇然，按着剑把，挺直身子，忙问：来人是干什么的？

张良回答道：这是沛公的随从卫士樊哙。

项羽说：好一位壮士！赏给他一杯酒喝！

左右的侍从立刻给他一大杯酒，樊哙下拜称谢后，站着一饮而尽。

项羽说：再赏给他一只猪腿！

侍者就给他一只生的腿。只见，樊哙把盾牌反扣在地上，再把猪肘子放在盾牌上面，拔出剑来，一块一块地切下来吃了。

项羽说：壮士！还能喝酒吗？

樊哙借题发挥地数落项羽道：我连死都不怕，一杯酒值得推辞么！我看秦王有虎狼般的残暴心肠，杀人唯恐不能杀尽，处罚人唯恐不能用尽酷刑，因而天下的人都反对他。怀王曾与各位将军约定：谁先破秦攻入秦国都咸阳，就立他为王。现在沛公最先破秦攻入咸阳，连最细小的东西都不敢碰一碰，封闭了宫室，把军队退到灞上，等待大王您的到来。他之所以派兵守关，也不过为了防备其他盗贼出入或发生意外事故罢了。沛公这样劳苦功高，不但没有封侯的赏赐，大王反而听了小人的话，想杀有功的人，这是继续走秦国灭亡的老路，我私下以为大王您是不该这样做的！

项羽一时竟被樊哙慷慨激昂的言辞所震慑，无言以对，只是招呼樊哙说，坐下吧！樊哙乘势坐在张良身边。

坐了一会儿，刘邦见情势已渐好转，便借口上厕所，招呼樊哙出帐。刘邦出来后，项羽就派都尉陈平去叫刘邦回来。

刘邦对樊哙说：现在幸而出来了，但没有向项王告别，怎么办？

樊哙说：干大事不可拘泥小节，行大礼不必计较琐碎的礼貌；如今人家是菜刀和砧板，我们是鱼肉，为什么一定要去告别？于是就此逃走了。

刘邦让张良留下向项羽去道歉。张良问道：大王您来时可带了什么礼物？

刘邦说：我带来白璧一双，想献给项王；玉斗一对，想献给亚父。但刚巧碰上他们生气的时候，我不敢奉献。您替我去献吧！

张良说：好，好。

当时项羽的军队驻扎在鸿门，刘邦的军队驻扎在灞上，相距40里。刘邦就留下随从的车骑，空身骑着马，与樊哙、夏侯婴、靳强、纪信等四人拿着剑和盾牌，快步从骊山下经过芷阳抄小路逃走。刘邦临走时对张良说：从这条小路到我们军营，不过20里的样子。您估计我到了营地时，才可进去。

刘邦走后，张良沉着、冷静地与项羽等周旋。他估计刘邦已回到自己的营地，便进帐致歉道：沛公不胜酒力，不能来面辞。他叫我奉上白璧一双，敬献给大王足下；另备玉斗一双，敬献范将军足下。

项羽问道：沛公现在哪里？

张良说：他听说大王您故意要找他的错，就只身离去，现在已回到营地了。

项羽无奈，只好收下白璧，把它放在座位上。范增收受了玉斗，气得把它摔到地上，拔剑击得粉碎，愤怒地说：唉！这小子（对项羽等的轻蔑称谓）真不该跟你商量大事！将来夺项王你天下的人，一定就是沛公！我们这些人都要成为他的阶下囚了！

刘邦回到营地，立刻杀死了曹无伤。

张良在这次生死攸关的斗争中，利用项伯的关系，以其大智大勇，既巧妙地帮助刘邦安全脱离虎口，又使项羽内部埋下了君臣不和的祸根。

（二）计烧栈道

汉元年(前206)正月，项羽恃强凌弱，自立为西楚霸王，定都彭城(今江苏徐州)，统辖梁、楚九郡，他"计功割地"，分封了18位诸侯王。并违背楚怀王"谁先攻入关中，谁就做关中王"的约定，把刘邦分封到偏僻荒凉

栈道遗址

的巴、蜀，称为汉王。而把实际的关中之地一分为三，封给了秦朝的三个降将：章邯为雍王，把都城建立在废丘（今陕西兴平南）；司马欣为塞王，把都城建立在栎阳（今陕西临潼东北）；董翳为翟王，把都城建立在高奴（今陕西延安），用以遏制刘邦北上。封楚将瑕丘申阳为河南王，把都城建立在洛阳；封赵将司马卬为殷王，把都城建立在朝歌（今河南淇县城）；赵王歇迁徙易地称王；封赵将张耳为常山王，把都城建立在襄国；封当阳君黥布为九江王，把都城建立在六安（今安徽六安）；封楚怀王柱国共敖为临江王，把都城建立在江陵（今湖北江陵）；封少数民族首领吴芮为衡山王，把都城建立在郴县（今湖南郴州）；封燕将臧荼为燕王，把都城建立在蓟县（今北京西南）；封原来的燕王韩广迁徙到辽东称王，韩广不服从，臧荼在无终（今河北蓟县）把他攻杀；封成安君陈馀河间三县，住在南皮（今河北南皮）；封给梅鋗十万户封邑等，项羽自称各诸侯王的盟主，凌驾在各诸侯王之上。刘邦心中十分怨恨，想率兵攻击项羽，后经萧何、张良一再劝阻，才决定暂且隐忍不发。

天下分封已定，张良打算离开刘邦回韩国，再事韩王成。刘邦赐金百镒，珠二斗，张良把金珠悉数转赠给项伯，让他再为汉王请求加封汉中地区。项伯见利忘义，立即前去说服项羽。项羽允许了，这样刘邦就得到了汉中地区，建都南郑（今陕西南郑县东北），占据了秦岭以南巴、蜀、汉中三郡之地。

栈道又称栈阁之道，是古代山区险要地段交通的主要道路形式

同年七月，刘邦要到自己的封国去，张良送刘邦到褒中（今陕西勉褒城东南10里）。此处群山环抱，沿途都是悬崖峭壁，只有栈道凌空高架，以度行人，别无他途。张良观察地势，向刘邦建议说：汉王待汉军过后，可全部烧毁所经过的栈道，向天下人表示自己没有东归的意图，以消除项羽的猜忌，同时也可防备他人的袭击。这样就可以乘机养精蓄锐，等待时机，再展宏图了。刘邦依计而行，让张良回去时，一面走，一面烧掉了所过的栈道。张良此计，可谓用心良苦，它为刘邦的巩固发展和日后东进，取得了重要的保证。

刘邦入汉中后，励精图治，积极休整。同年八月，刘邦用大将韩信之谋，避开雍王章邯的正面防御，乘机从故道"暗渡陈仓"（今陕西宝鸡），从侧面出其不意地打败了雍王章邯、塞王司马欣和翟王董翳，一举平定三秦，夺取了关中宝地。略定三秦后，刘邦依据富饶、形胜的关中地区，便可以与项羽逐鹿天下了。一个"明烧"，一个"暗度"，张良、韩信携手，珠联璧合，成为历史上的一段脍炙人口的佳话。

项羽闻知刘邦平定三秦，怒不可遏，决定率兵反击。张良早已料到这一点，于是寄书蒙蔽项羽，声称：汉王名不副实，欲得关中；如约既止，不敢再东进。同时，张良还把齐王田荣谋叛之事转告项羽，说是"齐国欲与赵国联兵灭楚，大敌当前，灭顶之灾，不可不防啊"。意在将楚军注意力引向东部。项羽果然中计，竟然无意西顾，转而北击三齐诸地那些毫无生气的腐朽力量。张良的信从侧面加强了"明烧栈道"的效果，把项羽的注意力引向东方，从而使项羽放松了对关中的防范，为刘邦赢得了休养生息的宝贵时间。

汉高祖原庙

刘邦把关中建成与项羽争霸天下的基地，颁布了一系列颇得民心的政策。秦故旧苑池都令民众耕种，免除蜀汉民众两年租税，关中民众参军的再加免一年。刘邦得关中，是他与项羽争天下的第一步。

由于项羽始终不肯让韩王成返回封国，后来又把他降为侯爵。不久，在彭城杀死了韩王成，使张良相韩的幻梦彻底破灭。同年冬，张良逃出彭城，躲过楚军的追查，终于回到刘邦的身边，受封为成信侯，此后便朝夕相随汉王左右，成

看·八·大·谋·臣

为出谋划策之臣。明代李贽曾评论此事说："项羽此举，'为汉驱一好军师'。"的确，项羽杀韩王成客观上帮了刘邦的大忙。

（三）下邑之谋

汉二年（前205）春，刘邦接连收降常山王张耳、河南王申阳、韩王昌、魏王豹和殷王司马卬五个诸侯，得兵56万。同年四月，刘邦乘项羽集中力量攻打田荣之机，率兵伐楚，直捣楚都彭城。攻占彭城后，刘邦被这轻而易举得到的胜利冲昏了头脑，不但没有采取恰当的政治、经济措施，安抚此地，赢得人心，反而恶习复发，得意忘形之余大肆搜罗财宝、美女，整日置酒宴会，结果给项羽回军解救赢得了时机。

项羽闻知彭城失陷，立即亲率三万精兵，从小路火速赶回，急救彭城。刘邦数十万乌合之师难以协调指挥，连粮饷都筹备不齐，所以一经接战，便遭惨败，几乎全军覆没。至此，许多诸侯王又望风转舵，纷纷背汉向楚，刘邦丢下老父、妻子、儿女，只带张良等数十骑狼狈出逃，大好的形势复又逆转。

毛泽东对这段史实非常熟悉。1952年10月29日，他视察徐州时，曾对陪同他视察的地方干部和随行人员说："刘邦乘项羽打齐赵之际，迅速东进，数十万大军很快占领了彭城。但刘邦因胜利产生了骄傲，对项羽反扑估计不够。当项羽得知刘邦占了彭城，大为惊慌，急率精兵三万返彭城。这时的刘邦却在彭城置酒与各路诸侯喝庆功酒呢！楚军在早晨向汉军发起进攻，先击破汉驻鲁（今山东曲阜）的樊哙部，又穿越胡陵（今江苏沛县北），过九里山，大败驻萧县（今安徽萧县）汉军，而后直驱彭城。一日之内，赶回彭城，可谓神速。刘邦急促开城迎战，溃不成军，大败而逃。汉军沿谷泗二水退逃，被杀十几万，在东睢水上又被项羽赶上杀死十几万，史书上说'濉水为之不流'。可见死人之多。刘邦只带数十骑逃走，他的父亲和老婆都落到项羽手中，真是惨败啊！"（杨庆旺：《毛泽东指点江山》，中央文献出版社2000年版，第1180页）

1958年9月20日，毛泽东在从安徽马鞍山到南京的火车上和张治中等人谈话，当江苏省委书记江渭清向他汇报江苏省的工农业生产时，说到1957年的台风给江苏带来的巨大损失，毛泽东插话说："你们要知道，台风有时也有好处呢。楚汉相争时，刘邦从关中出兵，一路上很顺利，一直打到徐州，正在和文武官员置酒高会的时候，项羽突然率领三万精骑来袭，刘邦措手不及，大败落荒而逃。项羽尾追不舍，正在万分危急的时候，忽然阵前刮起一阵巨大的台风，顿时飞沙走石，天日无光，刘邦才得侥幸保全性命，逃回洛阳去了。"（余湛邦：《张治中和中国共产党》，中共中央党校出版社1991年版，第177页）

徐州之败，刘邦率数十个骑兵突围，狼狈西逃。吕雉的哥哥为刘邦带领一支部队，驻扎在下邑（今安徽砀山）。

刘邦下马以后，坐在马鞍上问：我准备拿出函谷关以东地区作为封赏，看谁可以共图大事？

在此兵败危亡之际，又是张良匠心独运，为刘邦想出了一个利用矛盾、联兵破楚的策略。他说：九江王英布，是楚国的猛将，与项羽有仇隙；彭城之战，项羽令其相助，他却按兵不动。项羽对他颇为怨恨，多次派使者责之以罪；彭越因项羽分封诸侯时，没有受封，早对项羽怀有不满，而且齐国的田荣反楚时曾联络彭越造反，为此项羽曾令肖公角攻伐他，结果未成。这二人可以赶紧利用。而汉王手下的将领，只有韩信可以委托大事，独当一面。大王即使要放弃土地，也要把土地封给这三个人，那么楚国就能打败了。这就是著名的"下邑之谋"。

刘邦听罢，认为这的确是一个以弱制强的妙计，于是派舌辩名臣随何前往九江，策反九江王英布；接着又遣使联络彭越；同时，再委派韩信率兵北击燕、赵等地，发展壮大汉军力量，迂回包抄楚军。

"下邑之谋"虽然不是全面的战略计划，但它构成了刘邦关于楚汉战场计划的重要内容。正是在张良的谋划下，一个内外联合共击项羽的军事联盟终于形成，扭转了楚汉战争的局势，使刘邦由战略防御转为战略进攻。事实证明了张良"下邑之谋"的深谋远虑，最后兵围垓下打败项羽，主要依靠的正是这三支军事力量。

（四）四面楚歌

项羽带领他的10万楚军退到垓下（今安徽灵璧县南沱河北岸）时停了下来，他准备在这里同汉联军进行最后的决战。

汉与各路诸侯联军也摆出了决战的架势。韩信因为得到了刘邦的命令，成为30万大军的统帅，心里很是得意，他决定施展他的才能，不负汉王厚望，给项羽一个毁灭性打击。

汉五年（前202），刘邦和韩信、彭越三路大军及诸侯的部队，联合攻打项羽，双方在垓下进行决战。齐王韩信统率30万大军独当正面，孔将军从左面进攻，费将军从右面进攻，刘邦在后面指挥，绛侯周勃和将军柴武护卫着他。

进攻的时刻来到了。这日清晨，联军营中响起一阵"咚咚"的鼓声，随即，韩信带领中军冲出大营，各路人马依布置紧随其后，杀气腾腾，尘埃蔽天。楚军也做好了战斗准备，10万人马在西楚霸王的率先垂范的带领下，仍然不失其劲旅风范。项羽顶盔贯甲，全身披挂，策动乌骓马，大声呼喊着，勇猛地向前迎击。他越杀越猛，锐不可当。

韩信指挥部队和项羽交锋，双方大战几个回合，韩信见不能取胜，为不使整个决战计划破灭，他不敢恋战，迅速收拢中军，向后撤退。

项羽见韩信败退，欣然自喜，挥军追击。而在韩信的中军败退时，左右二军已按计划进入战斗位置，待项羽深入时，孔将军、费将军突然从

韩信画像

左右两侧杀来，形成了对项羽的两面夹击之势，楚军抵挡不住。这一招是项羽始料未及的，他不得不停止了追击韩信，转来迎战左右二军。韩信的中军得知楚军受阻，则回军杀来，三军对楚军形成半包围之势，楚军被打得落花流水，溃不成军，陷入了三面作战的不利境地。

激战多时，楚军阵脚渐乱，损失惨重，时至中午，楚军只得退回营地。他们已失去进攻的力量，被迫转入防御。项羽下令军中：坚筑壁垒，以防突袭。而此时，韩信率领的30万大军层层紧围，形成了严密的包围圈。

到了夜里，项羽听见四面都响起了楚歌，他大为震惊，说：难道汉军已经全部占领楚国了吗？为什么楚国人这样多啊？项羽百思不得其解，闷闷不乐，就在中军帐里饮酒。项羽有一个美人，名叫虞姬，很受宠爱，常常跟随在他身边。还有一匹青白色的乌骓马，项羽总是骑着它作战。于是项羽和虞姬对饮后，虞姬挥剑起舞，项羽慷慨悲歌，唱道：

"西楚霸王"项羽

力拔山兮气盖世，
时不利兮骓不逝。
骓不逝兮可奈何，
虞兮虞兮奈若何！

项羽一连唱了好几遍，唱着唱着，泣不成声，泪流满面，虞姬也应和着他一同唱，唱道：

汉兵已略地，

四方楚歌声。

大王意气尽，

贱妾何聊生！

虞姬雕像

项羽的侍从人员都伤心落泪，不忍心抬头看他们。虞姬舞到最后，突然自刎而死。项羽悲痛不已，知道虞姬是为了让自己突围才自杀的。

于是项羽走到帐外，飞身上马，部下壮士骑马随从的有800多人，趁着黑夜，他们冲出汉军的包围圈，向南飞驰而去。到了天亮，汉军才发现项羽已经突围出去，忙派骑兵将领灌婴率5000骑兵去追赶。

项羽渡过淮水之后，检点人马，能够跟上他的只有100多人。到了阴陵，项羽迷失了道路，向一个在田里干活的老农民打听，那个老人欺骗他说，向左。项羽及其部下便向左驰去，不料却陷进了一大片沼泽地中，行动不快，因此被汉军追上了。

项羽又率领部下向东驰去，到了东城（今安徽定远东南），跟随他的只剩下28名壮士，追赶他的人马有好几千人。项羽估计自己难以脱身，就对他的骑兵说：我起兵到现在八年了，亲身打过70多仗，谁敢抵挡我，我就打垮谁，我攻击谁，谁就投降，从来没有打过败仗，因而称霸天下。然而现在被围困在这里，这是老天爷要灭亡我，不是我打仗的过错。今天，我要和敌人决一死战，为各位痛痛快快地打一仗，一定要再次取

霸王别姬雕像

胜，为各位突破重围，斩杀敌将，砍倒汉军军旗，让各位知道是上天要灭亡我，不是我打仗的过错。

项羽把他的骑兵分为四队，面向四方。而汉军把项羽包围了好几层，围困在一个小山头上，铁桶一般，水泄不通。项羽对他的骑兵说：我为你们斩汉军一个将领。项羽命令骑兵向四面冲击，疾驰而下，约定在山的东面会合为三处。于是项羽大声呼喊着，飞奔直下。他的乌骓马是匹好战马，可以日行千里，夜行八百，速度极快，眨眼之间已冲到汉军跟前。汉军惊慌失措，溃散四逃，项羽手起刀落杀掉了一个汉军将领。当时，赤泉侯做骑兵将领，追赶项羽，项羽怒目大吼，赤泉侯人马俱惊，倒退了好几里。项羽和他的骑兵合为三处。汉军不知道项羽到底在哪一处，就把军队也分为三部分，分别把三处都包围了起来。

项羽再次骑马向汉军发起冲锋，又杀掉汉军一个都尉，杀死汉军数十人，然后再把他的骑兵集合起来检点，只损失了两个人。项羽又对他的骑兵说：怎么样？骑兵们都说：正像大王所说的那样。

项羽想向东渡过乌江（今安徽和县境），乌江亭长把船靠在岸边等待项羽。他对项羽说：江东地方虽然小，纵横也有上千里，民众数十万，也足以称王。希望大王赶快渡江。现在只有我有船只，汉军追兵也没有办法过江。

项羽笑着说：老天爷要灭亡我，我渡江干什么呢！况且我和江东8000子弟渡江西进，现在没有一个人跟我一起回来，即使江东父老怜悯我，仍然让我称王，我又有什么脸面去见他们呢？即使他们不说什么，我项羽难道不问心有愧吗？最后，项羽对亭长说：我知道你是个忠厚长者。我骑这匹马五年了，所向无敌，曾经一天奔驰千里，不忍心把它杀掉，就送给你吧。

项羽命令骑兵都下马步行，边走边和汉军交战，仅项羽一人就杀死汉军好几百人。项羽身上也受了十多处创伤。

项羽回头看见汉军的骑兵司马吕马童，对他说：你不是我的老朋友吗？

吕马童面对项羽，指给王翳将军说：这就是项王。

项羽说：我听说汉军悬赏1000黄金、10000户封邑来买我的头，我给你做件好事吧！说罢就自刎而死。

垓下遗址，刘邦、项羽最后决战于此

王翳赶上前去，割下项羽的头，其他骑兵自相践踏，争夺项羽的尸体，互相杀死了几十人。最后，郎中骑杨喜，骑兵司马吕马童，郎中吕胜、杨武各自得到了项羽的一段肢体。五个人把肢体合拢起来，正好是一个

完整的项羽。所以，汉王刘邦把准备封赏的土地分成五部分：封吕马童为中水侯，封王翳为杜衍侯，封杨喜为赤泉侯，封杨武为吴防侯，封吕胜为涅阳侯。

项羽死后，楚国各地都投降了汉军，只有鲁城不肯投降。刘邦就带领各路诸侯大军打算屠毁鲁城（今山东曲阜）。因为他们坚守礼义，为主人以死守节，刘邦命令拿项羽的头在鲁城传观，鲁城父兄才投降了。最初，楚怀王曾封项羽为鲁公，到项羽死了，鲁城又最后投降，所以用鲁公的礼节把项羽埋葬在谷城（今山东平阴西南）。汉王刘邦为他举哀，哭了一场，然后离开鲁城。时为汉高祖刘邦五年（前202）。

项氏宗族各支，刘邦都不诛杀。封项伯为射阳侯，桃侯、平皋侯、玄武侯都是项氏宗亲，赐姓刘。

垓下之战，在四面楚歌的包围中，楚军士兵大都逃离了。霸王最后也不得不自刎于乌江，留下了千古之恨。历时数年的楚汉战争，刘邦取得了最后胜利，一个西汉王朝建立起来了。

毛泽东说："项羽最后退到垓下被汉军团团围住，刘邦、张良采取十面埋伏和四面楚歌的计划，从军事实力和心理上瓦解楚军。项羽绝望慷慨悲歌，别姬南下，到乌江自刎而死。"（《毛泽东指点江山》，第1181—1182页）

三、"他立刻听了张良的话"

刘邦尊重张良，对张良的计策采用率是很高的，有时甚至到了只要是张良说的一律都听的地步。因为张良最懂刘邦的心理，他对刘邦说话的时候，就不像儒生们一样摆大道理了，他是和刘邦讲利益，把利益摆清了，刘邦就能听进去。张良还很注意进言的方法，不像范增以亚父身份说项羽。每次都是在关键时刻或者是刘邦遇到问题主动征求他的意见时，张良才用发展的观点，为刘邦的事业着想，讲明利害攸关，使刘邦心悦诚服。

毛泽东非常欣赏刘邦广纳良言的做法。1957年1月7日，他在一次谈话中说："'老粗出人物'，自古以来，能干的皇帝大多是老粗出身。汉朝

的刘邦是封建皇帝里边最厉害的一个。刘敬劝他不要建都洛阳，他立刻就去长安。鸿沟划界，项羽引兵东退，他也想到长安休息，张良说，什么条约不条约的，要进攻，他立刻听了张良的话，向东进。"

1954年10月29日下午，毛泽东游徐州九里山，和随行人员谈到项羽和刘邦楚汉相争时说："刘邦吸取经验教训，与张良、陈平等共同谋划如何战胜项羽，决定采取四条措施。一是由刘邦本人与项羽坚持正面对峙，牵制项羽主力，又不与其决战；二是命韩信从北向东，攻打魏赵，再攻取齐，从北面向项羽施加压力；三是联合英布和彭越不时袭扰项羽后方；四是用重金收买项羽手下的人，进行离间活动，尤其离间项羽和范增的关系，因范增是位大谋士。结果项羽四处挨打，疲于奔命，加之后勤跟不上，只好提出以鸿沟（今河南荥阳）为界，'中分天下'，西为刘属，东为项属。"

（一）破秦策略

秦二世三年（前207），刘邦率兵西进，聚集军中的骑兵，在南阳县东面和南阳太守吕琦交战，打败了秦军，攻取了南阳郡，南阳郡守吕琦逃跑了，退守宛城（今河南南阳）。刘邦打算率兵绕过宛城西。

张良进谏说：您虽然想尽快入关，但目前秦兵数量依然很多，又凭借险要地势进行抵抗。如果现在不攻下宛城，那么宛城的敌人从背后攻

1957年1月7日，毛泽东在一次谈话中说："'老粗出人物'，自古以来，能干的皇帝大多是老粗出身。汉朝的刘邦是封建皇帝里面最厉害的一个。刘敬劝他不要建都洛阳，他立刻就去长安。鸿沟划界，项羽引兵东退，他也想到长安休息，张良说，什么条约不条约的，要进攻，他立刻听了张良的话，向东进。"

郦食其(？— 前203)，自称为"高阳酒徒"，是秦汉时期著名的舌辩之士，刘邦的重要谋士。曾凭自己的三寸不烂之舌让齐国72座城池归汉。当然，这同时也为他自己掘下了坟墓，齐国之行既是他谋士生涯的顶峰，更是他酒徒生命的尽头——在齐地，他被"烹"而死！毛泽东曾写过"齐王火冒三千丈，抓了酒徒付鼎烹"，指的就是"一代名嘴"、"高阳酒徒"郦食其的归宿。

击，前面又有强大的秦军，我们就可能腹背受敌，这是一条危险的办法啊。于是，刘邦连夜率兵从另一条道返回，更换旗帜，黎明时分，把宛城团团围住，一连围了好几层。接着，刘邦又采纳了陈恢的意见，以攻心之术招抚南阳太守，赦免全城吏民，兵不血刃地轻取了宛城。

刘邦向西进入峣关，想用两万人的兵力攻打秦朝峣关的军队。张良劝告说：秦军还很强大，不可轻视。我听说峣关的守将是屠户的儿子，市侩容易以利相诱。希望沛公暂且留守自己的营垒，派人先去给五万人预备粮饷，在各个山头上多增挂旗帜，作为疑兵，乱敌耳目，再叫郦食其带着贵重的宝物诱买秦军的将领。

秦军的将领果然背叛秦朝，打算跟刘邦合作讲和，乘秦不备，袭取咸阳。沛公想听从秦将的计划，张良说：这只是峣关的守将想反叛罢了，恐怕部下的士兵们不听从。士兵不听从必定带来危害，不如趁着他们懈怠时攻打他们。

刘邦于是率兵攻打秦军，大败敌兵。然后追击败军到蓝田（今陕西蓝田西30里），再次交战，秦兵终于崩溃。沛公于是到了秦朝国都咸阳（今陕西咸阳东北20里），秦王子婴出城投降了刘邦。秦朝宣告灭亡。

（二）谏主安民

刘邦大军进入咸阳，看到那豪华的宫殿、美貌的宫女和大量的珍宝异物，使许多人忘乎所以，昏昏然，以为可以尽享天下太平了。刘邦也情不自禁被秦宫里的一切倾倒，想留居宫中，安享富贵。武将樊哙冒死犯颜强谏，要刘邦搬到秦宫之外居住，樊哙问：沛公是想拥有天下呢，还是要做一个富家翁呢？

刘邦说：我要拥有天下。

樊哙说：今天我跟着您进入秦朝宫殿，看到的宫室、帷帐、珠玉、重宝、钟鼓等，奇物不可胜数；进入后宫，美人妇女数以千计。这都是秦朝亡天下的原因。请沛公赶快回到灞上，不要留在秦朝宫殿里。

樊哙直斥刘邦要做"富家翁"，然而，刘邦根本不予理睬，部下的一些贤达志士对此心急如焚。

在这关键时刻，张良向刘邦分析利害，规劝道：秦王多做不义的事，所以您才能推翻他而进入咸阳。既然您已经为天下人铲除了祸害，就应该布衣素食，以示节俭。现在大军刚入秦地，您就沉溺在享乐中，这就是所谓助纣为虐了。常言道，良药苦口利于病，忠言逆耳利于行，愿沛公听从樊哙等人的话。

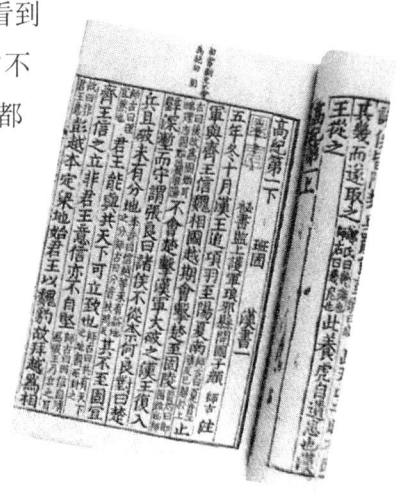

《汉书》书影

张良语气平和，但软中有硬，尤其是话中对古今成败的揭示以及"无道秦"、"助纣为虐"等苛刻字眼，隐隐地刺疼了刘邦近乎沉醉的心。这种紧打慢唱的手法，果然奏效。刘邦愉快地接受了这卓有远见的规劝，下令封存秦朝宫室、府库、财物，还军灞上，整治军队，以待项羽等各路起义军。

好色的刘邦，经不起诱惑，要留住秦宫，纵

情享乐。樊哙劝，他不听。张良再劝，刘邦才封府库，回军灞上。项羽的谋士范增听到后，说："沛公居山东时，贪于财货，好美姬。今入关，财物无所取，妇女无所幸，此其志不在小。"（《史记·项羽本纪》）

在此期间，刘邦还采纳张良建议，召集诸县父老豪杰，与之约法三章："杀人者死，伤人及盗抵罪。"并通告四方："余悉除去秦法。诸吏人皆安诸如故。凡吾所以来，非有所侵暴，勿恐。"另外，他还派人与秦吏一起巡行各地，晓谕此意。结果，博得了秦民的一致拥戴，秦民争先恐后地用牛羊酒食慰劳军士。刘邦见状，又命令军士不要接受，传出话：军中粮食充足，不要劳民破费了。秦地百姓听罢此言，越发高兴，唯恐刘邦不为秦地之王。

刘邦采纳张良的建议，采取的这一系列安民措施，争得了民心，为他日后经营关中，并以此为根据地与项羽争雄天下，奠定了良好的政治基础。

（三）画箸阻封

1964年1月7日，毛泽东在一次谈话中说："自古以来，能干的皇帝大多是老粗。汉朝的刘邦是封建皇帝里面最厉害的一个。刘敬劝他不要建都洛阳，要建都长安。他立刻就去长安。鸿沟划界，项羽引兵东退，他也想到长安休息。张良说，什么条约不条约，要进攻。他立刻听了张良的话向东进。韩信要求封假齐王，刘邦说不行，张良踢了他一脚，他立即改口说，他妈的，要封就封真齐王，何必要假的。"（《毛泽东之魂》[修订本]，第345页）

汉三年(前204)冬，楚军把汉王围困在荥阳（今河南荥阳），双方久战不决。楚军竭力截断汉军的粮食补给和军援通道。汉军粮草匮乏，渐渐难撑危局。汉王刘邦恐惧忧愁，询问谋士郦食其有什么办法削弱楚军的力量。郦食其献计道：昔日商汤伐夏桀，封其后裔于杞（今河南杞县）；武王伐纣，封其后裔于宋（今河南商丘）。秦王失德弃义，侵伐诸侯，灭其社稷，使之无立锥之地。陛下诚能复立六国的后代子孙并使之接受印鉴，六国后裔自然感激您对他们的好处，愿意给您当臣子和仆从。德义已施行，陛下便能南向称尊，项羽只能整肃衣服来朝见您。

这其实是一种"饮鸩止渴"的夸夸其谈，但当时刘邦并没有看到它的危害性，反而拍手称赞，速命人刻制印玺，使郦食其巡行各地分封时，把印信带去分发给他们。

在这关键时候，张良从外面来拜见刘邦。当时刘邦正在吃饭，说：子房到我跟前来！他一边吃饭，一边把实行分封的主张说给张良听，并问此计得失如何。张良听罢，大吃一惊，忙问，这是谁给陛下出的计策？陛下的大事就要完了。

刘邦顿时惊慌失色道：为什么？

张良伸手拿起酒桌上的一双筷子：连比带画地讲了起来。他回答说：往昔商汤伐夏桀，把他的后裔封到杞地，是考虑到能完全控制他们。殷纣后封其后代，是基于完全可以控制他们。如今陛下能控制项羽并于必要时置之死地吗？

刘邦说：现在还不能啊！

张良接着说：这是第一个不能分封的原因啊！周武王讨伐殷纣王，封他的后代在宋地：是考虑到能得到纣王的头啊！现在陛下能得到项羽的头吗？

刘邦说：现在还不能啊！

张良说：这是第二个不可分封的原因啊！周武王进入殷都，表彰商容的里门，把它标榜出来，以示尊敬，增修比干的坟墓，把箕子从监狱中释放出来。如今陛下能整修圣人（比干）的陵墓，表彰贤者（商容）的里巷，乘车经智者（箕子）之门，陛下能扶着车前横木（轼）表示尊敬吗？

刘邦说：现在还不能啊！

张良说：这是第三个不可分封的原因啊！周武王散发巨桥（在今河北曲周东北）的谷子，散发鹿台（在殷都朝歌，即今河南淇县城内）的钱财，救济贫穷的民众。今天陛下能够散发府库的粮食和钱财来救济贫穷的民众吗？

刘邦说：现在还不能啊！

张良说：这是第四个不能分封的原因啊！周武王灭殷封王以后，把战车改成普通人乘坐的轩车，把兵器倒置都存放库中，上面用虎皮蒙罩起来，表示以后不再打仗。今天陛下能够偃息武备而推行文教，不再打仗吗？

刘邦说：现在还不能啊！

张良说：这是第五个不能分封的原因啊！周武王曾经把战马放在华山（今陕西华阴南西岳华山）南面牧养，表示不再打仗。今天陛下能够让战马休息不再使用吗？

刘邦说：现在还不能啊！

张良说：这是第六个不能分封的原因啊！周武王曾经把牛放在桃林（今河南灵宝西）北面牧养，表示不再运输和囤积粮草。今天陛下能够放牛归山，不再运输和囤积粮草吗？

刘邦说：现在还不能啊！

张良说：这是第七个不能分封的原因啊！况且那些远离家乡的谋臣勇士，他们之所以离开自己的亲属，抛下坟墓不管，丢掉老朋友，而跟着陛下打天下，就是日夜盼望着能够得到一块小小的封地。今天陛下如果重新分封六国，拥立韩、魏、赵、燕、齐、楚的后代为王，那么这些谋臣勇士就会返回本国，各事其主，和自己的亲属、朋友相聚，祭祖扫墓，这样一来，谁还跟着陛下打天下呢？这是第八个不能分封的原因啊！而且当前楚军强大无比，重新封立的六国，也会被削弱而屈从楚国，陛下怎么能够使各国臣服呢？假使您真的采纳了这位客人的计谋，陛下争夺天下的大事就完了。

张良的分析，入情入理，精妙至极，且切中要害。他看到古今时移势异，因而得出绝不能照抄照搬"古圣先贤"之法的结论。尤其重要的是，张良认为封土赐爵是一种很有吸引力的奖励手段，赏赐给战争中的有功之臣，用以鼓励天下将士追随汉王，使分封成为一种维系将士之心的重要措施。如果反其道而行之，还靠什么激励将士，从而取得胜利呢？张良鞭辟入里的分析，较之昔日请立韩王，处心积虑地"复韩"的思想认识，显然是一个飞跃，而且在中国古代政治思想史上占有重要一页。难怪一千七百年之后，明人李贽情不自禁地赞叹其为"快论"。

张良借箸谏阻分封，使刘邦茅塞顿开，恍然大悟。他放下碗筷，把吃到嘴里的东西又吐了出来，大骂郦食其：这小子，差一点坏了老子的大事！然后，下令立即销毁已经刻制完成的六国印玺，从而避免了一次重大战略错误，为以后汉王朝的统一减少了不少麻烦和阻力。不能不承认，张良是一位明察秋毫的谋略家和富有远见的政治家。

（四）虚抚韩彭

当刘邦被项羽围困在荥阳的时候，韩信却在北路战线上顺利进军，势如破竹。他先是平定了魏、代、赵、燕等地，接着又占据了齐国的故地，欲自立为齐王，使人禀告刘邦求封说：齐人狡诈多变，反复无常，南边又与楚相邻，如果不设王，就难以镇抚齐地。望能允许我为假(代理)齐王。

刘邦一听，不由得怒气上冲，当着使者的面，破口大骂道：我久困于此，朝夕望他前来助我，想不到他竟要自立为王！当时，张良正坐在刘邦的旁边，张良清醒地认识到，韩信的向背对楚汉战争的胜负有着举足轻重的作用。况且，韩信远在齐地自立为王，刘邦也鞭长莫及，根本无力阻止。于是，他连忙在案下轻轻踩了刘邦一脚。刘邦很精明，反应也快，立即明白先前失言，于是改口骂道：大丈夫既平定诸侯，就要做个真王，何必要做假王！刘邦本来就爱骂人，有此一骂本不足为奇，况且先后衔接自然，天衣无缝，竟然没露出什么破绽。

当年二月，刘邦派张良拿着印绶去齐地封韩信为王，并征调韩信的军队击楚。封韩信为齐王，虽然是刘邦对韩信的暂时妥协，但这个顺水人情和权宜之计居然笼住了韩信，成功地解决了汉内部的权位矛盾，赢得了楚汉天平上关键的一个砝码。对此，东汉荀悦曾有一句极为中肯的评价："取非其有（指齐地本非刘邦所有）以予于人，行虚惠而获实福。"拉拢住韩信以后，楚汉战争的形势发生了重大的转折。

汉高祖四年(前203)，汉对楚已逐渐形成合围之势。韩信占据齐地不断袭击楚军，彭越又屡次从梁地出兵，断绝楚军的粮道。楚军兵疲粮竭，项羽无奈，终于送回了被扣押的刘邦的父亲与妻子、儿女，与刘邦讲和。双方商定，以鸿沟为界，中分天下，东归楚，西归汉，立约解甲归国，各不相犯。

项羽如约拔营东归，向彭城而去。刘邦也欲引兵西归汉中。在这重大的转折之际，张良以一个政治谋略家的深邃眼光，看出了项羽腹背受敌、捉襟见肘的处境，便与陈平同谏汉王道：如今汉据天下三分有二，此时正是灭楚的有利时机，宜猛追穷寇，毕其功于此举。否则放楚东归，如放虎归山，必将遗患无穷。

刘邦采纳了张良的意见，亲率大军追击项羽，并命令韩信、彭越合围项羽。但刘邦率大军追击楚军至固陵(今河南太康)，却迟迟没有等来韩信、彭越所率的援兵，结果惨遭失败。刘邦躲在固陵的壁垒中十分焦躁，便问身边的张良：他们为什么没有如期前来？

此时，张良对韩信、彭越的心思早已了然于心，对应之策已思谋成熟，见刘邦询问，忙答道：楚兵即将灭亡，韩信、彭越虽已受封为王，却没有确定的疆界。二人此次不来赴约，原因正在于此。陛下若能与之共分天下，当可立招二将。否则最终成败，尚不可知。

刘邦一心要解燃眉之急，便依张良之计，把陈地以东至沿海的地盘划封齐王韩信；把睢阳以北至谷城的地盘划封给梁王彭越。两个月后，韩信、越彭果然派兵来援。

汉军各路兵马陆续会集垓下(今安徽灵璧县沱河北岸)。韩信先用"十面埋伏"之计兵围项羽于垓下，继而又用"四面楚歌"之计瓦解了敌兵士气，终于打败项羽，迫其自刎。至此，长达四年之久的楚汉战争，以刘邦的完胜而告终结。

（五）劝都关中

国基初奠，天下始定，定都何处，这无疑对新兴的西汉王朝的巩固和发展有着至关重要的意义。起初，汉高祖刘邦本想长期定都洛阳，群臣都

看
八
·
大
·
谋
·
臣

是东方人，也多持此见。

一天，齐人娄敬求见刘邦，陈说关中的地势险要，劝刘邦定都关中。刘邦一时拿不定主意，而这时那些主张建都洛阳的大臣们却纷纷陈说建都洛阳的好处。这些人多是六国旧人，眷恋故旧，安土重迁，劝道：东都洛阳，绵延几百年。东有成皋，西有殽函渑池，背靠黄河，前临伊、雒二水，地理形势坚固易守。

张良问卦山位于陕西省向阳公馆风景区境内

独有张良支持娄敬的主张。他说：洛阳虽有这些天然的山河险阻，但它的腹地太小，方圆不过数百里；田地贫瘠，而且容易四面受敌，不是用武治国之都；而关中则左有殽函之险（即殽山与函谷关的合称，相当于今陕西潼关以东至河南新安县地），右有陇蜀丛山之隘，土地肥美，沃野千里；加上南面有巴蜀的富饶农产，北有可牧放牛马的大草原。既有北、西、南三面的险要可以固守，又可向东方控制诸侯。诸侯安定，则黄河、渭水可以开通漕运，运输天下的粮食，供给京师所需。如果诸侯有变，就可顺流东下以运送粮草，足以维持出征队伍的补给。这正是所谓金城千里，天府之国啊！还是娄敬的主张正确。

张良的分析全面而深刻，加之素孚重望，又深得刘邦信赖，因而汉高祖当即决定建都关中。汉五年（前202）八月，刘邦正式迁都长安(今陕西西安市西北)。

关中风景

（六）谏封雍齿

汉六年（前201）正月，刘邦大封包括张良在内的二十多位功臣，其余未被受封的人则议论纷纷，争功不休。

一天，刘邦在洛阳南宫，从阁道上看见诸将三三两两地坐在沙土上窃窃私语，就询问张良他们在谈论什么事。

张良故意危言耸听地说：他们在商议谋反！

刘邦大吃一惊，忙问：天下初定，他们为什么又要谋反？

张良答道：您起自布衣百姓，是利用这些人才争得了天下。现在您做了天子，可是受封的都是您平时喜爱的人，而诛杀的都是平时您所仇怨的人。现在朝中正在统计战功，如果所有的人都分封，天下的土地毕竟有限。这些人怕您不能封赏他们，又怕您追究他们平常的过失，最后会被杀，因此聚在一起商量造反！

刘邦忙问：那该怎么办？

张良问道：您平时最恨的，且为群臣共知的人是谁？

刘邦答道：那就是雍齿了。

张良说：那您赶紧先封赏雍齿。群臣见雍齿都被封赏了，自然就会安心了。

于是，刘邦摆设酒席，欢宴群臣，并当场

看

八·大·谋·臣

108

封雍齿为什邡肃侯，还催促丞相、御史们赶快定功行封。

群臣见状，皆大欢喜，纷纷议论道，像雍齿那样的人都能封侯，自己就更不用忧虑了。

张良此举，不仅纠正了刘邦任人唯亲、徇私行赏的弊端，而且轻而易举地缓和了矛盾，避免了一场可能发生的动乱。他这种安一仇而坚众心的权术，也常常为后世政客们如法炮制。

由上可知，尽管张良在计谋上表现得特别突出，但是其最大成就终究是在政治上的，他分析天下宏观局势、对未来格局的预判是世间罕见的，是刘邦集团的谋主，这是刘邦尊重、信服他的原因。

（七）安太子

太子被称为储君，是皇帝的法定接班人，位置至关重要。所以，历代封建王朝围绕废立太子，斗争十分激烈。汉朝也不例外。

刘邦在称帝之初，立吕后所生刘盈为太子，这是顺理成章的。因为它符合封建社会的嫡长子继承制，所以没有什么异议。但后来刘邦对太子刘盈不满意，认为他生性怯弱，不足以立国。而想改立爱姬戚夫人所生的小儿子赵王如意。赵王如意不是皇后所生，又是小儿子，这违背了封建世袭制度。

刘邦和吕后为结发夫妻，同甘苦，同患难，出生入死，打下天下，为什么要废掉她所生的儿子，而改生戚夫人所生的儿子呢？这有两个原

张良雕像

因：第一，太子刘盈的确仁弱，刘邦担心他不能继承大位。刘邦多年征战，多次受伤，到晚年身体很不好，太子如果强势，应该能替他征战。但太子不能胜任，每有战事，仍需刘邦亲自出征。在征讨英布时，刘邦带病出征，偏又受了伤，病得更重了，因此有必要改立太子。为国家事业计，这是主要原因。第二，与刘邦的生性有关。刘邦生性"好美姬"，吕后年老色衰，渐渐失去魅力，刘邦宠爱上了年轻貌美的戚夫人，也是人之常情。俗话说，"子以母贵"，戚夫人受宠，刘邦想改立她所生的儿子为太子，是可以理解的。

刘邦像

　　皇帝立哪个儿子为太子，本来是皇帝的"家事"，外臣不得干涉。但由于它牵涉到各方面的利益，所以刘邦此言一出，便引起轩然大波。一些跟随刘邦、吕后打江山的大臣，都异口同声地反对。大儒叔孙通引经据典，据理力争。功臣周昌是刘邦儿时伙伴，为人正直倔犟，甚至以死相争。周昌口吃，刘邦问他为什么反对改立太子，盛怒之下，说话更加结结巴巴："臣口不能言，然臣期期以为不可。陛下虽欲废太子，臣期期不奉诏。"（《史记·张丞相列传》）张守节正义："昌以口气，每语故重言期期也。"南宋刘义庆《世说新语·言语》里说，三国时魏国大将"邓艾口吃，语称艾艾"。以后就用"期期艾艾"形容口吃的人说话结巴、不流利，成为一个成语。这也是此公的一个贡献。

　　张良劝阻，刘邦也不听，整天在宫中养病，不上朝理事。

　　吕后害怕了，不知道该怎么办。有人对吕后说，留侯善于筹划计策，皇上很信任他。

　　吕后就委派她哥哥建成侯吕泽去找张良，说：您是皇上的谋臣，现在皇上要改立太子，您怎么能置身事外呢？

　　张良说：开始打天下时皇上几次处境都很危险，侥幸地用了我的计策。现在天下安定，由于偏爱的缘故而想改立太子，家庭骨肉之间的事情，本来不是外人所能干涉。纵然有一百多个大臣也没有用，何况我一个人呢？

　　吕泽极力请求道：给我出个主意吧！

　　张良说：这是难以用口舌争辩来解决的。皇上招不来的人才，天下只有四个人。他们年纪都很大了，认为皇上对人傲慢，所以逃避躲藏在山中，不肯做汉朝的臣子，但是越是得不到的东西越觉得珍贵，皇上很尊敬他们。如果你能够不吝惜金银财宝，让太子刘盈写一封亲笔信，派一个能说会道的人，用谦恭的言语、舒适的车辆，去聘请这四位老人，诚恳地邀请，他们应该会来的。来了以后，作为受优礼的上宾，让他们常常随着太子上朝，故意让皇上看到他们，皇上一定会感到惊异而打听这四个人的来历。皇上问清楚了，又知道这四位都是贤人，对于巩固太子的地位是一种帮助。

　　于是，吕后命令吕泽捧着太子的亲笔书信，用谦卑的言辞、丰厚的礼物，去迎接这四个人。这四个人来了以后，住在建成侯府中。

　　汉十一年（前196），黥布反叛。刘邦正在

吕后画像

生病，打算命令太子作为将军，率兵前去平叛。这四个人互相商量说：大抵我们到这里来的用意，无非为了要保全太子。太子如果去率军平叛，事情就危险了。

于是，他们向建成侯说：太子率兵平叛，纵使太子征战有功，地位也无法再高了；如果无功而返，从此就会受到祸害。何况和太子一起出征的将领，都是和皇上一起平定天下的猛将，现在让太子统率他们，无异是让羊去统率狼，将领们都不会为太子卖力，太子也就必然不会建立战功。我们听说"父亲宠爱他的母亲，一定时时抱抱她生的孩子"，如今戚夫人日夜侍奉在皇上身边，赵王如意常常被抱在皇上跟前，皇上曾经说过'绝不能让不像我的儿子（刘盈）居于爱子（赵王如意）的上面'，这就表明了皇上一定要用赵王如意取代太子的地位。你们何不赶快让吕后寻找机会向皇上哭诉，就说'黥布是天下有名的猛将，善于用兵，如今同去的将领，都是皇上的旧部下，和皇上是同辈，假使让太子去统率他们，无异于让羊去率领狼，他们是不肯为太子所用的。如果黥布听说太子做了统帅，就会公然大张旗鼓，向西进军。皇上虽然有病，也要勉强躺在有帷帐蔽护的车监督诸将，这样将领们就不敢不尽力。皇上虽然吃些苦，但是为了妻子儿女的利益而勉强再坚持一下。

于是，吕泽立即连夜去见吕后。吕后就按这四个人的吩咐，乘机在刘邦面前哭诉了一番。

刘邦说：就知道这小子不配当这差使，老子再亲自走一趟吧！

刘邦亲统大军向东进发，在京都留守的群臣都送到灞上（今陕西西安东）。张良正在生病，也挣扎着起来送行，到了曲邮（今陕西临潼东）进见刘邦，对他说：我本来应该跟随皇上出征，实在病得太重了。楚人勇猛敏捷，希望皇上不要和他们争一日之利。说罢，他便向刘邦建议说，可让太子为将军，监护关中的兵马。

刘邦说：子房虽然有病，也要勉强坚持辅佐太子。当时叔孙通是太子太傅，张良辅助太子，兼摄太子少傅之职。

汉十二年（前195），刘邦平定了黥布叛乱，回到京都，病情更加严重，便更加想改立太子了。

张良劝谏，不听。张良便称病，不再过问政事。

太子太傅叔孙通称引古今史实来劝谏刘邦，甚至以死为太子力争。

刘邦假意答应了叔孙通，但内心还是想改立太子。

有一次宴会上，太子在刘邦身旁侍立。那四个人跟随着太子，年纪都在八十开外，胡须和眉毛都白了，衣服和帽子都很奇异古怪。刘邦见了，觉得很奇怪，问道：他们都是干什么的？

四人上前答话，各自说了自己的姓名，分别叫东园公、甪里先生、绮里季和夏黄公。刘邦大惊，说：我访求你们好几年了，你们躲藏着不愿见我，今天为什么却和我的儿子来往呢？

四人一同回答说：陛下轻视士人，喜欢骂人，我们不愿意受您的污辱，所以畏惧地躲藏起来。我们私下听说太子仁义孝顺，礼贤下士，天下人无不伸长脖子等待为太子出死力，所以我们就来了。

刘邦说：那就麻烦你们始终如一地看护太子吧。

四个人向刘邦敬完酒，快步退去。

刘邦目送着他们的背影，召来戚夫人，指着这四个人说：我本来想改立太子，太子有了这四个人辅助，羽翼已经丰满，很难变动了。吕后真成了你未来的主人了。

戚夫人痛哭流涕，刘邦说：你给我跳楚舞，我给你唱楚歌。于是，刘邦唱道：

鸿鹄高飞，一举千里。
羽翮已成，横绝四海。
横绝四海，当可奈何！
虽有矰缴，尚安所施？

他一连唱了好几遍，戚夫人只是叹息流泪。刘邦终于没有改立太子，这就是张良建议邀请商山四皓的力量。

张良设计保住了太子刘盈的位置，不久刘邦病逝，太子顺利继位，就是汉惠帝。

四、"张良辟谷，但他吃肉"

古人在张良身上涂抹了太多的神秘色彩，这让他给后人留下了一个个谜团：他的籍贯众说纷纭；"拾履得书"的故事流传了千载，他的智慧真的来自于神助吗？身处英雄辈出的乱世，张良为何不称王……2000多年来，张良的历史谜案吸引着无数人去探究，但时至今日，张良的身上依旧迷雾重重。

（一）功成身退

刘邦能够战胜强大的项羽，建立起辉煌的汉朝，张良功不可没。刘邦曾赞扬说张良"运筹策帷帐之中，决胜于千里之外"，张良与萧何、韩信一起被后人并称为"汉初三杰"。

有句名言道，"不想当元帅的士兵不是好士兵"。细读历史，很多人不免生出这样的遗憾：张良为何只是老老实实地屈居人下做谋臣，而不去称王？他的主子刘邦是痞子出身，为什么却能当皇帝？

张良不是没有为王的雄心，实际上他也有称王的机遇。陈胜起义之初，张良也曾聚众百余人，为何他不去称王，而一心要去投奔刘邦呢？

张良的城府很深，就像下象棋一样，常人只能看一步，张良却能看三步。张良对时事看得很透，历代君王都是踩着别人的肩膀坐上王位的，而张良却不是这样的人。张良有自知之明，他认识到自己没有做王的政治手腕，从某种角度来说，他充其量就是块做谋臣的"料"，他与刘邦只能是"帅才"与"将才"的关系。如果勉强为之，不一定会成功。

张良的胸襟也决定了他不会称王。当初，张良投奔刘邦的目的在于报国仇家恨，而不是求取功名。秦朝被推翻了，张良的目的也就达到了。平定天下论功行赏时，刘邦封侯，曾许诺让张良"自择齐三万户"作为封邑，但张良只要一万户，还说了一通肺腑之言，《汉书·张良列传》记载的张良的这段话就足以说明问题："家世相韩，及韩灭，不爱万金之资，为韩报仇强秦，天下震动。今以三寸舌为帝者师，封万户，位列侯，此布衣之极，于良足矣。"这种动机，决定了他只会采取功成身退、自我保全的办法，安度晚年。

（二）"张良辟谷"

汉朝建立后，刘邦封包括韩信、张良、萧何在内的七个异姓功臣为侯，委以重任。但没过几年，刘邦就不再信任这些昔日的功臣，找机会将这些人罢官夺爵，开国功臣们几乎都没有什么好结局。不过，与众不同的是，"汉初三杰"之中，韩信以谋反罪名被杀，诛灭三族；萧何也被治罪下狱，唯有留侯张良一生平平安安。

有道是"伴君如伴虎"，刘邦的疑心极重，张良陪伴皇帝左右还能够自保，这确实是一大奇迹！张良为什么能够在危机重重的宫廷斗争中得以善始善终，也成为一个千古之谜。在功成名就之后，和其他人截然不同的是，张良这位功勋卓著的开国元老却激流勇退，称病不上朝，过起了闭门谢客的隐居生活。在封侯之初，张良便向刘邦表示，从此以后想学习"辟谷"、"轻身"之术，抛弃人间世事，不食人间烟火，以求修道成仙。此后，张良便借口体弱多病，逐渐从官场中抽身，不再过问政事。

据《史记·留侯世家》记载，封侯之后，张良"乃学辟谷"，声称从此之后要追求修道成仙。"辟谷"就是不吃饭。刘邦的夫人吕后当年就很不理解张良的行为，劝张良说：人生那么短暂，你何苦自找罪受呢？

张良的这些作为都是表面现象，其实是"明哲保身"之举，这也是张良的一个计谋。以张良的聪明劲儿，他早就总结出历史的经验和教训，明白这样的历史规律：历代君王在创业打江山的时候，正是用人之际，他会认识到人才的重要性，人才在此时会得到尊重和重视，君王可以和臣下一道同甘苦共患难去打天下。然而，一旦功成名就之后，君主们却不能和功臣们一同分享胜利的成果去坐天下了，他便会怀疑昔日的功臣"功高盖主"，怕功臣会威胁他的王位，"卸磨杀驴"是必然的。历史上开国功臣大多数结局都很悲惨，善始善终者能有几人呢？

刘邦是个什么样的人，张良也早就看透了。所以，功成名就之后，张良见好就收，聪明地"拍屁股走人"。他表示愿意抛弃人间的事，欲和"赤松子游"，学"辟谷"、"导引"、"轻身之术"，这样逐渐"名正言顺"地从官场中退出，倒也不失为明智之举！正是这种超脱之举，才使得张良获得善始善终的结局。

当初，张良曾劝韩信也要功成身退，可惜的是韩信不听。直到人头落地之前，他才悟透张良的苦心。在被杀之前，韩信曾发出了那句流传千载的哀叹："狡兔死，走狗烹；飞鸟尽，良弓藏；敌国破，谋臣亡。"应当说，"兔死狗烹"的结局张良早就心知肚明了，这说明张良想得高远，看得透彻。张良之举虽说有点"明哲保身"的味道，但在当时封建社会的历史条件下，只能如此。

张良能安然无恙，吕后也起了很大作用。有段时间，刘邦欲废掉吕后的儿子，改立戚夫人的儿子如意为太子。吕后想保住儿子的王位，却束手无策，情急之下，她找到张良求教。张良给吕后出主意说：当今天下有四位大贤人，皇上想见却见不到。太子若能请他们为上宾，皇上看见了肯定会对太子刮目相看，就不会废掉太子了。吕后按照张良的计谋而行，果然使儿子的王位得以保全，吕后当然对张良十分感激。通过这件事情，颇有计谋的张良自然又多了一把"安全锁"。从这一点上说，还是张良的智谋救了他自己！

刘邦死后，吕后感激张良，劝他毋自苦，张良最后还是听从了劝告，仍就服人间烟火。毛泽东说"张良辟谷，但他吃肉"（《在武昌会议上的讲话》，《毛泽东文集》第七卷，人民出版社1999年版，第448页）指的就是这件事。在吕后的逼迫下，张良恢复了日常的饮食。吕后元年（前187）张良去世，谥文成侯。

张良作为汉高祖的主要谋士，他的功绩与刘邦打败项羽、建立汉朝密切相关。毛泽东说："刘邦同项羽打了几年仗，结果刘邦胜了，项羽败了，不是偶然的。"因为刘邦"比较能够采纳各种不同的意见"，而项羽"就不爱听别人不同的意见"。（《在扩大的中央工作会议上的讲话》，

《毛泽东文集》第八卷，人民出版社1999年版，第295页）。刘邦胜利的原因，除了能采纳包括张良在内的不少人的意见，还有一个更重要的原因"是因为刘邦和贵族出身的项羽不同，比较熟悉社会生活，了解人民心理"（《毛泽东读苏联〈政治经济学（教科书）〉谈话记录选载（六）》，《党的文献》1994年第5期）。了解人民心理，顺应历史发展潮流，是刘邦成就帝业的根本原因。张良助成其事，可见也是识时务的俊杰。古今有不少人对张良进行褒扬，现以陈毅元帅1942年8月写的《读史四首》之二，结束全篇。诗是这样写的：

> 楚汉喜神话，首推张子房。
> 城北黄石公，遗履坐桥梁。
> 留侯欲用事，寄托于渺茫。
> 乃遇赤帝子，运筹帷幄张。
> 一旦成功后，赤松屏稻粱。
> 刘邦非大度，君臣猜忌忙。
> 钩心复斗角，胜者属张良。
> 萧何亦机智，自污争田疆。
> 可怜淮阴侯，忠信见灭亡。
> 未央千古惨，人彘出宫墙。
> 乃知专制国，大位踞虎狼。
> 唯有真民主，权利两相忘。

"刘邦和贵族出身的项羽不同，比较熟悉社会生活，了解人民心理。"（《毛泽东读苏联〈政治经济学（教科书）〉谈话记录选载（六）》，《党的文献》1994年第5期）

朱升

郭嘉 司马周陆逊

郭嘉 张良 李斯

商鞅 褚葛亮

郭嘉（170—207），字奉孝，颍川阳翟（今河南禹州）人，东汉末年著名军事家、谋略家，是曹操的重要谋臣。他才识超群，足智多谋，长期追随曹操左右出谋划策，功勋卓著，曹操也常常问计于他。郭嘉38岁时病死，令曹操十分痛惜。

郭嘉像

1959年春天，毛泽东一直在读《三国志》，并针对当时实际工作中出现的一些问题，在一些重要场合，讲述了《三国志》中的不少人物，但谈论最多的历史人物，并给予很好评价的，恐怕要数曹操及其谋士郭嘉了。

毛泽东喜欢郭嘉，在于其多谋，又善断，且谋断都很准确。再加上英年早逝，更使人惋惜。

作为一代领袖，毛泽东高度评价这位多谋善断的历史人物，自是希望他领导下的各级干部向郭嘉学习，做事要多商量，但不要优柔寡断；要当机立断，但不要武断。这样，党就可以把各项工作做得更好。

1959年3月2日，中央在郑州召开的政治局扩大会议上，毛泽东把郭嘉为曹操出谋划策的故事一股脑地讲了出来。他说："三国时候，曹操一个有名的谋士，叫郭嘉，27岁到曹操那里当参谋，38岁就死了。赤壁之战时，曹操想他，说这个人在，不会使我处于困难境地。许多好主意就

"世上没有先知先觉，没有什么前知五百年，后知五百年的刘伯温。无非是多谋善断，留有余地。《三国志》里《郭嘉传》值得一读。"（陈晋主编：《毛泽东读书笔记解析》，广东人民出版社1996年7月第1版，第1030页）

是他出的。比如，打不打吕布，当时议论纷纷。那时袁绍占领整个河北和豫北，就是郑州以北，曹操在许昌，吕布在徐州。郭嘉建议先打吕布，有人说，打吕布，袁绍插下来怎么办？郭嘉说，袁绍这个人多端寡要，见事迟，得计迟，不要怕，袁绍一定不会打许昌。于是曹操就去打吕布，把吕布搞倒了。如果吕布跟袁绍联合起来同时攻击，曹操就危险了。郭嘉这个计划很成功。……这个人很有名。《三国志·郭嘉传》可以看。"（陈晋主编：《毛泽东读书笔记解析》，广东人民出版社1996年版，第1029页）

毛泽东在1959年3月2日中央在郑州召开的政治局扩大会议上说过：现在，我是借郭嘉的事来讲人民公社的党委书记以及县委书记、地委书记，"要告诉他们，不要多端寡要、多谋寡断。谋要多，但是不要寡断，要能够当机立断；端可以多，但是要拿住重点。"毛泽东认为，做领导工作的，最忌讳的就是见事迟、得计迟，成败关键在于抓住要害，当机立断。

1959年4月，他在上海党的八届七中全会上讲了九条意见，5月又制定了工作方法十六条，其中第一条均为"多谋善断"。所谓多谋善断，重点在"谋"字上，要多谋，少谋是不行的。要与各方面去商量，要反对少谋武断。谋是基础，只有多谋，才能善断。谋的目的就是为了断。要当机立断，不要优柔寡断。

1959年7月11日晚，毛泽东又在庐山住处与周小舟、周惠、李锐谈话，并再次讲了曹操败于赤壁，思念郭嘉的故事后，叹道："国乱思良将，家贫思贤妻。"（彭程、王芳：《庐山·1959》，解放军出版社1988年版，第52—55页）

智谋之士要多谋，谋划国家安危大计，遇见事态发展大势，消除隐患于未发之际，匡正君主之过失，解决疑难问题，辅主以正确决策，毛泽东之所以在各种场合大谈郭嘉的为人和事迹，一方面就是让广大干部向他学习，多谋善断，掌握运用好的工作方法，以便做好各项工作；另一方面则反映了他对多谋善断的高级参谋秘书人员的渴求和期望。

一、"《三国志·郭嘉传》可以看"

（一）生于乱世

郭嘉生活的东汉末年，天下动荡不宁，外戚宦官交替专权，朝政黑暗腐败。汉灵帝中平元年（184），爆发了声势浩大的黄巾起义。此后，东汉王朝虽竭尽全力镇压了农民起义，它自身却也名存实亡了。很快，地方豪强、州牧郡守竞相起兵，军阀混战割据的局面形成了。

郭嘉自幼身怀大志，见识深远。汉末天下乱象已萌，他便长期闭门苦读，终于掌握了广博的政治、军事和历史知识，形成了自己独特的政治见解。郭嘉20岁时，正是东汉末年天下开始大乱之时，他仍隐名匿迹，尚未显露锋芒。平时他虽不与俗人应酬往来，却很注意结交英雄豪杰，以待风云变幻。所以，当时一般人都还不知道他有才能，只有那些和他相识而又志趣相投的英俊之士，对他的才华十分看重。

汉少帝光熹元年（189），首都洛阳发生了惊天动地的大事变。大将军何进（？—189），以辅政的身份，与袁绍（？—202）等准备杀尽乱政的宦官。不料，密谋泄露，宦官抢先动手，何进反而被杀。随之，并州牧董卓（？—192）带兵进京（洛阳），专擅朝政，胁迫大臣，又毒杀太后，擅自废少帝，立献帝。第二年，关东州牧、郡守纷纷起兵，公推袁绍为盟主，以讨伐董卓。

正是在这个时候，为了显示自己的杰出才

1959年3月2日，毛泽东在郑州召开的政治局扩大会议上说：现在，我是借郭嘉的事来讲人民公社的党委书记以及县委书记、地委书记，"要告诉他们，不要多端寡要、多谋寡断。谋要多，但是不要寡断，要能够当机立断；端可以多，但是要拿住重点。"

能，实现胸中的伟大抱负，郭嘉决定走出家门、寻觅明主、建功立业。时逢董卓作乱，郭嘉更是跃跃欲试，准备充分利用这个时机，大显身手。

当关东军兴起的时候，盟主袁绍的声势颇为浩大——袁家"四世三公"，门生故吏遍布天下。袁绍本人也怀有逐鹿问鼎的野心，故起兵后曾问部下："助袁氏乎？助董氏乎？"在关东军的攻击下，董卓决意迁都长安。洛阳一带的几百万人口，都被强令迁徙，结果步骑驱驰，更相蹈藉，饥饿寇掠，积尸盈路。宫庙官府和居家，悉遭火焚，二百里内无复孑遗。

关东豪强兴兵，打着为国除奸的旗号。董卓西迁后，关东军却不见西进勤王的举动，反而互相攻击、杀掠。汉献帝初平二年（192），董卓被司徒王允和吕布合谋除掉。董卓部将李傕、郭汜、樊稠、张济等攻入长安，大战三辅，杀王允及长安百姓万余人。吕布败退出关，郭汜、李傕二人后来也为下属所杀，凉州军阀势力基本灭亡。

不几年，群雄割据的局面很快形成。其中以袁绍、曹操、公孙瓒、刘表、刘璋、袁术、孙策等人的势力为大。这样要一展才智，郭嘉便只能在这些人中择主而事。

《三国演义》描写郭嘉的出场亮相，是在第十回《勤王室马腾举义　报父仇曹操兴师》。当时曹操正在大力求贤，荀彧向曹操推荐了程昱。"（程）昱谓荀彧曰：'某孤陋寡闻，不足当公之荐。公之乡人姓郭，名嘉，字奉孝，乃当今贤士，何不罗而致之？'彧猛省曰：'吾几忘却！’遂启操征聘郭嘉到兖州，共论天下之事。”实际上，这一段描写并不尽符合史实。

在关东军离散之后，袁绍首先夺取了冀州，并在各地网罗贤才。郭嘉听说袁绍能够礼贤下士，再则袁氏当时声势显赫，盛名一时，他便前往投效，期望能一展宏图。然而，袁绍本人外宽而内忌，好贤而不能用。因此，郭嘉并未受到袁绍的重用。外表的强大和喧嚣的声势，没能掩盖袁绍内在致命的弱点。当时，郭嘉的两位同乡辛评、郭图也在袁绍处效力。郭嘉对他们说：智谋之士首要在于审择明主，只有那样，才能百举百全而功名可立。如今，袁公只想学周公的礼贤下士，却根本就不懂得用人的道理。他只是招揽人才，却不予以重视；临事又好谋而不能决断。若想和他一道拯救天下的危难，建立霸王之业，实在是难啊！于是，他毅然离开了袁绍，去另寻明主。

处于其时，像郭嘉这样的一介书生、文人谋士，虽有超人的才能，却没有尺土寸兵，只能投靠有政治地位和军事实力的人物，才能使其才华得以施展出来。这正如藤蔓不能直立，只有攀援大树才能升高一样。也有人把知识分子比作毛，而毛只能附着于一张皮上。封建割据时代的皮，虽然有仁义道德等辨别好坏的标准，但这个标准弹性太大，又往往经过了一番粉饰装扮。有识之士跟定什么人物，很多情况下往往由不得自己，而要靠命运的安排。

"郭嘉这个人足智多谋，初在袁绍麾下不得施展。他说袁绍‘多端寡要，好谋无决，欲与共济天下大难’。就跑到曹操那里。曹操说他‘每有大议，临敌制变。臣策未决，嘉辄成之。平定天下，谋功为高’。"（陈晋主编：《毛泽东读书笔记解析》，广东人民出版社1996年7月第1版，第1030页）

（二）选择明主

聪明的谋士要善于选择辅佐对象，正所谓"良禽择木而栖"，这是成功的首要条件。郭嘉曾说过："夫智者审于量主。"若主人是愚钝懦弱之辈、不堪造就之才，如后主刘禅之类人物，那么即使辅佐他的人才智过人也无济于事，甚至还会因主人的失败而招致杀身之祸。如陈宫之佐吕布、田丰之随袁绍，就是如此。只有辅佐的对象英武有为，谋士的才干得以发挥，才能建功立业。如后来周瑜之佐孙权，诸葛亮之辅刘备，都在历史上传为佳话。和郭嘉同郡的郭图，就因一味追随袁绍、袁谭父子，后因兵败被杀。类似的例子，在历史上可谓不胜枚举，这既是士人的悲剧，也是时代的不幸。而作为谋略家的郭嘉，其高明之处，就在于他能准确地判定袁绍不过是徒有虚名，难当国家兴亡之重任，其失败的命运难以避免，因而就绝不能选择他作为自己的事业之"主"。

曹操画像

当郭嘉离开袁绍的时候，正在发展势力的曹操，却有人才不足之感。此前，颍川著名谋士戏志才在曹操帐下效力，非常受器重。不幸，戏志才早卒。曹操给高参荀彧写信说：自从戏志才去世后，几无可与之谋大事之人。汝、颍一带向来多出奇士，请问谁可继任戏志才之职？荀彧便推荐了郭嘉。曹操立刻召见，两人纵论天下大事，十分投机。言谈中，曹操觉察这个青年人具有卓越的见识和才能，不禁高兴地赞叹说：使孤成大

南怀瑾
看
八·大·谋·臣

业者，必此人也。

会见完毕后，郭嘉也庆幸得遇雄才大略的明主，出来便喜不自胜地说：曹公才真是我想投奔的明主啊！二人志投意合，相见恨晚。曹操当即任命29岁的郭嘉为司空军祭酒。曹操于建安元年（196）十月任其为司空，于三年（198）正月，"初置军师祭酒"。郭嘉担任的司空军祭酒，即司空府下的军师祭酒，是参谋军事的官职。从此，郭嘉就做了曹操麾下的军事高参，为曹操呕心沥血地谋划军机。

当时的曹操，既取兖州，又迎汉献帝至许都，"奉天子以令不臣"，取得了政治上的主动权。在建安元年，又采纳毛玠、枣祇等人建议，屯田许（今河南许昌）下，收获粮食百万斛，为解决军粮供应问题提供了良好的经验。当然，如果与袁绍相比，曹操占有的地盘狭小，兵马不足，势力尚弱。郭嘉能果断地弃"强大"的袁绍于不顾，而选择势弱的曹操作为自己安身立命之主，这充分表现了他深邃的眼光和决断的才干。

（三）建功无数

曹操自在兖、豫二州建立根据地以来，屡次征伐，各个击破群雄，解除了后顾之忧，以便将来与袁绍放手一搏。

首先，汉献帝初平四年（193），曹操父亲由华县回乡，被徐州牧陶谦（132—194）所率部军兵杀害。操闻讯怒不可遏，率军报仇，连拔十余城，陶谦败退至鄄城（今山东鄄城）。次年夏，他又二征徐州（今江苏徐州），在泗水活埋男女数万人。不久，陶谦忧病而死。进行这两次军事行动时，郭嘉尚未投奔曹操。但《三国演义》却描写郭嘉曾参与谋划其事，这是小说家言，自然不值一辩。

其次，攻灭吕布。吕布（？—198），字奉先，五原郡九原（今内蒙古包头西南）人。他原来是并州刺史丁原的部将，却卖主求荣，杀了丁原投靠董卓；后来又杀董卓，依附司徒王允。此人"刚而无礼，匹夫之勇"，是一个政治上反复无常的典型人物。他被李傕、郭汜驱逐出长安后，如同丧家之犬，四处奔走。他先依袁术，再投张扬，复奔袁绍。

当曹操讨伐徐州时，不料后院起火，兖州（今山东金乡东北）后方发生了叛乱。陈留太守张邈在陈宫劝说下，迎接吕布，企图趁机夺占兖州。幸亏荀彧、程昱等坚守鄄城、范县、东阿三城，使曹操尚可以进退有据。曹操闻讯后，引兵回救，在定陶、巨野（今均属山东）两役，大败吕布，才安定住局面。

虽然打败了吕布，但曹操的处境却不无困难。其时，北有袁绍、公孙瓒，南有袁术、刘表、孙策、刘璋、张鲁，西有马腾、韩遂、张扬，东有吕布；兖、豫二州又处在四战之地，曹操集团实在是四面受敌。曹操与他的谋士们，日夜分析形势，研究如何才能击败中原群雄。他们意识到自己处于多线作战，又面临敌强我弱的不利态势。袁绍自然是最主要的敌人，而吕布却是最凶恶的敌人。如此，最终制定了"先弱后强，各个击破"的战略方针。

建安元年（196），原董卓部将张绣随同叔父张济，由关中流窜到南阳一带。张济死后，张绣率部投靠刘表。南阳靠近许昌，对曹操来说好像芒刺在背。建安二年（197）春，曹操先拿张绣开刀。张绣战败，举兵投降。不久又反悔，夜间偷袭曹营，曹军毫无防备，损兵折将，曹操的长子曹昂、侄子曹安民均战死。于是，曹操只好退兵。

次年，曹操再次率军讨张绣，张绣求救于刘表。五月，曹军腹背受敌，不得不退兵。建安四年（199），张绣在谋士贾诩的劝说下，率士卒到许都向曹操投降，被封为扬武将军。

此前，建安二年（197），袁术在寿春称帝，这是公开反汉。曹操既然"奉天子以令不臣"，攻打袁术就师出有名了。九月，曹操讨伐袁术，迫使其向淮南逃走，不久袁术病死。

曹军猛攻吕布时，河内的张扬曾出兵野王（今河南沁阳），帮助吕布。但不久，张扬被部将杨丑所杀。接着，眭固又杀了杨丑，投靠了袁绍。建安四年四月，曹操派大将曹仁夺取射犬（今河南沁阳东北），杀了眭固，控制了河内郡。

两年多时间，曹操先后击败了袁术、张绣，消灭了吕布、眭固，改善

了战略态势，逐步由弱转强，为全力对付袁绍创造了有利条件。郭嘉其间追随曹操，屡出妙计，充分发挥了他高级参谋的辅佐作用。

（四）英年早逝

在远征乌桓的进军途中，郭嘉不服水土，已卧病车上。等到他跟随曹操出征归来后，又因操劳过度，病情加重。曹操一再派从人询问病情，关怀备至。不料，如此才华横溢、风华正茂的谋士，竟在建安十二年（207）底，一病不起，与世长辞了。

郭嘉死时，年仅38岁，恰逢英年有为之时，实在令人痛惜！他去世后，曹操亲自前往吊丧，内心深为惋惜，悲痛不已，"上为朝廷悼惜良臣，下自毒恨丧失奇佐"。曹操忍不住发出悲叹："哀哉奉孝！痛哉奉孝！惜哉奉孝！"这也难怪，此时恰逢曹操北征乌桓胜利返回，踌躇满志，正欲挥兵南下，一举统一中国之时，他非常需要像郭嘉这样运筹帷幄、决胜千里的智囊之士。而郭嘉竟在此时离他而去，这对曹操的雄心伟业不啻是一个沉重的打击。不久，曹操因失去有力辅佐，便遭遇了平生最大的政治失败和军事失败——赤壁之战。无怪曹操哀叹说："若郭奉孝在，不使孤至此！"

郭嘉死后，曹操沉痛地对荀彧等人说：诸君的年龄都和我差不多，唯独郭奉孝最小。战乱平定之后，我准备把身后的事业托付给他，不料他却在中年夭折，岂非命中注定的吗？

曹操雕像，高7米，重200吨，安放于河南省许昌市魏武帝广场

赤壁之战遗址

在写给荀彧的书信中，曹操又追念郭嘉说：郭奉孝年不满四十，相与周旋十一年，险阻艰难，大家都同甘共苦。因他智虑高远，通达事理，欲托之以后事，岂料先我而去，情何以堪？奉孝是最了解我的人，天下真正相知的人本不多，因此更加痛惜。可是，这又有什么办法呢！

曹操又写信给荀彧说：追念惋惜奉孝，不能忘怀。郭嘉对时局和战事的见解，超过一般人。又加上人们都害怕生病，南方有病疫，他常说"我到南方去，就不能活着回来"。然而和他共同讨论计策，他说应首先平定荆州。他这样做，可以看出他的忠厚，一定能立功，不相信命中注定。他待我能这样忠心耿耿，怎么使我忘记他呢！

曹操不止一次地表示，欲将自己身后大事托交给郭嘉，可见他对郭嘉的重视和信赖。

曹操又向汉献帝上书，请求给郭嘉追增封赏。表文说：臣闻褒奖忠良之臣宠爱贤明之士，未必在他们生前，追念他们的功绩，恩情加于他们的后人。所以春秋时楚国褒奖孙叔敖，大封他的儿子；东汉时岑彭（？—35）被公孙述派人刺死，爵禄赐给他的旁系亲属。已故军祭酒郭嘉，忠贞善良智高德美，体通性达。每逢讨论大事，众说纷纭，他能一针见血，一语定音，处理恰当，动无遗策。自在军旅之间，随我一起东征西讨有十年，行军时一同骑马坐车，议事时共坐帷幄，

"'国乱思良将，家贫念贤妻'这是《三国志·郭嘉传》上的话。曹操在赤壁之战吃了败仗，于是想念郭嘉。"（李锐：《庐山会议实录》，河南人民出版社1994年6月第1版，第63页）

看
八·大·谋·臣

130

东擒吕布，西取睢固，斩袁谭之头，平河北之众，逾越险塞，扫荡乌丸，震威辽东，取袁尚首级。虽然是借助天威，容易指挥，到了临敌，发扬誓言，凶暴的敌人被歼灭，功勋实在归于郭嘉。正当要彰显其勋之时，他却不幸早亡。上为朝廷悼惜良臣，下自毒恨丧失奇佐。应该追封郭嘉的封赏，增加八百户，加上过去所封共两千户，以表彰死者，鼓励后人。曹操对郭嘉的忠诚与才干进行了热情的赞扬，对郭嘉的英年早逝表示深切的悼念。汉献帝阅过表文后，追封郭嘉为"贞侯"。郭嘉的儿子郭弈继承了爵位。

（五）"这个人很有名"

郭嘉多谋善断，而且谋、断都十分正确，所以毛泽东对他十分欣赏。他在许多重要场合谈到郭嘉，希望广大干部能够学习郭嘉的多谋善断。

1959年3月2日，在党中央召开的郑州政治局扩大会议上，毛泽东几乎把《郭嘉传》里郭嘉为曹操出谋划策的故事都讲了一遍。他说，三国时候，曹操一个有名的谋士，叫郭嘉，27岁到曹操那里当参谋，38岁就死了。赤壁之战时，曹操想他，说这个人在，不会使我处于这种困难境地。许多好主意就是他出的，比如，打不打吕布，当时议论纷纷。那时袁绍占领整个河北和豫北，就是郑州以北，曹操在许昌，吕布在徐州。郭嘉建议先打吕布，有人说，打吕布，袁绍插下来怎么办？郭嘉说，袁绍这个人多端寡要，见事迟，得事迟，不要怕，袁绍一定不会打许昌。于是曹操就去打吕布，把吕布搞倒了。如果不先打吕布，如果吕布跟袁绍联合起来同时攻击，曹操就危险了。郭嘉这个计策很成功。然后又去打袁绍，袁绍渡了黄河，在郑州与洛阳之间，曹操打胜了。接着引出是不是去打袁绍的两个儿子袁谭、袁尚的问题。郭嘉说，不要打，我们回师，装作打刘表，把军队摆到许昌、信阳之间，他们一定要乱的。果然，曹操的军队一搬动，几个月，两兄弟就打起来了。袁尚把哥哥包围在山东平原（德州），哥哥眼看要亡党、亡国、亡头，就派了一个代表叫辛毗的，跑到曹操这里来求救。曹操去救，乘势夺取了安阳，消灭了袁尚的部队，袁尚本人跑到辽东去了，然后再去消灭了袁谭。这个计策也是郭嘉出的。在河北冀东追袁尚时，郭嘉又出一计，他说：他不防备，我们轻装远袭，可以得胜。就在这个时候，郭嘉得病，38岁就死了。这个人很有名。《三国志·郭嘉传》可以看。说到这里，毛泽东不无感慨，深感多谋善断的重要意义。

最后，毛泽东说："现在，我是借郭嘉的事来讲人民公社的党委书记以及县委书记、地委书记，要告诉他们，不要多端寡要、多谋寡断。谋要多，但是不要寡断，要能当机立断；端可以多，但是要拿住要点。"

据薄一波回忆，1959年4月，党中央召开上海会议之前，为了纠正已经觉察到的错误，毛泽东向全党连续发出了四封《党内通信》，反对浮夸风等"左"的倾向。上海会议上，他引导大家着重讨论了多谋善断、留有余地的问题。毛泽东说，希望大家看看《三国志》中的《郭嘉传》。接着对郭嘉的事迹加以介绍说，郭嘉是三国时期一个著名人物，最初在袁绍部下，但他认为袁绍"多端寡要，好谋无决，欲与共济天下大难"。后经荀彧推荐，他成为曹操的重要谋臣，追随左右，运筹帷幄，协助曹操南征北战，擒吕布，破袁绍，北伐乌桓，功勋卓著。郭嘉中年夭折，曹操非常惋惜，称他"每有大议，临敌制变"，"平定天下，谋功最高"。郭嘉足智多谋，而曹操能问计于郭嘉等谋臣，听取他们的意见，果断作出决策，这说明他是一个知人善用、多谋善断的人物。毛泽东介绍大家看《郭嘉传》，意思是希望各级领导干部做事要多谋。他说，多谋善断，这句话重点在"谋"字上。要多谋，少谋是不行的。要与各方面去商量，反对少谋武断。商量又少，又武断，那事情就办不好。谋是基础，只有多谋，才能善断。谋的目的就是为了断。他还说，要当机立断，不要优柔寡断。应该根据形势的变化来改变我们的工作计划。反对党内的一些不良倾向，也要当机立断。这些话不仅说明了毛泽东当时一再讲郭嘉的故事，也是为了纠正工作中出现的一些错误，体现了他一贯倡导的古为今用的原则，而且把谋与断关系上升到哲理高度来论述，言近旨远，这在今天也仍然可以给我们以启示。（薄一波：《回忆片断——忆毛泽东同志二三事》，1981年12月26日《人民日报》）

毛泽东看八·大·谋·臣

1959年庐山会议期间，毛泽东又有两次提到郭嘉。一次是7月11日晚，毛泽东找周小舟、李锐、周惠谈话，毛泽东说："五八年有些事，我有责任。提倡敢想敢干，'八大'二次会议达到高峰。其中也有些是胡思乱想，唯心主义。因此不能全怪下面和各个部门。"毛泽东说话的时候，表情是诚恳的。"否则的话，人们就会像蒋干一样抱怨：曹营之事，难办得很哪！"

在座的几位哄堂大笑："主席，你说得太对了。下面有苦难言，而由您一语道破，太有意思了。"

在谈话中，秀才们呼吁陈云出来主管经济。

早在20世纪50年代初，毛泽东就对薄一波说："在延安的时候，还没有发现陈云同志有'理财治国'的才能。"在上海会议上，毛泽东又说："有时真理在一个人手里。"意思是指大跃进以来人们头脑普遍发热的情况下，陈云是比较冷静的。

那天，毛泽东又赞扬了陈云，并讲了曹操败于赤壁，思念郭嘉的故事。毛泽东说："世上没有先知先觉，没有什么前知五百年，后知五百年的刘伯温。无非是多谋善断，留有余地。《三国志》的《郭嘉传》值得一读。郭嘉这个人，初在袁绍麾下不得施展。他说袁绍'多端寡要，好谋无决，欲与共济天下大难'，就跑到曹操那里。曹操说的'每有大议，临敌制变。臣策未决，嘉辄成之。平定天下，谋功最高'。可惜中年夭折。曹操大哭。大跃进出点乱子，不要埋怨。否

袁绍'多端寡要，好谋无决，欲与共济天下大难'，就跑到曹操那里。曹操说的'每有大议，临敌制变。臣策未决，嘉辄成之。平定天下，谋功最高'。可惜中年夭折。曹操大哭。大跃进出点乱子，不要埋怨。否则就是'曹营之事不好办'。或者叫你'欲与共济天下大难'！……'国乱思良将，家贫思贤妻。'"（彭程、王芳：《庐山·1959》，解放军出版社1988年版，第52—53页）

则就是'曹营之事不好办'。或者叫你'欲与共济天下大难'！……'国乱思良将，家贫思贤妻。'"（彭程、王芳：《庐山·1959》，解放军出版社1988年版，第52—53页）

在这里，毛泽东又一次讲述了郭嘉的故事。毛泽东谈话中引用的两句古语，出自《史记·魏世家》，魏文侯谓李克曰："先生尝教寡人曰'家贫则思贤妻，国乱则思良将'。今所置非成则璜，二子如何？"

"国乱思良将"，良将在这里是指陈云。陈云原来负责经济工作，南宁会议后只负责建委工作，所以谈话中几位秀才呼吁让陈云出来主持经济工作，毛泽东才说了这样的话。陈云在负责经济工作时特别注重国民经济按比例发展，反对冒进。但在1958年"大跃进"中，各行各业大"放卫星"，盲目追求高指标，再加上当时个人崇拜甚嚣尘上，致使"左"倾浮夸风愈演愈烈。在这种情况下，陈云的反冒进自然要受到批评，不久经济工作陷入困境，毛泽东不得不深思，不能不想到陈云。于是，又请陈云主持经济工作，实行"调整、巩固、充实、提高"的政策，使我国很快地度过三年经济困难时期。

据原山西省委书记陶鲁笳回忆：从第一次郑州会议到上海会议，据我了解毛主席一直在精读陈寿的《三国志》，并针对当前实际工作中存在的问题，讲《三国志》里的许多人物，讲得最多的是曹操和郭嘉。郭嘉是曹操的重要谋臣，毛主席说此人足智多谋，协助曹操南征北战，策谋帷幄，出了许多好主意，值得我们学习。（陶鲁笳：《一个省委书记回忆毛主席》，山西人民出版社1993年版，第138页）

1959年仲夏，毛泽东视察浙江，下榻杭州刘庄……一天，毛泽东读完英语后，和他的英语教师林克谈起了郭嘉。当时，毛泽东正在读《后汉书》、《曹操传》、《郭嘉传》。谈话时，毛泽东要林克研究历史。他介绍说："《后汉书》、《曹操传》和《郭嘉传》等史书，值得一读。"并当即送给林克一本范晔的《后汉书》让他读，然后又讲起了郭嘉的故事，他说"曹操有个参谋叫郭嘉，是个河南人，初投袁绍，他批评袁绍'多端寡要，好谋无决，欲与共济天下大难'。袁绍这个人多谋寡断，有谋无断，没有决心，不果断，结果兵败于官渡。所以有谋还要善断。"毛泽东扬了扬手，又说："后来荀彧把郭嘉推荐给曹操，郭嘉足智多谋，协助曹操南征北战，擒吕布，破袁绍，北伐乌桓，平定天下，深得曹操器重。"毛泽东一边抽烟，一边继续与林克谈话。毛泽东引用唐朝医学家孙思邈的话，说："胆欲大而心欲小，智欲圆而行欲方。"接着又引用曹操批评袁绍的话，说："志大而智小，色厉而胆薄，忌克而少威，兵多而分画不明，将骄而政令不一，土地虽广，粮食虽丰，适足以为吾奉也。"（李林达：《情满西湖》，中央文献出版社1993年版，第155至156页）

1959年，毛泽东在多次谈话中讲三国时的郭嘉多谋善断，是因为1958年的"大跃进"出了不少问题，所以是有感而发。他认为"大跃进"出了那么多问题，是因为我党干部没有处理好谋与断的关系，没有做到多谋善断。"谋"，指计谋，谋略。《书·大禹谟》云："无稽之言勿听，弗询之谋勿庸。""断"，指判断，决定，决断。《易·系辞系上》曰："系辞焉以断其吉凶，是故谓之爻。"一个人应该多谋善断，就是点子要多，判断又正确，才能把事情做好。在这方面，郭嘉是个不可多得的人才。多谋善断的人，才能谋大事，成大业，居于领导岗位更是这样。有鉴于此，毛泽东才希望干部中多出几个郭嘉式的人物。

此外，毛泽东在读《古文辞类纂·欧阳永叔〈为君难论〉（下）》时，批注道："看什么新

毛泽东在读《古文辞类纂·欧阳永叔〈为君难论〉（下）》时，批注道："看什么新进。起、翦、颇、牧其始皆新进也。周瑜、诸葛、郭嘉、贾诩，非皆少年新进乎？"（《毛泽东读文史古籍批语集》，中央文献出版社1993年版，第97—98页）

进。起、翦、颇、牧其始皆新进也。周瑜、诸葛、郭嘉、贾诩，非皆少年新进乎？"（《毛泽东读文史古籍批语集》，中央文献出版社1993年版，第97—98页）

在这里，毛泽东还把郭嘉和中国历史上的著名军事家与谋士白起、王翦、廉颇、李牧、周瑜、诸葛亮、贾诩等相提并论，誉之为"新进"。

二、"足智多谋，重点在'谋'字上"

世人称郭嘉为"鬼才"，他在一生中确实向曹操献出很多良计。以下几个事件充分地体现出了郭嘉的多谋善断。

（一）放刘备

建安元年(196)，割据徐州一带的刘备，被吕布袭败后，兵败无处藏身，率残部投奔曹操。曹操帐下的将佐谋士纷纷劝说曹操，要趁机除掉刘备，他们还强调指出：刘备乃天下枭雄，素有大志，如不及早除掉，日后必将成为心腹大患。

曹操也犹豫不决，就征求郭嘉的意见。郭嘉说：刘备胸怀雄才大略，志在天下，深得民心，关羽、张飞乃天下名将，与刘备情深义重，生死相随。因此，刘备肯定不会甘心久居人下。主公您以诛国贼、扶汉室为宗旨仗义起兵，志在为天下百姓除残灭暴，大张旗鼓地招贤纳士，广罗人才。现在闻名天下的枭雄刘备，因无路可走才来投奔主公，主公如果要杀掉他，肯定会落下一个杀害英雄贤达、难以容人的坏名声。这样一来，

刘备画像

天下的英雄豪杰、贤达之士谁还会再来为您效力呢？为了除去一个可能会对自己的将来不利的人，而因此断绝了天下英雄归顺效命的希望，这中间的利害关系，轻重缓急，主公您不能不深思熟虑啊！

郭嘉的一番话，打消了曹操的疑虑，他收留并厚待刘备，上表朝廷，任命刘备为豫州牧，并拨出三千士兵归刘备指挥，供应他充足的军粮，还让刘备收留被打散的军队。

郭嘉此刻的建议也的确是不错的，由于曹操当时实力尚不是十分雄厚，有了刘备为羽翼，共同对付吕布可以说是事半功倍。而此后的结果也证明，暂时不杀刘备，也的确对讨伐吕布有利，所以说是明智之举。另外，还能够立信义之旗帜，招募俊杰。从这一件事上就可以看出郭嘉的深谋远虑。

（二）擒吕布

郭嘉非常善于分析天下形势，利用对方的矛盾，制定正确的战略战术来取胜。曹操迎汉献帝到许昌，在政治上，取得了"奉天子以令不臣"的有利地位；在经济上，采纳枣祗的建议，实行屯田制，有了充足的粮食供应。然而，当时曹操却同时面对黄河以北的袁绍、以徐州为中心的吕布、荆州的刘表和淮南的袁术，可谓四面受敌。

郭嘉详细地分析了当时的形势：袁绍正在攻打幽州的公孙瓒，刘表坐守荆州不思进取，袁术僭号称帝，众叛亲离，建议曹操抓住这个大好时机，首先应扫除割据于徐州一带的吕布势力。曹操采纳了他的建议，于汉献帝建安三年（198）出兵徐州，攻打吕布。

在众谋士的筹划下，这年秋，曹军亲率大军出兵。十月，攻下彭城（今江苏徐州），吕布退至下邳。曹军把下邳重重包围起来，曹操再写信劝吕布投降。吕布本有降意，但其谋士陈宫劝说他死守，又派人冲出包围去袁术那里求救。

由于吕布率将士拼死守城，曹军猛攻了将近两个月，小小的下邳城竟坚不可摧，久攻不克。曹操心里焦急，加之军队长期作战，没有休整，将士疲惫不堪，粮草供应又出现困难，便准备班师回许都，休整部队，再作考虑。

疲师远征本为兵家所大忌，大军屯坚城之下，若久攻不克，尤为不利。现在，曹、吕两家都已疲惫不堪，谁能再坚持下去，谁就有获胜的希望。在这个关键时刻，听说曹操准备退兵，众谋士都非常焦急，荀彧力劝曹操万不可撤军。郭嘉紧接着说：过去项羽一生大小七十余战，未曾败北，一朝失势于垓下，却身死国亡。其原因就在于他依仗自己的骁勇善战，却少谋略。如今，吕布同样有勇无谋，而且连吃败仗，锐气早已衰竭，勇力已尽。吕布的威力远不及项羽，而困败的窘状却有过之，若乘胜猛攻，则下邳一定可拔，吕布必将受擒。曹操一听，二人言之有理，遂率军继续围城猛攻。

郭嘉向曹操进言，不退兵很容易获得成功。可是下邳城内将士、百姓惧怕城破被屠，都拼命死守，如何破城便成为问题的焦点。一味强攻显然不是上策，此刻，谋士们便有了用武之地。经过实地勘察，荀彧、郭嘉又生一计——水攻，也就是挖泗水、沂水，淹灌下邳城，以水代兵。

曹操正在一筹莫展之际，得此妙计，自然大喜。立即令士兵掘开沂、泗河水，滚滚浪涛冲向下邳城。固若金汤的下邳城，却经不住水浪的冲击，顿时被泡在几尺深的大水中。城中军民见无生路，遂无心守城，各自逃命去了。曹操终于攻克了吕布的根据地徐州，吕布被诛，吕布割据的黄淮地区（指黄河、淮河之间）被纳入了曹操的势力范围。

（三）出兵徐州

曹操统一黄淮地区后，袁术在淮南已无法立足，打算到河北投靠袁绍，袁绍也打算南下进攻曹操，二袁一旦会合，会成为一支不小的力量。于是，曹操派刘备截击袁术。郭嘉得知这个消息以后，就劝曹操说：刘备在许都，好像龙困沙滩，虎落平阳一样，尽在您的掌握之中，千万不能放刘备出许都。曹操听了郭嘉的话幡然醒悟，赶快派兵去追赶刘备，但为时已晚。

刘备在建安三年（199）冬击败袁术后，重新占领徐州，势力也迅速膨胀起来。他与袁绍结成同盟，共同对付曹操，又联络一些许都的汉朝老臣，密谋除掉曹操。后来，事情泄露，曹操准备进攻刘备。而众将与谋士纷纷劝他攻打袁绍。郭嘉对曹操说：袁绍为人处世，生性多疑。他看我军出兵攻打徐州刘备，必然会犹豫不决，他不可能迅速出兵断我军的后路。现在刘备刚刚占领徐州，趁他还没有站稳脚跟时，迅速出兵，刘备必败无疑。

曹操采纳郭嘉的建议，迅速出兵东征刘备。刘备连连败北，逃往青州（今山东临淄北），从而解除了曹操与袁绍决战的后顾之忧。

（四）预断孙亡

三国时期，吴国雄踞江东，立国时间最长。吴国的基业就是由少年才俊孙策开创的。

孙策，字伯符，吴郡富春（今浙江富阳）人，东汉熹平四年（175）出生在当地一豪门大族。

孙策的父亲孙坚，字文台，早年做过县令。黄巾起义爆发后，孙坚率"乡里少年"和招募的壮丁一千多人，跟着中郎将朱俊镇压起义军。由于作战有功，被提升为别部司马。后来，他又随车骑将军张温到凉州，进攻割据势力边章、韩遂，回京后拜为议郎。汉灵帝中平四年（187），孙坚被朝廷委任为长沙太守。他先

用以毁坏城防设施的撞车

后镇压了长沙、零陵、桂阳三郡的农民起义，被封为乌桓候。关东诸侯讨伐董卓时，孙坚也起兵北上，沿途征伐不断，实力渐增。他到鲁阳（今河南鲁山）会见袁术，袁术表奏他为破虏将军、豫州刺史。汉献帝初平三年（192），袁术与刘表争夺荆州时，孙坚为先锋，连败刘表的大将黄祖。在进攻襄阳时，被黄祖的部下暗箭射死。

孙坚死时，孙策正在寿春（今安徽寿县），年龄只有十七八岁。他年少才俊，喜爱交结各方豪杰，胸怀复仇之志。汉献帝兴平元年（194）十二月，他前往江都（今江苏扬州），求教于江淮名士张纮，询问当时世务。他问张纮："方今汉祚中微，天下扰攘……先君与袁氏共破董卓，功业未遂，卒为黄祖所害。策虽暗稚，窃有微志，欲从袁扬州求先君余兵，就舅氏于丹阳，收合流散，东据吴会，报仇雪耻，为朝廷外藩，君以为何如？"张纮向他讲述自己对时局的意见："今君绍先侯之轨，有骁武之名，若投丹阳，收兵吴会，则荆、扬可一，仇敌可报，据长江，奋威德，诛除群秽，匡辅汉室，功业侔于桓、文，岂徒外藩而已哉？方今世乱多难，若功成事立，当与同好俱南济也。"孙策接受张纮的意见，定下图取江东之计。兴平三年（195），孙坚旧部朱治见袁术政德不立，也劝孙策取江东，创立基业。那时候，孙策的舅舅吴景进击樊能、张英，一年多也未攻克。孙策乘机向袁术献策：

"家有旧恩在东，愿助舅讨横江；横江拔，因投本上招募，可得三万兵，以佐明使君医济汉室。"袁术对此非常感兴趣，任命他为折冲校尉率兵渡江。孙策统率其父旧部程普、黄盖、韩当、朱治、吕范等及士兵千人，马数十匹东进。在寿春的宾客蒋钦、周泰、陈武等带领几百人也随策渡江，后周瑜也率兵迎接并助以资粮。到历阳（今江苏和县）时，已收罗部众五六千人。

孙策渡江后，在仅四年的时间里，驰骋疆场，东征西讨，次第削平江东割据势力，占有丹阳、吴郡、会稽、豫章、庐江、庐陵六郡，独霸江东，创建基业。其开国时间之迅速，大大超过曹操和刘备。时势造英雄，英雄亦造时势。孙策之所以成功，首先在于其战略决策英明，"乱世务边"的决策充分显示了其远见卓识和勇决果断的过人之处。其次孙策善于笼络人心，"善于用人，是以士民见者，莫不尽心，乐为致死"。再次是军纪严明，所至"鸡犬菜茹，一无所犯"，故民心向之。当然，孙策用兵，"猛锐神速，所向皆破，莫敢当其锋"，具有的大将素质、卓越的指挥才能，也是个很大原因。他自渡江以来，攻必克，战必胜，人闻孙郎来，莫不望风而靡。袁术曾欣羡地感慨说：我如果有孙郎这样的儿子，纵然死去，也没有什么可怨恨的了。

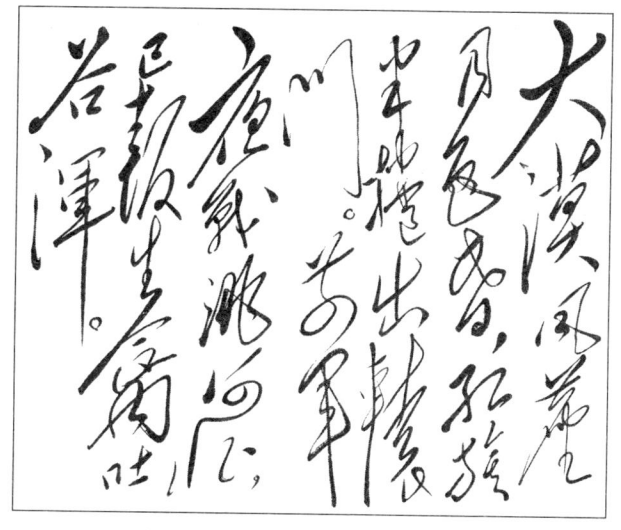

毛泽东《王昌龄·从军行》手迹

孙策渡江开创江东基业的次年，拓地日广，实力强盛，羽毛丰满，遂想脱离袁术而独立。他听到袁术在寿春欲称帝，遂与之绝交。建安二年（197）正月，袁术称帝后，孙策遂采取北结曹操以抗袁术的政策，与曹操结好，曹操上表荐他为骑都尉，袭乌程侯，领会稽太守。后曹操闻知孙策平定江南，深感忧虑，但因无力分兵与之争锋，便只好眼看着孙策"转战千里，尽有江东"而毫无办法。曹操虽一再设法拉拢孙策，但孙策却不肯受他节制。

建安五年（200），曹操与袁绍在官渡对峙，后方空虚。孙策抓住这个时机，制订了一个

"阴袭许昌，迎汉帝"的计划。他部署好军队，临江待发。

曹操集团的谋士将领"众闻皆惧"。因为孙策骁勇善战，又有著名谋士周瑜辅佐，这对曹操是个极大的威胁。然而郭嘉却有不同看法，认为孙策不会构成很大威胁，料定孙策此举难以成行。众人对此大惑不解。郭嘉解释并进而推测说：孙策刚刚吞并江东，所诛者尽为才使。这些人手下都有一些敢死忠诚之士，他们一定会替他们的主人报仇。孙策为人浮躁而不警惕，纵使兵士众多，也如同独行旷野。如果遇到埋伏的刺客起而偷袭，孙策就只能一个人抵抗。在我看来，这个人必死于匹夫之手。

众人听了郭嘉的预言，仍然心有疑虑。觉得他的分析很有道理，但对孙策是否真的"必死于匹夫之手"还有怀疑。但不久，这个似乎难以置信的预测却为事实所证明。史载"策临江未济，果为许贡客所杀"。大家都对郭嘉的料事如神赞叹不已，深深为之折服。

原来，许贡担任吴郡太守时，曾上表汉帝，建议将孙策"召还京邑"，"若放于外必作世患"。孙策闻知大怒。遂率军南取钱塘（今浙江杭州附近），先使许贡无法与会稽王朗构成联盟，以相抗拒；然后再移兵北上，一举攻占吴郡，并绞杀了许贡。许贡死后，他有三个门客，常想寻找机会，为他们的主人报仇。孙策平时极爱打猎，常轻装简从，外出射猎。手下多次向他劝谏，不要随意外出。孙策虽然认为这些意见很有道理，但却又总是改不掉自己的习惯。《三国演义》第二十九回《小霸王怒斩于吉 碧眼儿坐领江东》描写道：

"一日，孙策引军会猎于丹徒之西山，赶起一大鹿，策纵马上山逐之。正赶之间，只见树林之内有三个人持枪带弓而立。策勒马问曰：'汝等何人？'答曰：'乃韩当军士也，在此射鹿。'策方举辔欲行，一人拈枪望策左腿便刺。策大惊，急取佩剑从马上砍去，剑刃忽坠，止存剑把在手。一人早拈弓搭箭射来，正中孙策面颊。策就拔面上箭，取弓回射放箭之人，应弦而倒。那二人举枪向孙策乱搠，大叫曰：'我等是许贡家客，特来为主人报仇！'策别无器械，只以弓拒之，且拒且走。二人死战不退。策身被数枪，马亦带伤。正危急之时，程普引数人至。孙策大叫：

毛泽东看八·大·谋·臣

'杀贼！'程普引众齐上，将许贡家客砍为肉泥。看孙策时，血流满面，被伤至重，乃以刀割袍，裹其伤处，救回吴会养病。"

是夜，孙策因伤重而卒，年仅26岁，由其弟孙权袭领部众。孙策为郭嘉所言中，死在将袭许都之时，也许出于偶然。所以，裴松之为《三国志》作注时说："嘉料孙策轻佻，必死于匹夫之手，诚为明于见事。然自非上智，无以知其死在何年也。今正以袭许年死，此盖事之偶合。"

但是，郭嘉可以预测孙策"必死于匹夫之手"，则表明他对于各个政治军事集团有着深刻了解，对其意图能洞察秋毫，对其主要人物的性格特点也了如指掌。作为一个杰出的谋略家，郭嘉虽然身在曹营忙于军务，但对孙策统治下的江东各种势力的此消彼长和多种矛盾的发展趋势却是成竹在胸。尤为难得的是，他能够极为准确地分析、判断所掌握的材料，从而得出异于寻常的精确预见。

（五）智破袁氏

当曹操和袁绍两大集团崛起之后，他们均有争夺王位的企图，因此双方兵戎相见，已是势所难免。

早在初平元年（190），袁绍就曾说过：我要南面据守黄河，北面控制燕代，再率河北将士，南向以争天下。到建安四年（199）六月，袁绍消灭了公孙瓒后，占有青、冀、并、幽四州之地，军队增至数十万人，势力更加强盛。他召集将领和谋士们研究作战方案，经过激烈的争论，最后接受郭图、审配的意见，确定了"立即进攻，集中兵力，直捣许昌"的作战方针，遂选精兵十万，精骑1万匹，胡骑八千匹，南下谋攻许昌。

曹操手下众人对袁绍出兵仍存畏惧，经过曹操和荀彧等人的解释、鼓动后，方才团结一致，满怀信心去迎击敌人。当时，曹操调精兵两万，于公元199年8月进军黎阳，主动迎敌。

哪知正当曹操部署对袁绍作战的时候，当年十二月，原来依附曹操的刘备，杀徐州刺史车胄，自据徐州、下邳等地，起兵反曹，与袁绍遥相呼应。

毛泽东1959年3月2日在郑州中共中央政治局扩大会议上说："袁绍这个人多端寡要，多谋难断，见事迟，得计迟。慢了，得出个方针就处于被动。"（景有权、迟力：《毛泽东评说中国历史》，吉林人民出版社，1998年9月第1版，第100页）

毛泽东看
八·大·谋·臣

当时，东海郡及附近的郡、县大多归附刘备。刘备的军队增至好几万人，声势颇为浩大。遇此意外，曹操意欲亲征迅速打败刘备，以防两面受敌。

其实，曹操很早就看出，将来与他争雄天下者必是刘备，所以他曾对刘备说过："天下英雄，唯使君与操耳。"以前刘备失败来投，他予以笼络。后来，刘备要领兵去击袁术，曹操也准其离去。当时，郭嘉就曾牵马劝谏："放备，变作矣！"并说："纵不杀备，亦不当使之去。"又引古语"一日纵敌，万世之患"为证。曹操听后，大为懊悔，遂令许褚率兵追赶。结果，刘备如鱼入大海，鸟上青天，一去再不复返，曹操"恨不用（郭）嘉之言"。如今，面临刘备的公然反叛，曹操当然非常重视。

但是，曹操帐下的将领对此却不理解。他们对曹操说：与您争天下的主要是袁绍。如今袁绍正率兵打过来，您却要放弃袁绍不打，而去东征刘备。万一袁绍从背后乘虚而入，那可怎么办？

曹操解释说：刘备乃人中之杰，今不除之，必为后患。

郭嘉赞同曹操意见，他说：袁绍生性迟疑，即便来攻，也不会迅速。刘备起兵不久，民心未附，力量又不大，迅速攻击，一定可以把他打败。这关系到生死存亡，千万可不能错失这个时机啊！于是，曹操下定决心，亲率精兵兼程东进，迅速攻破彭城、下邳，逼迫关羽投降。刘备全军溃败，两位妻子被俘，只身逃往河北，投靠袁绍。

东征刘备，应该说是官渡大战的一个前奏曲。对曹操来说，与袁绍决战在即，如果不迅速扑灭刘备的反叛势力，任其在心腹地区蔓延滋长，可能会陷入腹背受敌的困境。大战在即，先肃清次要敌人，以巩固后方，实属高明之举。曹操在这个问题上，决策无疑很对。问题在于，诸将的意见也不无道理。因为对袁绍而言，刘备起兵之时，也正是他乘机猛攻曹军的绝好时机。因此，曹操帐下将领的担心，便不无道理。

当诸将表示反对时，曹操自己也有些迟疑不决，便问郭嘉。

但郭嘉的一席话使人茅塞顿开。他就袁绍、刘备两方作了分析：如果曹操东征，袁绍很可能先作壁上观，不会立刻进兵（后来事实果是如此），这当然最好；如果万一袁绍出兵，也"来必不速"，这是由其"性迟而多疑"所决定的。

这样就给了曹操短暂的可资利用的宝贵的时间。而关键在于，曹军要在这短短的时间里，能否迅速平叛取得胜利。如果东征长期下去，不能击败刘备，那么东征也就不可取了。而这一点又取决于曹操、刘备双方的实力对比。郭嘉对比了双方的兵力、战斗力、士气、民心之后，断言"急击之必败"，也完全符合军事学的基本规律。

曹操听了他的分析，下定决心，终于获胜。

反观袁绍一方，在曹操东征之时，谋士田丰建议袁绍：曹操与刘备正在交战，战事恐不能很快解决。公举兵袭击他的后方，可以一战而取得胜利。田丰虽然错认曹操无法迅速击败刘备，然而曹操集团极为畏惧的却是乘虚出击。不料，袁绍竟借口他儿子有病，未采纳田丰的建议，按兵不动。田丰闻此，"以杖击地曰：'遭此难遇之时，乃以婴儿之病，失此机会！大事去矣，可痛惜哉！'跌足长叹而出。"

从这一件事上可以看出，郭嘉抓住良机恰到好处。时刻把握事物在错综复杂中的运行情况与可能出现的各种变化，根据条件，不放过有利时机，这是谋士们不可缺少的智慧。时机往往只有一次，稍纵即逝。人们常说的"机不可失，时不再来"，劝诫人们要善于抓住事物变化的枢纽，把握重要关系的环节，善于随机应变。这需要有慧眼！在机遇出现时发现它，捕捉住它，决不放过。

在这一点上，郭嘉与田丰无疑都具有这种慧眼。郭嘉称东征刘备是"存亡之机，不可失也"；田丰说是"难遇之时……失此机会。大事去矣……"两人从不同的方面阐述了同一思想：机遇千载难逢，极为可贵；能否抓住它，关系巨大，影响深远。

发现机遇固然重要，但最终还是要看能否把握住它。就这一点而言，郭嘉成功而田丰却失败了。此中深层根源在于，他们都是谋士。只有建议权而无决定权。他们都发现了机遇，指明了抓住机遇的方法，但最终的决策人——曹操和袁绍，却一个虚心采纳、一个弃而不顾，因此导致了截然不同的结果。

当然，事物异趋，变异多多，这就为人们提供了多向选择的可能。要抓住机遇，就必须预见到事物最终的唯一趋势，排除其他的可能性，这样自然会有冒险性，这也就更需要胆识和准确的预测判断能力。因此，预见性可说是谋略家们必备的才能。

在这一方面，田丰与郭嘉相比，也不免稍逊一筹。郭嘉预见到东征刘备，必能速胜，其间袁绍极可能不会出兵；即使出兵，因行动迟缓，也无关大局，后来事实都验证了其预测的准确性。田丰一误为断言曹操不能速胜刘备，二误为择主不明，虽有良谋，岂不知其主公的性格怎样，竟幻想袁绍会听纳自己的建议，这就难免要失败了。

准确的预见性是建立在知己知彼之上的，郭嘉对袁绍的了解与认识，似乎比田丰要深刻得多，这正是他成功的根本原因。

打败刘备以后，曹操迅速挥师官渡。建安五年（200）二月，袁绍进军黎阳（今河南浚县东南），派大将颜良围攻白马（今河南滑县旧县城东），以保障主力渡河。

曹操采用声东击西的战法，将袁军引诱至延津（今河南旧滑县北），接着他率军急赴白马解围。未行十余里，便与袁绍颜良相遇。颜良一见，大惊失色，只好仓促迎战。曹操令张辽、关羽先攻颜良。关羽一眼望见了

看八·大·谋·臣

146

颜良的麾盖，策马如飞，直逼麾下，刺杀颜良于千军万马之中。袁军群龙无首，溃不成军，白马之围很快被解。

盛怒之下，袁绍下令全军渡河追击，命大将文丑率五千轻骑为先锋。

这时，曹操已率兵马向官渡（今河南中牟东北）撤退。到了延津南坡，他下令让一部分骑兵解鞍放马，不多时，战马乱奔，器械满地。很快，文丑追了上来，见状以为曹军已经逃遁，便命令士兵收拾"战利品"。岂料，曹操一声令下，早已埋伏好的六百精兵，飞身上马，冲向袁军。袁军始料不及，一触即溃，大将文丑也成了关羽的刀下之鬼。

遭此惨败，袁绍还不肯善罢甘休，命令将士继续进攻，一直追到官渡，才安营扎寨。这时，曹军早已布好阵势，坚守营垒。袁绍命令士兵在营寨外面堆起土山，垒起高台，叫弓箭手在高台上居高临下向曹营放箭。曹军官兵只好用盾牌遮住身子，才能在营中行走。

曹操对这种被动状态深感忧虑，忙急召集众谋臣商议，最后设计出一种霹雳车。这种车上装有机钮，扳动机钮，十几斤重的石头就可飞出三百多步远。这样一来，袁军的高台被击垮，弓箭手被打得头破血流，死伤无数。

袁绍又叫士兵在夜里偷偷挖地道，准备偷袭曹营。曹军发觉后，在兵营前控了一道深深的长堑，切断了地道的出口。袁军的偷袭计划又失败了。

这样，两军对峙，均难有进展。

两军相持数月，曹军兵少粮缺，士兵疲乏。曹操曾想放弃官渡，退守许昌。谋士荀彧写信劝阻说："今军食虽少，未若楚、汉在荥阳、成皋间也。是时刘、项肯先退，先退者势屈也。公以十分居一之众，画地而守之，扼其喉而不得进，已半年矣。情见势竭，必将有变，此用奇之时，不可失也。"于是，曹操决心加强防守，苦撑危局，静观其变，寻求战机。

果然，袁军内部不久出现矛盾。谋士许攸给袁绍献计，让他趁许都空虚，派一支人马绕过官渡，偷袭许都。袁绍不听，固执地说：我要当先取操！偏巧，许攸家人犯法，已被收监。许攸闻讯，登时大怒，连夜投奔

曹操赤脚迎许攸

了曹操。曹操刚脱了靴子想睡，听说许攸来见，喜不自胜，光着脚出来迎接。一见面，曹操拊掌笑说："君至，我大事有望矣。"

许攸向曹操提供了袁军屯粮乌巢，防备不严的情报，建议曹操出奇兵偷袭，烧其粮草。若是，"不出三日，绍必大败"。

曹操听后十分高兴，马上行动。他留曹洪、荀彧守大营，自己亲率精锐步骑五千人，打着袁军的旗帜，利用夜晚悄悄从小路赶到乌巢。半夜抵达后，曹军围住粮囤，四面放火，把一万多车粮草烧为乌有。

粮草被烧的消息传到前线，袁军军心大乱。大将张郃、高览临阵倒戈，率部投降曹操。曹军乘势猛攻，分路出击，袁军四处逃散。袁绍和他的儿子袁谭连盔甲都来不及穿戴，便率领八百骑兵仓皇逃回河北去了。

官渡战败后，袁绍势力尚存，不料他本人却对胜败耿耿于怀，终于积郁成疾，于建安七年（202）呕血而死。

当时，袁氏集团仍有很强的实力。袁绍的小儿子袁尚据邺城（今河北临漳西南邺镇），统领袁绍旧部；袁谭、袁熙等仍然控制着黄河以北的大部分地区。

但是，袁绍的几个儿子不能同心协力，各自扩充实力。袁绍在世时，为了争夺嗣位，他们就已经各自培植党羽，明争暗斗。谋士审配、逄纪拥戴袁绍喜欢的幼子袁尚；辛评、郭图却支持长子袁谭。袁绍死后，审配假传袁绍遗命，奉袁尚嗣位。袁谭自然心有怨言。袁尚也很疑忌大哥，拨给的兵力也就很少了。他又让逢纪跟从袁谭，名为辅佐，实则监视。袁谭屡次要求增兵，袁尚与审配都不予理睬，愤怒之下，他便杀了逢纪，这样一来，袁氏兄弟之间的矛盾便迅速激化了。

官渡之战后，曹操让军队先休整了一段时日，然后利用袁尚、袁谭之间矛盾冲突加剧的机会，北渡黄河，征讨袁氏兄弟。

建安七年（202）九月，曹军攻打屯兵黎阳的袁谭，袁谭无力抵抗，情急无奈，只好向袁尚告急求援。袁尚想分兵助兄，又怕袁谭借兵不还；如果坐视不救，又怕黎阳有失对己不利，只好让审配守邺城，自己亲率大军救援黎阳。

次年二月，两军大战于黎阳城下，结果，袁谭、袁尚、袁熙、高干（袁绍外甥）全部大败，放弃黎阳，退保邺城。

曹操占据了冀州的重要门户黎阳，为进一步消灭袁氏集团创造了有利条件。

连战皆捷，曹军的将领们都想继续追击，一举攻取邺城。在大家的兴头上，郭嘉却出人意料地提出了一个撤军、南征刘表的方案。众人十分迷惑，想当年攻打吕布时，就是采用了郭嘉的急攻战术，在敌方人马疲惫的情况下，围攻两月，终于擒杀吕布；现在二袁已露败相，只要围住邺城，奋力强攻，破城指日可待，为什么偏要撤军呢？而今调头南下，远征刘表，

浙江越国公袁绍墓

岂不是给了二袁以喘息的机会吗？

对此，郭嘉自有他的独到见解。他很有把握地解释说：袁绍生前最喜爱这两个儿子，究竟立谁为继承人，一直没有定下来。有郭图、逢纪这些人做谋臣，肯定会兄弟内争不断，最终会相互分离，背自成仇。如果我们进攻太急，他们一定会团结一致对付我们；如果我们暂缓进攻，他们就会为争权夺利而自相残杀。所以，我们不如掉头向南，假装去荆州讨伐刘表，以观他们的变化。等到他们内部发生变乱后，我们再出兵击之，便能够一举平定河北了。

郭嘉此计，可谓"鹬蚌相争，渔翁得利"。这是一个消灭二袁最有效且事半而功倍的方案。因为，在当时形势下，乘胜进攻并消灭二袁，似乎是自然而然的事，而且也大概会取得成功。但是，"困兽犹斗"，"一人拼命，万夫莫当"。二袁占据的邺城，经过了袁绍的多年经营，自然不可能被轻易攻破，何况袁军还有相当的实力，如果被逼急了，自然会拼命顽抗。强攻硬拼，必然要付出很大代价，这不是高明的战法。

当时，由于曹操大兵压境，对袁氏集团而言，内争已退居次要地位，怎样外抗强敌，便是头等大事和主要矛盾。也就是说，袁、曹集团之间的矛盾，已冲淡或暂时压抑住了袁氏内部的矛盾。

高明的智谋之士，常要利用敌人内部的矛盾，以取得胜利。如果敌方内部没有矛盾，也总是要想方设法给他制造矛盾。现在，袁氏内部矛盾重重，但却被压制住没有爆发。如何使之爆发？当然是让其上升为主要矛盾。

如何使之才能上升激化？那就要改变主要矛盾，也就是说，暂时使曹、袁矛盾淡化。淡化的方法，便是曹操一方主动退出，停止进攻，从而改变形势，激化袁氏内部矛盾，巧妙地使之相互火并。郭嘉这一方案的目的，就是要完成主要矛盾的转移，给二袁制造一个自相残杀的时机和环境。

听了郭嘉的解析，众人连声称是，曹操欣然采纳。建安八年（203）八月，曹操下令南征刘表。

这时，荆州的刘表刚把长江以南的长沙、零陵、桂阳三郡稳定下来，正密切注视着中原局势的变化。曹军回师南下，对刘表造成了强大的威慑，使他不敢轻易北上攻掠曹军辖地。这就足够了！因为曹操所要的，便是一个给袁氏兄弟看到的这样佯攻的效果。

曹操退军后，留下贾信守黎阳，曹洪守官渡，自己回许昌；接着再南下，装出进攻刘表的姿态。他虽然挥师南下，却是一步三回头，时刻注意着二袁的动静。当曹军开到西平（今河南西平县西）时，便接到袁谭派辛毗前来请求投降求救的消息。

事态正如郭嘉所料。曹军南撤后，胆战心惊的袁谭、袁尚真是大喜过望，紧接着，兄弟二人便开始了对冀州（今邺县）的争夺。袁谭以追击曹军为借口，要袁尚给他的军队换些好的盔甲，袁尚不给。袁谭很生气，在郭图、辛评的挑唆下，领兵攻打袁尚，结果大败而归。袁谭带领败军逃到平原（今山东平原南），袁尚又领兵追踪而至，将平原团团围住，四面攻打。袁谭眼看城难守住，一筹莫展，只好听从郭图的建议，派辛评的弟弟辛毗向曹操请求投降和火速增援。

曹操见二袁果然火并，心中非常高兴。但诸将对袁谭求降，尚存疑虑，谋士荀彧则认为：现在天下正是多事之秋，群雄逐鹿，较智量力。而刘表坐保长江、汉水之间，无所作为。其无雄心大志，显而易见。袁氏据四州之地，带甲数十万。袁绍又经营多年，其势力盘根错节。若其二子团结一心，共守父业，便一时难以平定。如果二袁并而为一，专力对外，则更难对付。如今兄弟迁恶，势不两立，正是天赐良机，正应乘其内乱，迅速平定二袁，统一天下。机遇难得，不可失也。

曹操又问辛毗：袁谭请降是否有诈？已决定投效曹操的辛毗回答说："明公勿问真与诈也，只论其势可耳。袁氏连年丧败，兵革疲于外，谋臣诛于内；兄弟谗隙，国分为二；加之饥馑并臻，天灾人困，无问智愚，皆知土崩瓦解，此乃天灭袁氏之时也。现在明公援兵攻邺，袁尚不还救，则失巢穴；若还救，则谭蹑袭其后。以明公之威，击疲惫之众，如秋风之扫落叶也。不此之图，而伐荆州；荆州丰乐之地，国和民顺，未可摇动。况四方之患，莫大于河北。河北既平，则霸业成矣。愿明公详之。"

曹操听后，很有同感地说："我攻吕布，表不为寇，官渡之役，不救袁绍，此自守之贼也，宜为后图。谭、尚狡猾，当乘其乱。纵谭挟诈，不终束手，使我破尚，偏收其地，利自多矣。"

于是，应允袁谭的求降，立即出兵救援。为了进一步拉拢袁谭，当年十月，曹操赶到黎阳，还与袁谭结成儿女亲家。袁尚得知曹军北渡黄河，急忙放弃围攻平原，退回邺城。

邺城遗址

建安九年（204）二月，袁尚又出兵攻袁谭，留下苏由、审配守邺城。曹操乘机出兵，进军至洹水，苏由率所部降操。曹军乃直捣邺城，审配坚守而不出。曹军在邺城奋力攻打，起土山、挖地道，用尽方法，却不易攻克。

到了四月，曹操让曹洪率军继续围攻邺城，而自己统军扫清外围，先后击破尹楷、组鸽，迫降韩范、梁岐。

五月，曹军在邺城周围挖了一条长四十里、深宽各两丈的壕沟，引漳水灌入沟中，将城围住。邺城被围困了四个月，城内给养不足，饿死大半。

到了七月，袁尚率主力一万多人，救援邺城。曹操手下将领都认为：这是归师，人自为战，最好避开他们。曹操却说：袁尚如果从大道而来，自当避其锐气；如果沿西山而来，那

看八·大·谋·臣

就能擒获他们。结果，袁尚军果然沿着西山而来，在淡水边扎营，遭到曹军的伏击，袁尚率残兵逃至祁州（今河北无极），再逃至中山（今河北定县）。袁尚一路大败，最后率残部逃往幽州，依附二哥袁熙去了。

八月，审配的侄子审荣防守城东门，一夜，他大开城门，迎接曹军入城，邺城遂破，审配亦被处死。

其间河北很多地方为袁谭所攻掠。攻占邺城后，曹操挥戈北进，进攻袁谭。袁谭初战不利，便退保南皮（今河北南皮县东北）。建安十年（205）正月，曹军冒着严寒进击，一举攻克南皮，处死了袁谭、郭图。至此，冀、青二州皆为曹操占据。

然后，曹操北上进击幽州（今北京西南）的袁熙、袁尚。袁熙、袁尚已成惊弓之鸟，闻风便逃奔辽西（今辽宁义县）乌桓，幽州也就落入了曹操之手。郭嘉精心谋划的巧平二袁之计，至此已经全部实现。

曹操攻占冀州后，郭嘉提出建议，要曹操召见当地的知名人士。任以为官，"以为省事掾属"。这一措施极大地笼络了青、冀、幽、并等地名士的人心，有利于巩固曹操在北方的统治。这可以说是一个深谋远虑的计策。

建安十二年（207）二月，曹操在邺城大封功臣二十余人，其中郭嘉由于在征讨袁氏兄弟的战斗中，出奇谋立大功，被封为阳亭侯。

（六）北征乌桓

曹操平定河北后，剩下的问题便是征讨乌桓了。

乌桓亦作乌丸，是我国北方一个以游牧射猎为生的少数民族。东汉初年，他们居于今辽宁西部和河北东北部。东汉末年，乌桓的势力逐渐强大起来，尤以辽西单于蹋顿最为强悍。汉末，乌桓骑兵天下闻名，北方许多军事集团首领都曾依赖过他们。袁绍生前同三郡乌桓的关系非常密切，击败公孙瓒后，他曾托汉献帝的名义，封蹋顿为乌桓单于。袁绍死后，三郡乌桓继续与袁氏相互勾结，狼狈为奸。

建安十年（205），袁尚、袁熙逃到乌桓，妄想借助乌桓的力量与曹操抗衡。为此，蹋顿多次派兵袭扰汉郡，并同曹军发生直接冲突，企图帮助袁尚重整旗鼓，恢复旧土。为了清除袁氏残余势力，统一北方，曹操准备远征乌桓。

然而远征乌桓却并非轻而易举之事。当时，刘备正依附荆州的刘表，一直在劝说刘表讨伐曹操。如果刘表在曹军远征乌桓时，趁机起兵进攻后防空虚的都城许昌，那后果将非常严重。曹操对此也相当慎重。他召集手下文臣武将讨论多次。将领们都不赞同，他们认为：袁氏兄弟，只不过是亡命之人，根本不足为虑。夷狄贪而无亲，乌桓又岂能为袁尚所用？如果大军远征，深入乌桓地区，刘备必然劝说荆州的刘表趁机袭击许都。一旦发生变故，到那时后悔可就来不及了。

尽管众人反对，郭嘉却非常赞同此事。他对曹操说：主公虽然威震天下，但乌桓依仗地处僻远，必然不做防备。乘其无备，突然出兵袭击，定可成功。况且袁绍生前有恩于河北官民和乌桓，现在袁尚、袁熙兄弟还在那里，他们的影响力不可小看。如今青、冀、幽、并四州的老百姓，虽然已经归附了我们，可那只是迫于威力，而我们却并没有给他们什么恩惠。如果我们放弃北伐而进行南征，袁尚就会依靠乌桓的支持和帮助，召集袁氏在各地的死党，伺机反攻。乌桓一动，河北的汉人继之而起，就会使蹋顿产生入侵的野心，难保其不会有非分之想。到那时，只恐怕青州、冀州就不是我们的了。至于荆州的刘表，那只是一个坐而论道的空谈家，他自知自己的才能不如刘备，也难以控制住刘备。如重用刘备，他恐怕控制不住；如不重用刘备，刘备也绝对不肯真心实意为他出力。他们之间这种复杂而微妙的关系，决定了他们不会有什么大的作为。因此，纵使我们虚国远征，刘表也不会有什么大的举动，曹公对此大可不必担忧！

郭嘉以远征乌桓的必要性、可能性、把握性的精妙分析，坚定了曹操的信心。特别是荆州刘表不会构成威胁的预断，更使曹操集团文武大员们放下心来。

建安十二年（207）二月，曹军开始北征乌桓。

同年五月，大军到达易县（今河北雄县西北），郭嘉又提出了战胜乌

桓的具体策略和战术。他觉察曹军行动迟缓，便马上对曹操说：兵贵神速！如今我们跋涉千里袭击敌人，而部队辎重过多，行动缓慢，恐难以获利。再说敌人一旦得知消息，必然会做准备。不如留下辎重，轻骑兼程前进，乘其不备，突然袭击。

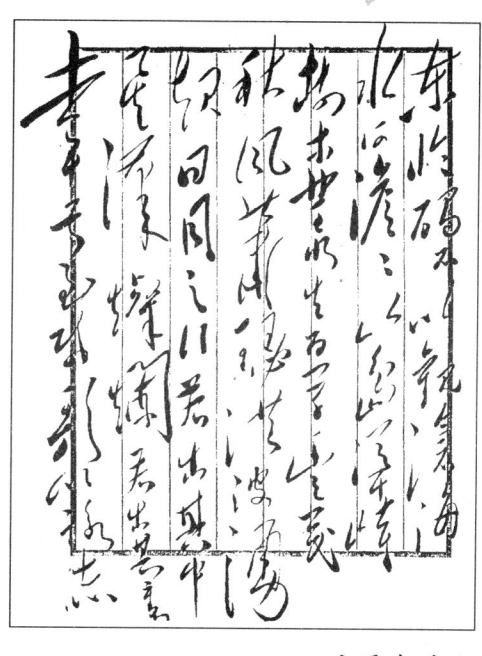

毛泽东手书
曹操《步出夏门
行·观沧海》

曹操听后，立即采纳。曹军轻装前进，选择乌桓放松戒备的小道，悄然越过卢龙塞（今河北喜峰口），跨过白檀（今河北宽城），经平冈（今河北平泉），穿越鲜卑庭，直逼柳城（今辽宁朝阳南）。

当曹军到达白狼山（今辽宁喀喇沁左翼东境）时，因为已经离蹋顿的大本营柳城仅仅有二百多里路了，被乌桓发现了。蹋顿和袁尚兄弟，以及辽西单于楼班、右北平单于乌延等，带领数万骑兵猛扑上来。

曹操登上了白狼山，双方兵马奋力拼杀。曹军虽装备轻简，人数不多，但准备很足。乌桓骑兵看似来势凶猛，士气旺盛，却终归是仓促应战，军心难免不稳。曹操令张辽为先锋，纵兵大击。敌军各部协调混乱，溃不成军，被打得落花流水。蹋顿单于被斩，乌桓及汉卒降者二十多万人。

袁尚、袁熙兄弟和辽东单于速仆丸战败后，率数千骑兵投奔辽东公孙康去了。曹操的部将都要求当即发兵攻击。曹操却说：何须劳动兵马？我要让公孙康将袁氏兄弟的首级送来。果然，不久公孙康送来了袁尚、袁熙的首级。

原来袁尚他们到达辽东后，打算夺取公孙康的兵马。袁尚为人有勇力，对袁熙说：今天到后，公孙康定来相见，我们兄弟当场杀掉他，占据辽东，还可以东山再起。哪知，公孙康也在算计他们，现在不杀袁熙、袁尚，如何向国家交代？于是，他事先在客房埋伏下精勇士兵，然后派人去请二袁。袁尚兄弟一到，伏兵一齐杀出，当场将二人擒获绑缚，放在寒冷的地上。到了这个时候，袁尚还耐不住冻，向公孙康要席子。公孙康瞪大眼睛斥责说："汝二人的头颅，方行万里，何席之有！"二袁被斩首，送给在易州城外的曹操。这时，曹操基本上统一了北方。

郭嘉在远征乌桓的战争中，始则力排众议，纵论天下大势，见解深刻而独到，分析透彻，令人折服，促使曹操作出远征的决定。出征之后，他又及时提出"兵贵神速"，"轻兵兼道以出，掩其不意"的战术方案，使这次远征很快取得了全面的胜利。末尾二袁被杀，《三国演义》归功于郭嘉，第三十三回《曹丕乘乱纳甄氏　郭嘉遗计定辽东》写道："时操在易州，按兵不动。夏侯惇、张辽入禀曰：'如不下辽东，可回许都。——恐刘表生心。'操曰：'待二袁首级至，即便回兵。'众皆暗笑。忽报辽东公孙康遣人送袁熙、袁尚首级至，众皆大惊。使者呈上书信，操大笑曰：'不出奉孝之料！'……众官问曰：'何为不出奉孝之所料？'操逐出郭嘉书以示之。书略曰：

'今闻袁熙、袁尚往投辽东，明公切不可加兵。公孙康久畏袁氏吞并，二袁往投必疑。若以兵击之，必并力迎敌，急不可下；若缓之，公孙康、袁氏必自相图，其势然也。'"

小说并称其时郭嘉已亡，故留遗书给曹操，是为"郭嘉遗计定辽东"。当然，这是小说家的设计，正史并未明言这是郭嘉的计策。不过，一则此遗书的计策与前述郭嘉定计让袁尚、袁谭互相攻杀如出一辙；二则后来曹操向汉献帝上表称："……荡定乌丸，震威辽东，以枭袁尚……凶逆克殄，勋实由嘉。"因此，说这是郭嘉的遗计，也是有可能的。

总之，在此战中，郭嘉自始至终出奇谋，为曹操统一北方立下汗马功劳。

三、"赤壁之战时，曹操想他"

（一）曹操与郭嘉的感情

在曹操的智囊团中，郭嘉是一位年轻而又活跃的人物，曹操格外重视他。曹操说他"体通性达"，可谓知人。郭嘉的确性格开朗、豪放，甚至不拘小节。陈群就曾多次向曹操诉说郭嘉"不治行检"，但郭嘉却不为所动，"意自若"，曹操因此而更加看重他。郭嘉才华横溢，锋芒外露，又不拘小节，按理来说，应该会招人忌怨。但事实却相反！这主要是因为他善于处理人际关系，与同僚能和睦相处，荣辱与共。尤其是同主帅曹操的关系，相当融洽，达到了"行同骑乘，坐共幄席"的程度，被曹操视为最能交心的知己。与曹操这样广有权谋的人物共事，时刻存在着危险，"伴君如伴虎"并非虚言，一些名臣谋士曾被曹操处死。而郭嘉同曹操的关系之所以能几乎到了水乳交融的境界，一方面大概是由郭嘉对于曹氏大业的重要性所决定；另一方面也是他通达圆和，善于处理人际关系的结果，这也是他作为杰出的谋略家所具有的另外一个侧面。

曹操最念念不忘的是郭嘉的忠诚和才干。自从弃袁投曹以来，郭嘉一直对曹氏集团忠心耿耿。因此，曹操说他为人"忠厚"，"必欲立功分，弃命定。事人心乃尔，何得使人忘"！而郭嘉的智谋、才能，也令曹操非常欣赏。曹操称郭嘉"动无遗策"，"每有大议，临敌制变，臣策未决，嘉辄成之。平定天下，谋功为高"，又说郭嘉"其人见时事兵事，过绝于人"。能令曹操这位"非常之人，超世之杰"赞叹不绝，可见郭嘉智谋实在卓绝不凡。郭嘉的忠诚与才能，不但令曹操钦服，也给后人留下了深刻的印象。

（二）郭嘉的"十胜论"

袁绍是曹操在北方最大的威胁。官渡之战前，曹操一心想伐袁绍，但又担心自己的力量不足，心里非常矛盾。因此，就想听听他手下谋士们的主张。

早先，曹操曾对荀彧说：袁绍不义，我想出兵讨伐，但实力又恐不敌，怎么是好？荀彧以谋略家的眼光，从度胜、谋胜、武胜、德胜四个方面，论述了曹胜袁败的必然性。一席话使曹操茅塞顿开，恍然大悟，下定了战胜袁绍的决心。

后来，曹操又以同样的问题征询郭嘉的意见。郭嘉作了更为深入的分析。他说：刘邦与项羽之间，力量相差甚大，明公你是知道的。然而刘邦的智谋却胜过项羽，所以项羽终为刘邦所败。他劝曹操借鉴刘邦用智，以弱胜强的历史教训，树立以智取胜的信心。

接着，郭嘉分析了袁、曹双方实力的对比情况，认为"绍有十败，公有十胜，虽兵强，无能为也"。

也就是说，袁绍有十个方面不如曹操，所以袁绍的兵力虽强，终究要失败的。对袁绍而言，就是十败，对曹操来说，便是十胜。这十败十胜是：

其一为"道胜"。"绍繁礼多仪；公体任自然，此道胜一也。"这就是说曹操安定社会的措施，顺应自然规律；袁绍则扰乱天下，民不聊生，这就首先在"道"上取得了胜利。这是从总体上着眼，对曹操、袁绍优劣的评价和估量。郭嘉以人性为第一要义，列为十胜之首，可以看出当时一些士人对人的天性的重视。

在中国，天道自然的思想源于道家。到了东汉，作为王充的哲学命题，已指出自然界的运动，它的发生、发展是自然而然的，没有外在的支配力。人的天性，是自然的天性，理应顺乎自然。人本身具有自然力、生命力，是能动的、自由的自然存在物，各有其禀赋、能力、情欲等，人的本质是自然的、自由的。所以，不应该用"繁礼"强加约束。性格束缚住了，天性的自然发展受到抑制，人的本质力量发挥不正常，封建时代的知识分子大都摆脱不了这种禁忌。

东汉末年，群雄并起，儒家独尊局面受到冲击。在此情势下，顺应人的本性，反对繁文缛节，为一些士人所重，曹操和郭嘉便属于此类知识分子。所谓"体任自然"，就是按自然规律办事，充分发挥人的内在禀赋，不要被人为的礼仪所束缚。

其二为"义胜"。"绍以逆动；公奉顺以率天下，此义胜二也。"袁绍师出无名，曹操可以奉汉献帝之名以令天下，名正而言顺，这就在"义"上胜过了袁绍。

东汉末年，皇权衰败，王纲不振，汉献帝不过是军阀手中的招牌和旗号而已。不过，话说回来，皇帝毕竟是封建政权的最高象征，是名义上的天下最高统治者。自春秋战国以来，意欲称霸天下的权臣枭雄，都懂得打着天子的旗号，对扩充势力的重要意义。建安元年（196），曹操奉迎汉献帝立都许昌。从此，曹操常以"奉天子以令不臣"的名义发号施令，堂而皇之，名正言顺地征讨异己，取得政治主动权。

后来，诸葛亮在隆中与刘备讨论天下形势时，也说："曹操挟天子以令诸侯，不可与争锋。"可见，汉献帝这块招牌在政治道义上还是起了一定作用的。

其三为"治胜"。"汉末政失于宽，绍以宽济宽，故不摄；公纠之以猛而上下知制，此治胜三也。"东汉自桓、灵二帝以来，治国的弊端是政令太松，为政过宽，纵容豪强大族兼并土地。袁绍本人出身豪门士族，其高祖袁安官至司徒，"自安以下，四世居三公位，由是势倾天下"。他在自己的辖区内，非但没有纠正汉末弊政，反而对豪强大族更加放纵，任令他们凌压百姓。豪强们为所欲为，广营田地，下民贫弱，却要代出租赋，以致卖妻鬻子，也不足应命。如袁绍谋士审配的宗族强大，竟招纳亡命，窝藏罪犯。因此，其统治区内阶级矛盾激化。正如曹操后来说的那样："欲望百姓亲附，甲兵强盛，岂可得耶！"

相反，曹操却纠之以猛，着重打击抑制豪强势力，"重豪强兼并之法"。所以，袁绍以宽济宽，曹操以猛纠宽，高下之别，昭然可见，这就是郭嘉所说的治胜。

其四为"度胜"。"绍外宽内忌，用人而疑之，所任唯亲戚子弟；公外易简而内机明，用人无疑，唯才所宜，不问远近，此度胜四也。"历史上的袁绍的确是个不善用人的军事集团首领，也是个不识贤愚、刚愎自用的代表。他表面上宽宏大量，实际上却心胸狭窄，气度太小，为人多疑，猜忌心强，而且所重用的多为亲戚子弟。而曹操则通达贤明，有才必重用，这就在器度上胜过了袁绍。

其五为"谋胜"。"绍多谋少决，失在后事；公策得辄行，应变无穷，此谋胜五也。"袁绍遇事多谋不能断，常常错失良机；而曹操处理大事非常果断，善于随机应变，这就在谋略和决策方面超过了袁绍。

其六为"德胜"。"绍因累世之资，高议揖让以收名誉，士之好言饰外者多归之；公以至心待人，推诚而行，不为虚美，以俭率下，与有功者无所吝，士之忠正远见而有实者皆愿为用，此德胜六也。"袁绍依仗出身大族，沽名钓誉，跟从他的都有一些只务虚名而没有实际本领的人；而曹操以仁义和诚心待人，自己严谨俭朴，赏赐有功的人却慷慨大方，所以天下有才能而讲求实效的人都愿辅佐曹操，这就在道德方面胜过了袁绍。

其七为"仁胜"。"绍见人饥寒，恤念之形于颜色，其所不见，虑或不及也，所谓妇人之仁耳；公于目前小事，时有所忽，至于大事，与四海接，恩之所加，皆过其望，虽所不见，虑之所周，无不济也，此仁胜也。"曹操很重视发展生产，恢复经济，安定社会，惠在下民。而袁绍放纵豪强，贪暴无比，民不堪命，却好在些许小事上假仁假义，施些小恩小惠。曹操的大施实惠于民，与袁绍的妇人之仁相比，大得民心。

其八为"明胜"。"绍大臣争权，谗言惑乱；公御下以道，浸润不行，此明胜八也。"袁绍出身官宦世家，听惯了阿谀奉承的话，偏爱身边谄媚之徒，言听计从，而不喜欢直言进谏之人，不愿采纳他们的意见。袁绍本人又浮躁而无大度，必然导致手下智者窝里互斗，大臣争权夺利，智谋反成了自身的瓦解剂。袁绍又听信谗言，为谗言所蒙蔽，结果正直的智者反遭陷害，卑鄙小人却横行无忌。曹操用人有方，谗言不行，内部团结，这就在"明"智方面超过了袁绍。

其九为"文胜"。"绍是非不可知；公所是进之以礼，所不是正之以法，此文胜九也。"袁绍不辨是非，而曹操善于以礼和法治国，是是而非非，此即文胜。

其十为"武胜"。"绍好为虚势，不知兵要；公以少克众，用兵如神，军人恃之，敌人畏之，此武胜十也。"袁绍不懂军机，却非常喜欢虚张声势；而曹操善于以少克众，用兵如神，具有杰出的军事才能，令敌人惊恐，这就在军事上胜过了袁绍。

郭嘉真是曹操智囊团中之佼佼者，这一篇十胜的大道理可谓真知灼见。我们可以不管多少有点言不由衷地褒一个贬一个的成分，但看他从高处俯察这两个政治人物的比较论述，真是切中要害。这里面的政治领导术、军事才干术、经营管理术、做人处世术等，都是作为一种标准提出来的。首先郭嘉置人性于首位，反映出当时智谋之士对人的天性的重视。以下九条，首先要打出顺从民意的旗帜，提出宽严相济的政策，强调用人者信人，切忌胡乱猜疑，而且要唯才是用，不搞裙带关系。在策略上，要打有准备之仗，决不轻举妄动。要善于把握时机，决策果敢，不失时机，创造时机，要待人以诚，不讲排场，不做表面文章。从整体着眼，通盘考虑人事，避免顾此失彼，脱离群众。能顶住各种巧言令色之徒，去揭穿那些挑拨离间者的丑恶嘴脸。自己则正大光明，对风言风语能明辨来源，分清虚实。处理问题是非清楚，赏罚严明。不论干什么，能具有以弱胜强，以少胜多的胆识与本领。这位封建时代智谋人物的这一理论概括，其中精义，非常有继承或借鉴的价值。

同时，郭嘉从袁绍、曹操双方的政治、经济、政策、军事实力、人心向背，以及个人的气质和才能，作了全面而深刻地剖析，从而得出了曹操"十胜"的结论。

曹操的其他谋士，如荀彧和贾诩也曾对官渡之战前的袁绍、曹操对峙形势作过分析和预测，也都预见到了曹操必会击败袁绍的结局，这些都被后来的实践证明。荀彧曾预言曹操有"四胜"，即度胜、谋胜、武胜、德胜；贾诩预见曹操"明胜绍、勇胜绍、用人胜绍、决机胜绍"，可以说是英雄所见略同，都作了同样正确的判断，都对坚定曹操的信心起了重要作用。只是郭嘉的分析最为详尽、细致、深入和准确。不是无端臆测、偶然的巧合，而是在详尽地了解了双方基本情况的基础上，根据事物发展的规律，进行演绎、推理、概括、分析，所得出的科学结论。郭嘉能够精确地、科学地预见曹操"十胜"，证明他的确是一位高明的谋士。

"十胜论"为曹操战胜袁绍、平定中原奠定了思想基础。曹操曾说："使我成大业者，必此人也！"视郭嘉为股肱，出则同车、入则同帐。曹操评价郭嘉忠诚善良，智慧渊深，品性美好，通达事理，过绝于人。

（三）曹操哭郭嘉

曹操对郭嘉的感情，从曹操哭郭嘉的事情中就可以看出来。

《三国演义》第五十回《诸葛亮智算华容　关云长义释曹操》，写曹操赤壁大败慌慌北逃，逃出危险境地，来到南郡（今湖北江陵）。"曹仁置酒与操解闷。众谋士俱在座。操忽仰天大恸。众谋士曰：'丞相于虎窟中逃难之时，全无惧怯；今到城中，人已得食，马已得料，正须整顿军马复仇，何反痛哭？'操曰：'吾哭郭奉孝耳！若奉孝在，决不使吾有此大失也！'遂捶胸大哭曰：'哀哉，奉孝！痛哉，奉孝！惜哉，奉孝！'众谋士皆默然自惭。"

曹操哭得如此悲恸，原因有三：一哭郭嘉身染重病。当时曹操采纳郭嘉建议，率大军远征辽西沙漠。一路上风沙弥漫，人马行进十分困难，郭嘉因水土不服而"卧病"床上，曹操十分心疼，前来看望，流泪道："因我欲举沙漠，使公远涉艰辛，以致染病，吾心何安。"几句关心和爱护的话语使郭嘉深受感动。二哭郭嘉英年早逝。曹操痛哭，并对文武百官说"吾欲托以后事，不期中年夭折，使吾心胸崩裂矣"，众人听了，无不为郭嘉之死感慨，更为曹操惜才而感动，都愿为曹操尽忠效力。三哭郭嘉深谋远虑。郭嘉死前曾给曹操留下一封信，曹操依言而行，斩杀二袁，获得大胜，曹操叹服郭嘉的料事如神，又想起郭嘉为自己出谋划策十余年，屡建奇功，不禁触动了怀念之情，于是又领众人到郭嘉灵前哭祭。

郭嘉为曹操运筹帷幄十余载，为曹氏集团发展壮大及统一北方的大业建立了杰出的功勋，也就为历史的发展与进步作出了重要贡献。郭嘉年轻有为，不但具有选择去就之明智，而且可以纵览天下形势，知己知彼，有预见事态发展之神机。他不仅善于利用矛盾，"指挥"敌人，胸有奇谋妙策，而且高屋建瓴，目光深远，具有高超的战略意识。他不仅仅是东汉末年曹操麾下的"奇佐"高参，而且也以他在斗争中显露的高超艺术，在历史智慧宝库中留下了光辉的一笔。

朱升

郭嘉　马周　陆逊

嘉　张良　李斯

商鞅　诸葛亮

诸葛亮

诸葛亮是『办事之人』

诸葛亮（181—234），字孔明，琅邪阳都(今山东沂南)人，三国时蜀汉政治家、军事家，刘备的主要谋臣。

毛泽东对诸葛亮十分熟稔，评价很高，在他的著作、讲话、谈话中谈及诸葛亮不下数十处。他也十分推崇诸葛亮"鞠躬尽瘁，死而后已"的献身精神。诸葛亮被誉为古代贤相的典范，自归刘备之后，便竭心尽虑，事必躬亲，最后病逝于前线军中，实践了他在《出师表》中所说的"鞠躬尽瘁，死而后已"的诺言，成为后人的楷模。

诸葛亮像

毛泽东十分称赞诸葛亮的智慧。他在文章和讲话中多次引用"三个臭皮匠，合成一个诸葛亮"的谚语，唱《借东风》、《空城计》等有关诸葛亮的京剧折子戏，赞扬诸葛亮的足智多谋和超越常人的智慧，同时又指出一个人的智慧再高，也是有限的，我们要靠一个阶级、一个党，集中大家的智慧，才是完善的。

此外，诸葛亮与刘备的鱼水关系，挥泪斩马谡和七擒孟获的故事，也是毛泽东经常提及的。据芦荻回忆，毛泽东曾对她说："诸葛亮会处理民族关系，他的民族政策比较好，获得了少数民族的拥护。"

一、"诸葛亮，能人呵"

诸葛亮一生建功无数，观星辰、测天气，可谓是神机妙算，算无遗策；草船借箭、三气周瑜、智取华容道、巧布八阵图，可谓是计谋百出，出无不胜。

毛泽东很敬仰诸葛亮。早在湖南省立第四师范读书期间，他在读书笔记《讲堂录》中说："有办事之人，有传教之人。前如诸葛武侯范希文，后如孔孟朱陆王阳明等是也。"又说："宋韩范并称，清曾左并称。然韩左办事之人也，范曾办事而兼传教之人也。"（《毛泽东早期文稿》，湖南人民出版社1979年版，第591页）诸葛武侯，即诸葛亮，曾被封为武乡侯。毛泽东认为诸葛亮是"办事之人"，后又借用杜甫"出身未捷身先死，长使英雄泪满襟"来悼念革命烈士陈子博。

毛泽东在《讲堂录》记载读清方苞《与翁止园书》："才不胜今人，不足以为才；学不胜古人，不足以为学。天下无所谓才，有能雄时者，无对手也。以言对手，则孟德、仲谋、诸葛尚（而）已。"（同上书，第587页）他把三国时的曹操（字孟德）、孙权（字仲谋）和诸葛亮都看做是有才干的人，而且互为对手。

当然，知识分子如果死啃书本，只会纸上谈兵是没有什么用的。所以，1926年5月至9月，毛泽东在广州第六届农民运动讲习所讲授中国农民问题时，说："历史上有名的知识阶级诸葛

"运筹帷幄，决胜千里"，汉朝的张良和三国的诸葛亮都比较出色。（《毛泽东的读书生活》，知识出版社1993年1月版，第157页）

毛泽东看八·大·谋·臣

亮当其未出茅庐时，一点用也没有，及一出山握有兵权，则神出鬼没了。所以，知识阶级没有民众的拥护一点力也没有。"又说："古诗有：'天子重英豪，文章教尔曹。万般皆下品，唯有读书高。'这首诗影响非常大的，因为后人看待读书人那么样敬重，就是因为受了这位诗人的同化了。《幼学》云：'儒为国家宝，鱼乃席上珍。'这也是同上边那首诗一同的意思。总之以上的现象，是贵族式教育的影响。"（王子今：《毛泽东与中国史学》，中共中央党校出版社1993年版，第29—293页）

（一）舌战群儒

东汉末期，曹操挟天子以令诸侯，较有实力的军阀大都被他消灭了，唯独刘备和孙权还有发展壮大的可能。曹操自知一下子吞并这两股势力还比较难，于是就派人拿着他的书信去东吴，想与孙权联手先消灭刘备。

孙权手下的谋士大都主张降曹自保，只有鲁肃主张联刘抗曹。但鲁肃自知难以说服孙权和东吴的大臣，特意请诸葛亮来当说客。

鲁肃引诸葛亮见了东吴的一群谋士，这些人并非泛泛之辈，个个都是有学问的人。东吴第一大谋士张昭首先发难，他诘问诸葛亮自比管仲、乐毅，而最终却使刘备"弃新野，走樊城，败当阳，奔夏口，无容身之地"，"是豫州既得先生之后，反不如其初也"。张昭此问着实厉害，李贽评此句曰："下得好毒手。"

诸葛亮神态自若，笑着回答："鹏飞万里，其志岂群鸟能识哉？"以大鹏自况，志在万里；将群儒比作群鸟，胸无大志。接下去运用比喻论证的方法，人染沉疴，当用和药糜粥。而不可用猛药厚味，说明刘备取胜尚需时日，又进一步用事实论证说明自己的观点："夫以甲兵不完，城郭不固，军不经练，粮不继日，然而博望烧屯，白河用水，使夏侯惇、曹仁辈心惊胆裂：窃谓管仲、乐毅之用兵，未必过此。"此段诸葛亮以充分的事实为论据，对"自比管仲、乐毅"之说予以论证，在凿凿事实面前张昭的非难不攻自破。

诸葛亮将刘备的暂时之败归于三个原因：一是刘备仁义，不忍夺同宗

诸葛亮画像

基业，不忍舍弃赴义之民，甘与同败；二是刘琮孱弱，听信妄言，暗自投降；三是刘备向日兵不满千，将只关、张、赵，"寡不敌众，胜负乃其常事"。之后引用汉高祖数败于项羽而垓下一战成功作类比，说明刘备失利是暂时的，而取得最后的胜利是必然的。进而归纳出汉高祖的最终胜利靠的是韩信之良谋，突出自己在刘备兴复汉室大业中的重要作用。此段答张昭"刘备得先生反不如初"之问，水来土掩，滴水不漏。以上皆为防守之举。

接着诸葛亮话锋一转，将矛头直指东吴群儒："非比夸辩之徒，虚誉欺人：坐议立谈，无人可及；临机应变，百无一能。——诚为天下笑耳！"李贽评诸葛亮的反驳之论为"说尽今日秀才病痛"。诸葛亮此举攻势凌厉，使对方"并无一言回答"。此乃先守后攻、攻守有度之辩论策略。

对虞翻的刘备大败犹言"不惧""此真大言欺人"之语，诸葛亮只以刘备寡不敌众，退守夏口，以待天时相应，是为防守，随即便有"今江东兵精粮足，且有长江之险，犹欲使其主屈膝降贼，不顾天下耻笑"之语来反攻，使虞翻不能对。后对步骘、薛综等人的发难，孔明莫不用此先攻后守之法对之，使东吴的儒者一个个败下阵来。

（二）草船借箭

赤壁之战时，周瑜提出让诸葛亮在十日之内

赶制十万支箭的要求，诸葛亮却出人意外地说："操军即日将至，若候十日，必误大事。"他表示只需三天的时间，就可以办完复命。周瑜一听大喜，当即与诸葛亮立下了军令状。在周瑜看来，诸葛亮无论如何也不可能在三天之内造出十万支箭。

诸葛亮告辞以后，周瑜就让鲁肃到诸葛亮处查看动静，打探虚实。诸葛亮一见鲁肃就说：三日之内如何能造出十万支箭，还望子敬救我！

忠厚善良的鲁肃回答说：你自取其祸，叫我如何救你？

诸葛亮说：只望你借给我二十只船，每船配置三十名军卒，船只全用青布为幔，各束草把千余个，分别竖在船的两舷。这一切我自有妙用，到第三日包管会有十万支箭。但有一条，你千万不能让周瑜知道。如果他知道了，必定从中作梗，我的计划就很难实现了。

鲁肃虽然答应了诸葛亮的请求，但并不明白诸葛亮的意思。他见到周瑜后，不谈借船之事，只说诸葛亮并不准备造箭用的竹、翎毛、胶漆等物品。

周瑜听罢也大惑不解。

诸葛亮向鲁肃借得船只、士兵以后，按计划准备停当。第一天，不见诸葛亮有什么动静！第二天，仍然不见诸葛亮有什么动静！直到第三天夜里四更时分，诸葛亮才秘密地将鲁肃请到船上，并告诉鲁肃要去取箭。

鲁肃不解地问：到何处去取？

诸葛亮回答道：子敬不用问，前去便知。鲁肃被弄得莫名其妙，只得陪伴着诸葛亮去看个究竟。

这天夜里，浩浩江面雾气霏霏，漆黑一片。诸葛亮遂命人用长索将二十只船连在一起，起锚向北岸曹军大营进发。时至五更，船队已接近曹操的水寨。这时，诸葛亮叫士卒将船只头西尾东一字摆开，横于曹军寨前。然后，他又命令士卒擂鼓呐喊，故意制造了一种击鼓进兵的声势。鲁肃见状，大惊失色，诸葛亮却心底坦然地告诉他说：我料定，在这浓雾低垂的夜里，曹操决不敢贸然出战。你我尽可放心地饮酒取乐，等到大雾散尽，我们便回去。

曹操闻报后，果然担心重雾迷江，遭到埋伏，不肯轻易出战。他急调旱寨的弓弩手六千人赶到江边，会同水军射手，共一万多人，一齐向江中乱射，企图以此阻止击鼓叫阵的"孙刘联军"。一时间，箭如飞蝗，纷纷射在江心船上的草把和布幔之上。

过了一段时间后，诸葛亮又从容地命令船队掉转方向，头东尾西，靠近水寨受箭，并让士卒加劲地擂鼓呐喊。等到日出雾散之时，船上的全部草把密密麻麻地排满了箭。此时，诸葛亮才下令船队掉头返回。他还命令所有士卒一齐高声大喊，谢谢曹丞相赐箭！当曹操得知实情时，诸葛亮的取箭船队已经离去二十余里，追之不及，曹操为此懊悔不已。

船队返营后，共得箭十余万支，为时不过三天。鲁肃目睹其事，极称诸葛亮为"神人"。诸葛亮对鲁肃讲自己不仅通天文，识地理，而且也知奇门，晓阴阳，更擅长行军作战中的布阵和兵势，在三天之前已料定必有大雾可以利用。他最后说：我的性命系之于天，周公瑾岂能害我！当周瑜得知这一切以后，大惊失色，自叹不如。

（三）赤壁之战

在赤壁之战中，诸葛亮有两大贡献：第一，和周瑜一起制定火攻的战术；第二，巧借东风。这二者又是紧密相关的。他和周瑜的分工是，由于战斗主力是东吴的军队，火攻当然只能由周瑜指挥施行，而诸葛亮的任务就是巧借东风。

赤壁之战时，有人提醒曹操要防备吴军乘机火攻。曹操却认为："凡用火攻，必藉风力，方今隆冬之际，但有西风北风，安有东风南风耶？吾居于西北之上，彼兵皆在南岸，彼若用火，是烧自己之兵也，吾何惧哉？若是十月小春之时，吾早已提备矣。"周瑜也看到了这个问题，只是由于气候条件不利火攻，急得他"口吐鲜血，不省人事"。

诸葛亮非常了解周瑜的心思，用"天有不测风云"一语点破了周瑜的病因，并密书十六字："欲破曹公，宜用火攻；万事俱备，只欠东风。"可见，对于火攻的条件，曹操、周瑜、诸葛亮三人都有共同的认识。

然而，诸葛亮由于家住赤壁不远的南阳(今湖北襄阳附近)，对赤壁一带气候规律的认识比曹操、周瑜两人更深刻、更具体。西风北风只是气候现象，在气候背景下可以出现东风，这是天气现象。而诸葛

赤壁拜风台，坐落于赤壁山东南处的南屏山顶，是纪念赤壁之战时诸葛武侯在此设坛台、借东风、相助周郎而建

亮实际上是一个杰出的天文学家，这由他著的《二十八宿分野》、《阴符经序》、《阴符经注》(《诸葛亮集》，中华书局1960年版，第55—59页)可证。作为一个军事家，诸葛亮又特别注意对气象学的研究。在军事气象上，除了必须考虑气候规律，还须考虑天气规律作为补充。当时，诸葛亮根据对天气气候变化的分析，凭着自己的经验，已准确地预报出出现偏东风的时间。但为糊弄周瑜，他便设坛祭神"借东风"。这是历史小说《三国演义》的写法。

十一月的一个夜晚，果然刮起了东南风，而且风力很大。周瑜派出部将黄盖，带领一支火攻船队，直驶曹军水寨，假装去投降。船上装满了饱浸油类的芦苇和干柴，硫磺、焰硝外边围着布幔加以伪装，船头上插着旗帜。驶在最前头的是十艘冲锋战船。这十艘船行至江心，黄盖命令各船张起帆来，船队前进得更快，逐渐看得见曹军水寨了。这时候，黄盖命令士兵齐声喊道："黄盖来降！"曹营中的官兵听说黄盖来降，都走出

来伸着脖子观望。曹兵不辨真伪，毫无准备。黄盖的船队距离曹操水寨只有二里路了。这时黄盖命令"放火!"号令一下，所有的战船一齐放起火来，就像一条火龙，直向曹军水寨冲去。东南风愈刮愈猛，火借风力，风助火威，曹军水寨全部着火。"连环战船"一时又拆不开，火不但没法扑灭，而且越烧越盛，一直烧到江岸上。只见烈焰腾空，火光烛天，江面上和江岸上的曹军营寨，陷入一片火海之中。

赤壁碑廊位于拜风台右侧，东风阁后。门楣有李尔重题"赤壁碑廊"四字，廊内镶嵌有25块石碑，石碑与墙面联为一体。碑上有历代诗人关于赤壁之战的诗词。赤壁碑廊后墙的正中还有一块长4.7米、高1.5米的黑色大理石碑，碑文乃南宋民族英雄岳飞的手迹，内容为诸葛亮的前后《出师表》

孙权、刘备联军把曹操的大队人马歼灭了，把曹军所有的战船都烧毁了。在那烟火弥漫之中，曹操率领着残兵败将，向华容小道（今湖北省监利县西北）撤退。不料，途中又遇上狂风暴雨，道路泥泞难行。曹操只好命令所有老弱残兵，找来树枝杂草，铺在烂泥路上，让骑兵通过。可是那些老弱残兵，被人马挤倒，受到践踏，又死掉了不少。后来，他只得留下一部分军队防守江陵和襄阳，自己率领残部退回北方去了。

赤壁之战，东风起了很大作用，唐朝诗人杜牧有两句名诗道："东风不与周郎便，铜雀春深锁二乔。"意思是多亏老天爷把东风借给了周瑜，使他能方便行事，否则孙策的老婆大乔和周瑜的老婆小乔会被曹操掳到铜雀台去了。京剧《群英会》中，曹操有句唱词："我只说十一

月东风少见。"显然他后悔自己对气象判断失误，吃了大亏。

　　然而，有人经过考证却认为诸葛亮借东风的传说是虚构的。不过从赤壁之战中，长江江面盛吹东南大风，到后来曹军败走华容道又遇上倾盆大雨，很像是一次锋面气旋天气。通晓天文地理的诸葛亮，是掌握这次东南风出现前的征兆的，所以他准确地作出了天气预报。

　　毛泽东对赤壁之战有不少精辟评论。关于双方胜负原因，他说："天下事有真必有假，虚夸古亦有之。赤壁之战，曹营号称八十三万人马，其实只有二三十万，又不熟水性，败在孙权手下，不单是因为孔明借东风。"（吴冷西：《忆毛主席》，新华出版社1995年版，第109页）

　　关于诸葛亮在赤壁之战中的作用，毛泽东指出诸葛亮当时很年轻，他到东吴游说孙权、促成孙刘联合、共抗曹操回来后，才被封为军师中郎将，是个年轻干部。1965年，毛泽东在一次讲话中说："现在必须提拔青年干部。赤壁之战，群英会，诸葛亮那时27岁，孙权也是27岁，孙策起事时只有十七八岁，周瑜死时才不过30多岁，鲁肃40岁，曹操53岁。事实上，青年人打败了老年人，长江后浪推前浪，世上新人赶后人。"

　　早在1957年4月上旬，毛泽东在四省一市省市委书记思想工作座谈会上，在谈及提拔青年干部时就说过：

　　"赤壁之战，程普40多岁，周瑜20多岁，程普虽是老将，不如周瑜能干，大敌当前，谁人挂

1957年4月上旬，毛泽东在四省一市省市委书记思想工作座谈会上，在谈及提拔青年干部时说："古时候可以破格用人，我们为什么不可以大胆提拔？"（《社会科学论坛》1995年第1期）

帅？还是后起之秀周瑜挂了大都督的帅印。孔明27岁成名，也未当过支部书记、区委书记嘛，也是个新干部嘛！赤壁之战以前无名义，之后才当军师中郎将。古时候可以破格用人，我们为什么不可以大胆提拔？"（《社会科学论坛》1995年第1期）

1958年5月8日，毛泽东在中共八大二次会议上的第一次讲话中，主要讲"破除迷信"的问题。他说："青年人打倒老年人，学问少的人打倒学问多的人，这种例子多得很，周瑜、孔明都是年轻人，孔明27岁当军师。程普是老将，他不行，孙权打曹操不用他，而用周瑜做都督，程普不服，但是周瑜打了胜仗。"（王子今：《毛泽东与中国史学》，中共中央党校出版社1993年版，第199页）

1958年6月7日下午3时，陈毅率黄镇和另外几位回国的大使，一同来到中南海游泳池。在说到外交上也要破除迷信时，毛泽东便开始了他擅长的"古为今用"："人太稳了不好，野一点好。……他对多少有点吃惊的外交官们继续发挥自己的思想：'三国时关、张开始因为孔明年轻不服气，刘备劝说也不行，没封他官，因为封大封小都不好，后来派孔明到东吴办了一件大事，回来后才封为军师。……自古以来多是年轻的代替老的'。"毛泽东说了一句总结性的话。（尹家民：《将军不辱使命》，解放军文艺出版社1992年版，第153页）

毛泽东还曾经两次在自己的军事理论著作中援引赤壁之战这个战例，阐明军事理论问题。在《中国革命的战略问题》中，毛泽东指出：

"当时的情况是弱国抵抗强国。……虽然是一个不大的战役（按：指齐鲁长勺之战），却同时是说的战略防御的原则。中国战史中合此原则而取胜的实例是非常之多的。楚汉成皋之战、新汉昆阳之战、袁曹官渡之战、吴魏赤壁之战、吴蜀彝陵之战、秦晋淝水之战等等有名的大战，都是双方强弱不同，弱者先让一步，后发制人，因而战胜的。"（《毛泽东选集》第一卷，人民出版社1991年版，第204页）

毛泽东用赤壁之战等大战实例，有力地说明作战双方强弱不同，弱者先让一步，后发制人，因而制胜的道理，阐明了战略防御原则的重要

意义。

在《论持久战》中，毛泽东指出："主观指导的正确与否，影响到优势劣势和主动被动的变化，观之强大之军打败仗、弱小之军打胜仗的历史事实而益信。中外历史上这类事情是多得很的。中国如晋楚城濮之战、楚汉成皋之战、韩信破赵之战、新汉昆阳之战、袁曹官渡之战、吴魏赤壁之战、吴蜀彝陵之战、秦晋淝水之战等等，外国如拿破仑的多数战役，十月革命后的苏联内战，都是以少击众，以劣势对优势而获胜。都是先以自己的局部优势和主动，向着敌人局部的劣势和被动，一战而胜，再及其余，各个击破，全局因而转成了优势，转成了主动。在原占优势和主动之敌则反之；由于其主观错误和内部矛盾，可能将其很好的或较好的优势和主动地位，完全丧失，化为败军之将，亡国之君。"（《毛泽东选集》第二卷，人民出版社1991年版，第491页）

在这里，毛泽东用包括赤壁之战在内的许多中外战例，说明在战争中指挥员主观指导的正确与否，影响到敌我双方优势劣势和主动被动的转化，从而导致战争的不同结局。

毛泽东《七绝·五云山》手迹

（四）空城计

三国时期，诸葛亮因错用马谡而失掉战略要地——街亭，魏将司马懿乘势引大军十五万向诸葛亮所在的西城蜂拥而来。当时，诸葛亮身边没有大将，只有一班文官，所带领的五千军队，也有一半运粮草去了，只剩两千五百名士兵在城里。众人听到司马懿带兵前来的消息都大惊失色。诸葛亮登城楼观望后，对众人说：大家不要惊慌，我略用计策，便可教司马懿退兵。

于是，诸葛亮传令，把所有的旌旗都藏起来，士兵原地不动，如果有私自外出以及大声喧哗的，立即斩首。又叫士兵把四个城门全部打开，每个城门之上派二十名士兵扮成百姓模样，洒水扫街。诸葛亮自己披上鹤氅，戴上纶巾，领着两个小书童，摆上一张琴，到城上望敌楼前凭栏坐下，燃起香，然后慢慢弹起琴来。

司马懿的先头部队到达城下，见了这种气势，都不敢轻易入城，便急忙返回报告司马懿。司马懿听后，笑着说：这怎么可能呢？于是便令三军停下，自己飞马前去观看。离城不远，他果然看见诸葛亮端坐在城楼上，笑容可掬，正在焚香弹琴。左面一个书童，手捧宝剑；右面也有一个书童，手里拿着拂尘。城门里外，二十多个百姓模样的人在低头洒扫，旁若无人。司马懿看后，疑惑不已，便来到中军，下令后军充作前军，前军作后军立即撤退。他的二子司马昭说：莫非是诸葛亮家中无兵，所以故意弄出这个样子来？父亲您为什么要退兵呢？司马懿说：诸葛亮一生谨慎，不曾冒险。现在城门大开，里面必有埋伏，我军如果进去，正好中了他们的计。还是快快撤退吧！于是各路兵马都退了回去。

空城计是一种"虚而虚之"的心理战术，在战争的紧急关头和力量虚弱的情况下运用这种战术，故意以空虚无兵之势示敌，就可能使敌人疑中生疑，怕中埋伏，从而达到排危解难的目的。这个智谋故事见于《三国演义》第九十五回"马谡拒谏失街亭 武侯弹琴退仲达"。诸葛亮冒死作出假象，最后成功了，可见其不光具有智谋，还有非凡的胆量。

（五）六出祁山

诸葛亮恢复与吴联盟、平定南中后，就准备北伐曹魏。第一次北伐是在蜀汉建兴六年（228）春，他令赵云等作疑兵，摆出由斜谷（今陕西眉县南）攻郿城（今眉县北）的态势，以吸引魏军；自己则率主力向祁山（今甘肃西和县祁山堡）方向进攻，陇右的天水、南安、安定等郡相继叛魏降蜀，又收服了姜维，一时关中大震。可是马谡违背诸葛亮部署，为张郃所败，丢了街亭；赵云等出兵也不利，诸葛亮只得退回汉中。不久，天水、南安、安定三郡又叛汉附魏。

第二次北伐是同年冬，诸葛亮乘陆逊在石亭打败曹休之机，出散关，包围陈仓（今陕西宝鸡西南），攻打二十多天未破，魏的援军赶到，他不得已又退回汉中。

第三次北伐是建兴七年（229），诸葛亮进攻武都（今甘肃成县）、阴平（今甘肃文县西北），打败魏援军，占了这两郡，留兵据守，自己率部回师。次年，魏军进攻汉中，诸葛亮加强防守，又增调援军，由于连续大雨，子午谷、斜谷等道路不通，魏军撤退。

第四次北伐是建兴九年（231），蜀军包围祁山，魏军统帅司马懿迎击，诸葛亮准备决战。司马懿知蜀军远来，军粮不多，凭险坚守，拒不出战。诸葛亮想用退兵的办法引诱敌人，但司马懿追赶很谨慎，蜀军一停，他就扎营拒守。此时李严假传刘禅要求退兵的圣旨，加上

234年，诸葛亮在第五次北伐曹魏时，因积劳成疾，病卒于陕西岐山县五丈原军营

蜀军粮草将尽，诸葛亮只得班师，在归途中以伏兵杀了魏国名将张郃。

第五次北伐是建兴十二年（234）春，诸葛亮率十万大军出斜谷口，到达郿县，在渭水南岸五丈原扎营。司马懿也筑营阻拦，不与蜀军作战，料知蜀军远来，粮草运输困难，想把蜀军拖垮。诸葛亮也有准备，在渭水分兵屯田，做长期战争的打算。诸葛亮在这次出兵前曾与孙权约定同时攻魏，五月吴军十万攻魏，不胜，撤回江东，所以蜀军只得与魏军单方面周旋。八月间诸葛亮积劳成疾，病情日益严重，不久就与世长辞。死后，姜维等遵照他的遗嘱，秘不发丧，整军退入斜谷。诸葛亮出师北伐共为五次，真正出兵祁山只有两次。还有一次是魏军进攻汉中，不是诸葛亮出击。后世概而言之，说成是"六出祁山"。

基于上述所论，诸葛亮"六出祁山"的英明果断决策，是贯彻落实《隆中对》提出的策略，北定中原，兴复汉室，以成霸业的正确军事举措和重要战略方针。

二、诸葛亮是"高级知识分子"

（一）"他为什么姓诸葛"

毛泽东非常敬佩诸葛亮，对诸葛亮的生平也很熟悉。1951年年底，毛泽东沿津浦铁路南下视察，车到济南，在火车上召见济南市委书记、市长谷牧。他对济南市的工作给予肯定，接着就话题一转，天南海北、上下古今地谈了起来。

毛泽东问："诸葛亮是哪里人？"

谷牧答："山东临沂人，后来移居湖北襄阳。"

"他为什么姓诸葛？"

谷牧被问住了。

毛泽东说："你读过陈寿的《三国志》吗？《诸葛亮传》里头有个注，说明孔明的先世本姓葛，原籍诸城，后来移居阳都（即临沂，治所在今山东沂南县）。当地葛氏是大族，排外性强。孔明的先人因本祖来自诸

城，故自姓诸葛，以别于当地葛姓。后代相沿，就姓了诸葛。"（《谷牧回忆录》）

毛泽东所述不错，陈寿《三国志·诸葛亮传》裴松之注引韦曜《吴书》："诸葛氏，其先葛氏，本琅邪诸县人，后徙阳都，阳都先有姓葛者，时人谓之诸葛，因以为氏。"

诸葛亮汉司隶校尉诸葛丰之后。丰字少季，以明经为郡文学，以刚直闻名。许贡为御史大夫，丰为属下，举侍御史。汉元帝提升为司隶校尉，刺举无所规避。京师为之语曰："间何阔，逢诸葛。"当时侍中许章以外戚贵幸，奢淫不奉法度，宾客犯事，与章相连。丰欲上奏其事，适逢许章私出，丰停下车来，举着符节告诉许章说：下来。要捉拿他。许章窘迫，驱车而去，诸葛丰追赶他，许章逃进宫中，报告皇帝，于是收了诸葛丰的符节。后被贬为城下校尉，又废为庶人。卒于家。

其父诸葛珪，字君贡，东汉末年曾任泰山郡郡丞，诸葛亮年幼时就去世了。叔父诸葛玄被袁术任命为豫章（今江西南昌）郡太守，带着诸葛亮和诸葛均兄弟去上任，恰巧碰到朝廷派朱皓代替诸葛玄。诸葛玄一向与荆州牧刘表有交情，于是就去投靠了

诸葛亮故居纪念馆。位于山东沂南县砖埠镇孙家黄疃村，占地2700平方米。是诸葛亮出生和少年居住的地方

刘表。

诸葛玄死后，诸葛亮自己耕种田地，喜欢吟咏《梁父吟》："步出齐东门，遥望荡阴里。里中有三坟，累累正相似。问是谁家墓，田疆古冶子。力能排南山，文能绝地纪。一朝被谗言，二桃杀三士。谁能为此谋？国相齐晏子。"梁父，一作梁甫，山名，在泰山脚下，为死人聚葬之处。所以，这是一首流传于民间的葬歌，并非诸葛亮所作，但旧题为诸葛亮作，见于《乐府诗集·相和歌》，属楚调曲。此诗写齐相晏婴让公孙接、田开疆、古冶子三个大力士争食两个桃子而互相残杀，对晏婴的计谋予以赞扬。

诸葛亮身高八尺，常常把自己比作管仲和乐毅，但当时并没有几个人承认他。

管仲像

管仲（？—前645），名夷吾，字仲，颍上（颍水之滨，今河南中部）人，春秋初期政治家。由鲍叔牙推荐，被齐桓公任为卿，进行改革，使齐国强大起来。帮助齐桓公以"尊王攘夷"相号召，使之成为春秋时第一个霸主。

乐毅，中山国灵寿（今河北灵寿）人。战国时燕将。乐羊的后代。燕昭王时任亚卿。燕昭王二十八年（前284），率军击破齐国，先后攻下七十多城，因功封于昌国（今山东淄博东南），号昌国君。

所以，当时的人认为诸葛亮把自己和管仲、乐毅相提并论，自视太高。只有博陵（今河北蠡县一带）的崔州平、颍川郡的徐庶和诸葛亮是好朋友，认为的确是这样。

崔州平，安平（今山东益都西北）人，太尉崔烈之子。徐庶，字元直，颍川（今河南禹县）人。后归刘备，乃推荐诸葛亮。曹操取荆州，徐庶从刘备南行，以其母为曹军所执，被迫归附曹操，官至右中郎将。魏明帝时死。

刘备三顾茅庐曾经走过的路

（二）"孔明二十七岁当军师"

当时刘备依附荆州刘表，率部驻扎在新野县（今河南新野）。徐庶去拜见刘备，刘备很器重他，徐庶对刘备说：诸葛孔明是条卧龙，将军可愿意见见他吗？刘备回答：您陪他一起来吧。徐庶郑重地说，这个人只能去他那里拜见他，不能屈其志节把他招来。将军应该放下架子去拜望他。

因此，刘备就去拜访诸葛亮，一共去了三次，才见到。刘备让旁边的人都退去，对诸葛亮说：汉朝的统治崩溃，奸臣盗用皇帝的政令，皇帝遭难出奔。我没有估计和衡量自己的德行和力量，要为天下伸张大义；但是，我智谋短浅、能力有限，因此就屡屡失败，成了今天这种局面。可我的志向还在，您说应该怎么办？

诸葛亮回答刘备说：自从董卓搅乱朝政以来，各地豪杰纷纷起兵，占据几个州郡的数也数

三顾茅庐图

不过来。曹操和袁绍相比，名望低，兵力少，曹操之所以能打败袁绍，不但因为时机好，而且也是人的筹划得当。如今曹操已拥有百万大军，挟制皇帝来号召诸侯，确实是不能和他争高下的。

孙权占据江东地区已历三代，地势险要，百姓归附，有才干的人都愿意为他效力，只可以把他作为外援，而不可以兴兵吞灭他。

荆州北与汉水（沔水）中下游一代相接，一直到南海的物资，都能得到，东面与吴郡和会稽郡相连，西部和巴郡和蜀郡相通，这是大家争夺的重要地方，而荆州牧刘表不能守，这大概是上天用来资助将军的，将军有这个打算吗？

益州形势险要、易守难攻，有上千里的肥田沃土，是个物产丰富的天然宝库，汉高祖凭借这个地方建立了基业。益州牧刘璋昏庸无能，北面又有占据汉中的张鲁威胁他，虽然人口众多、百姓富裕，却不懂得爱抚他们，有智慧和才干的人都盼望有一个贤明的君主。

将军是皇帝的后代，信用和道义名闻天下，广泛地罗致英雄豪杰，思慕贤才如饥似渴。如能占据荆、襄二州，守住两州的险要，西面和各少数民族和好，西南安抚好各少数民族，对外与孙权结盟，对内改革政治，天下形势一有变化，就派一员大将率领荆州的部队向宛（今河南南阳）县和洛阳（今河南洛阳）一带进军，将军您亲率益州大军直出秦川（今陕西、甘肃一带），老百姓能不用竹篮子（箪）盛着饭，用壶盛着水来迎接将军吗？如果真是这样的话，您称霸的大业就

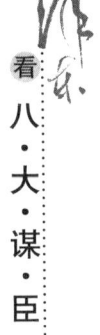

成功，汉朝就复兴了。

刘备说：好！于是和诸葛亮的友情一天比一天亲密。

关羽、张飞等人很不高兴，刘备便向他们解释说：我有了孔明，就像鱼儿得到了水一样，希望你们不要再说什么了。关羽、张飞于是停止了议论。

诸葛亮是一个青年知识分子，而革命事业是不能缺少知识分子的。毛泽东说过："一个阶级革命要胜利，没有知识分子是不可能的。你们看过《三国演义》、《水浒传》，魏、蜀、吴三个国家，每个国家都有每个国家的知识分子，有高级的知识分子，有普通的知识分子，那个穿八卦衣拿鹅毛扇子的就是知识分子；梁山泊没有公孙胜、吴用、萧让这些人就不行，当然没有别人也不行。"（《在中国共产党第七次全国代表大会上的口头政治报告》，《毛泽东文集》第三卷，人民出版社1996年版，第342页）

（三）"那个穿八卦衣拿鹅毛扇子的"

毛泽东说的"那个穿八卦衣拿鹅毛扇子的"，是旧戏剧中诸葛亮的装扮。《三国演义》第三十八回《定三分隆中决策　战长江孙氏报仇》中说："玄德见孔明身长八尺，面如冠玉，头戴纶巾（用丝制成的一种冠巾），身披鹤氅（鸟羽制成的裘，用作外套），飘飘然有神仙之概。"

据民间传说诸葛亮的八卦衣是因他勤奋好

"一个阶级革命要胜利，没有知识分子是不可能的。你们看过《三国演义》、《水浒传》，魏、蜀、吴三个国家，每个国家都有每个国家的知识分子，有高级的知识分子，有普通的知识分子，那个穿八卦衣拿鹅毛扇子的就是知识分子。"

（《在中国共产党第七次全国代表大会上的口头政治报告》，《毛泽东文集》第三卷，人民出版社1996年版，第342页）

建于清朝年间的三顾堂

学，师母所赏赐。诸葛亮少年时代，从学于水镜先生司马徽，他学习刻苦，勤于用脑，不但司马徽赏识，连司马徽的妻子对他也很器重。二人都喜欢这个勤奋好学、善于用脑子的少年。那时，还没有钟表，记时用日晷，遇到阴雨天没有太阳，时间就不好掌握了。为了计时，司马徽训练公鸡按时鸣叫，办法就是定时喂食。诸葛亮天资聪颖，司马先生讲的东西，他一听便会，不解求知饥渴。为了学到更多的东西，他想让先生把讲课的时间延长一些，但先生总是以鸡叫为准，于是诸葛亮想：如果把公鸡叫的时间延长，先生讲课的时间也就延长了。于是，他上学时就带些粮食装在口袋里，估计鸡快叫的时候，就喂它一点粮食，鸡一吃饱就不叫了。

过了一些时候，司马先生感到奇怪，为什么鸡不按时叫了呢？经过细心观察，发现诸葛亮在鸡快叫时给鸡喂食。司马先生在上课时，就问学生，鸡为什么不按时叫呢？其他学生都摸不着头脑。诸葛亮心里明白，可他是个诚实的人，就把鸡快叫的时候喂食来延长老师授课时间的事如实报告了司马先生。司马先生很生气，当场就把他的书烧了，不让他继续读书了。诸葛亮求学心切，不能读书怎么得了，可又不能硬来，便去求

看·八·大·谋·臣

司马夫人。司马夫人听了请葛亮喂鸡求学遭罚之事，深表同情，就向司马先生说情。司马先生说：小小年纪，不在功课上用功夫，倒使心术欺蒙老师。这是心术不正，此人不可大就。司马夫人反复替诸葛亮说情，说他小小年纪，虽使了点心眼，但总是为了多学点东西，并没有他图。司马先生听后觉得有理，便同意诸葛亮继续读书。

诸葛亮石塑

诸葛亮的鹅毛扇代表着智慧和才干，所以在有关诸葛亮的戏曲中，孔明总是手拿鹅毛扇。

关于鹅毛扇，民间流传着这样的故事，黄承彦的千金小姐黄月英并非丑陋，而是一个非常聪明美丽、才华出众的姑娘。黄承彦怕年轻男子有眼不识荆山玉，故称千金为"阿丑"。阿丑黄月英不仅文笔滔滔，而且武艺超群，她曾就学于名师。学成下山时，师傅赠送她鹅毛扇一把，上书"明"、"亮"二字。二字中还密密麻麻地藏着攻城略地、治国安邦的计策。并嘱咐她，姓名中有"明"、"亮"二字者，即是你的如意郎君。后来黄承彦的乘龙快婿，就是吟啸待时、未出隆中便知天下三分并且名字中有"明"、"亮"二字的未来蜀国丞相诸葛亮。结婚时，黄月英便将鹅毛扇作为礼物赠给诸葛亮。诸葛亮对鹅毛扇爱如掌上明珠，形影不离。他这样做不仅表达了夫妻间真挚不渝的爱情，更主要的是熟练并运用扇上的谋略。所以不管春夏秋冬，诸葛亮总是手不离扇。

清朝康熙年间，襄阳观察使赵宏恩在《诸葛草庐诗》中写道"扇摇战月三分鼎，石黯阴云八阵图"，就足以证明诸葛亮手执鹅毛扇的功用以及他手不离扇的原因。

（四）诸葛亮是"高级知识分子"

181年，诸葛亮出生于琅邪国阳都县（今山东省沂南县砖埠镇）。阳都县也是大书法家颜真卿的祖居地和后裔居住地

诸葛亮所处的时代，正是中国书法艺术趋向成熟的时代。在他出生前四年，汉灵帝熹平六年（177），首次把书刻文字称做"书法"。这标志着作为交流工具的"写字"，与作为美学欣赏与实用相统一的"书法"，正式拉开了距离，并使后者逐步发展成为一门独特的艺术——书法艺术。这时汉隶已成为别具风格的主导字体，同时又始创了草书、行书和楷书，使篆、隶、草、行、楷五体基本齐备。

诸葛亮喜爱书法，在青少年时代就进行过刻苦的训练，能写多种字体，篆书、八分、草书都写得很出色。南朝梁陶弘景是一位大书法家，他所著《刀剑录》记载："蜀章武元年辛丑（221），采金牛山铁，铸八铁剑，各长三尺六寸，……并是孔明书作风角处所。"

虞荔《古鼎录》记载："诸葛亮杀王双，还定军山，铸一鼎，埋于汉川，其文曰：定军鼎。又作八阵鼎，沉永安水中，皆大篆书。"

又曰："先主章武二年（222），于汉川铸一鼎，名克汉鼎，置丙穴中，八分书，三足；又铸一鼎，沉于永安水中，纪行军奇变；又铸一鼎于成都武担山，名曰受禅鼎；又铸一鼎于剑口山，名剑山鼎。并小篆书，皆武侯迹。"

又曰："章武三年（223）又作二鼎，一与鲁王，文曰：'富贵昌，宜侯王'；一与梁王，文曰：'大吉祥，宜公王。'并古隶书，高三尺，皆武侯迹。"

北宋时周越所著《古今法书苑》也记载："蜀先主尝作三鼎，皆武侯篆隶八分，极其工妙。"

上述记载是可信的，特别是南朝陶弘景，距诸葛亮仅二百余年时间，他的见闻和记述应是有事实依据的。宋徽宗宣和内府的《宣和书谱》卷十三记载：诸葛亮"善画，亦喜作草字，虽不以书称，世得其遗迹，必珍玩之"。又说："今御府所藏草书一：《远涉帖》。"这说明到北宋末期（1119—1125）在皇宫内府还

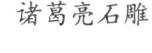

诸葛亮石雕

珍藏有诸葛亮的书法作品。南宋陈思《书小史》记载：诸葛亮"善其篆隶八分，今法帖中有'玄漠太极，混合阴阳'等字，殊工"。

从宋代开始，人们便开始把前人著名书迹摹刻拓印下来，以便流传，称之为"法帖"。这一则记载说明，在宋代诸葛亮的书法作品是作为有示范意义的"法帖"流行于世的。诸葛亮在繁忙的政务和军事活动中，始终不忘书法。《常德府志》记载："卧龙墨池在沅江县西三十里卧龙寺内。俗传汉诸葛武侯涤墨于此寺，因名。"诸葛亮在常德一带活动的时间，是在赤壁大战之后，战事十分紧张频繁，可是他仍然不忘临池挥毫。

诸葛亮贴金塑像

唐朝张彦远在《历代名画记》中写道："诸葛武侯父子皆长于画。"张彦远还在其《论画》一书中，记载了当时绘画收藏与销售的情况。他说："今分为三古以定贵贱，以汉、魏三国为上古，则赵岐、刘褒、蔡邕、张衡、曹髦、杨修、桓范、徐邈、曹不兴、诸葛亮之流是也。"以晋、宋画家为中古，以齐、梁、陈、后魏、后周、北齐的画家为下古，隋和唐初的画家则称之为近代。近代画家作品的价格与下古画家作品价格相近，而以上古画家作品价格为最高。

张彦远记述当时一些近代画家如阎立本、吴道子等人绘画作品的售价："屏风一片值金二万，次者售一万五千"，"一扇值金一万"。

并说汉魏三国（即上古）画家的作品，在唐代已是"有国有家之重宝"，"为希代之珍"。张彦远（815）出身于宰相世家，家藏书法名画非常丰富，他的《历代名画记》向有"画史之祖"的称誉，他的记载和论述在中国绘画史上一直是可信而难得的史论资料。从他的记述中，可以大致看到诸葛亮在中国美术史上的历史地位和艺术成就。

东晋史学家常璩的《华阳国志》记载："南中，其俗征巫鬼，好诅盟，投石结草，官常以诅盟要之。诸葛亮乃为夷作图谱：先画天地日月君长城府；次画神龙，龙生夷及牛马驼羊；后画部主吏乘马幡盖，巡行安恤；又画牵羊负酒赍金宝诣之之象，以赐夷，夷甚重之。"

又记道："永昌郡，古哀牢国……世世相继，分置小王，往往邑居，散在溪谷，绝域荒外，山川阻深，生民以来，未尝通中国。南中昆明祖之，故诸葛亮为其图谱也。"

从以上两段记载可以看出，诸葛亮的确具有非凡的绘画才能。他的画作既取材于现实生活(如南中少数民族的生活)又有神奇而丰富的想象（如神龙等），而且构图宏伟，场面博大。

诸葛亮不仅能画天、地、日、月，而且能画各种建筑、车马、动物和人物。能掌握如此全面绘画技巧的画家，在中国绘画史上也是不多见的。同时，我们还可以看到，诸葛亮作画绝不是出于个人的闲情逸致，他的绘画艺术总是为他的政治和军事目的服务的。

诸葛亮还精通音律，喜欢操琴吟唱，有很高的音乐修养。

这方面在古籍中多有记述。陈寿《三国志·诸葛亮传》记载："玄卒，亮躬耕陇亩，好为《梁父吟》。"习凿齿《襄阳耆旧记》载："襄阳有孔明故宅……宅西面山临水，孔明常登之，鼓瑟为《梁父吟》，因名此山为乐山。"《中兴书目》记载："《琴经》一卷，诸葛亮撰述制琴之始及七弦之音，十三徽取象之意。"《舆地志》记载："定军山武侯庙内有石琴一，拂之，声甚清越，相传武侯所遗。"

从以上记载就足以看出，诸葛亮在音乐方面有着很全面的修养和很高的艺术成就。他既长于声乐——会吟唱；又长于器乐——善操琴；同时他还进行乐曲和歌词的创作，而且还会制作乐器——制七弦琴和石琴。不仅如此，他还写有一部音乐理论专著——《琴经》。

（五）"他征孟获时使用了这种先进武器"

诸葛亮擅长巧思，改进连弩，造木牛流马；推演兵法，作八阵图。

改进武器，推演阵法，表现了诸葛亮的聪明才智。对此，毛泽东予以肯定。1962年2月，他在和南京炮兵工程学院院长孔从周谈日益进步的科学技术时，谈到了诸葛亮的兵器改革，说："我们祖先使用的十八般兵器中，刀矛之类属于进攻性武器，弓箭是戈矛的延伸和发展。由于射箭误差大，于是又有了弩机，经诸葛亮改进，一次可连发十支箭，准确性也提高了。他征孟获时使用了这种先进武器。可是孟获也有办法，他的3000藤甲军使诸葛亮的弩机失去了作用。诸葛亮经过调查研究，发现藤甲是用油浸过的，于是一把火把藤甲军给烧了。"

诸葛亮的弩机，其法矢长八寸，一弩可发十矢，也就是古代小说中的"连珠箭"。1964年，四川郫县曾出土的蜀汉景耀四年（161）制造的铜弩机，即是诸葛亮改进后的连弩。

诸葛亮六出祁山时用木牛、流马运粮，裴松之《蜀志》注引《诸葛亮集》，载木牛流马法，曰：

木牛者，方腹曲头，一脚四足，头入领

弩机，现存展于赤壁市博物馆

毛泽东
看
八·大·谋·臣

中，舌着于腹。载多而行少，宜可大用，不可小使；特行者数十里，群行者二十里也。曲者为牛头，双者为牛脚，横者为牛领，转者为牛足，覆者为牛背，方者为牛腹，垂者为牛舌，曲者为牛肋，刻者为牛齿，立者为牛角，细者为牛鞅，摄者为牛鞅轴。牛仰双辕，人行六尺，牛行四步。载一岁粮，日行二十里，而人不大劳。

流马尺寸之数，肋长三尺五寸，广三寸，厚二寸二分，左右同。前轴孔分墨去头四寸，径中二寸。前脚孔分墨二寸，去前轴孔四寸五分，广一寸。前杠孔去前脚孔分墨二寸七分，孔长二寸，广一寸。后轴孔去前杠分墨一尺五分，大小与前同。后脚孔分墨去后轴孔三寸五分，大小与前同。后杠孔去后脚孔分墨二寸七分，后载刻去后杠孔分墨四寸五分。前杠长一尺八寸，广二寸，厚一寸五分。后杠与等板方囊二枚，厚八分，长二尺七寸，高一尺六寸五分，广一尺六寸，每枚受米二斛三斗。从上杠孔去肋下七寸，前后同。上杠孔去下杠孔分墨一尺三寸，孔长一寸五分，广七分，八孔同。前后四脚，广二寸，厚一寸五分。形制如象，轩长四寸，径面四寸三分。孔径中三脚杠，长二尺一寸，广一寸五分，厚一寸四分，同杠耳。

古代打仗，讲究排兵布阵。作为一个杰出的军事家，诸葛亮非常注重阵法的推演。《三国志吴书·诸葛亮传》记载："亮性长于巧思，推演兵法，作八陈（阵）图，咸得其要云。"陈寿注曰："亮立法施度，整理戎旅，工械技巧，物究其极。"

郦道元《水经注》曰："八陈（阵）既成，自今行师，庶不覆败矣。"

南宋王应麟所编《玉海》载：薛士龙曰："图之可见者三：一在沔阳高平旧垒。《水经》云：'江又东径诸葛亮图垒南'，注：沔阳定军山东谷高平，是亮宿营处，营东即八阵图也。遗落在难识。一在新都之八阵乡。……一在鱼复宫江滩水上。……"

《太白阴经》曰："天阵居乾，为天门。地阵居坤，为地门。风阵居巽，为风门。云阵居坎，为云门。飞龙居震，为飞龙门。武翼居兑，为武翼门。鸟翔居离，为鸟翔门。蛇盘居艮，为蛇蟠门。天地风云为四正门，龙虎鸟蛇为四奇门。乾坤巽坎为四阖门，震兑离艮为四开门。"

《路史》曰："八阵古有，汉以十月会营士为八阵，是也。世以为出诸葛孔明，不然。孔明八阵，本一阵也，盖出于黄帝邱井之法。井分四道，八家处之，阵分八面，大将军处其中而握奇焉。一军万两千五百人，八千七百五十为正阵，三千七百五十为奇兵。阵间容阵，队间容队。李卫公（靖）变为六花阵，今出军亦遗法也。李靖曰：'天地者本乎旗号，风云者本乎幡名，龙虎鸟蛇本乎队伍，古人秘之，设此八名耳。'"

八阵图是古代作战时的一种战斗队形及兵力部署。诸葛亮根据古人推演又有改进，在作战中发挥了重要作用。唐代大诗人杜甫初到夔州时，看见夔州西南永安宫前平沙上的八阵图遗迹，聚石成堆，纵横棋布，写了《八阵图》一诗云：

功盖三分国，名成八阵图。

江流石不转，遗恨失吞吴。

其他还有《作斧教》《作匕首教》《作刚（钢）铠教》等有关作兵器的教令和各种军令。

木牛流马这种运粮工具，现代人仿制也很不易，可见诸葛亮的超人智慧。所以中国人把诸葛亮看做智慧的化身，不是没有道理的。可以说，诸葛亮为了统一中原的战争，贡献了自己的一切聪明才智，是"鞠躬尽瘁"的一种表现。

（六）"诸葛亮搞过屯田"

1955年元旦期间，毛泽东在中南海会见王震。

王震说："主席，我们打了这么多年的仗，现在战争结束了，那么多退伍军人需要安置，总得想个好办法解决。""可以组织屯垦戍边么！"毛泽东说，"中国古代就有屯垦制，管仲搞过，诸葛亮在汉中也搞过呢！开荒就业，治疗战争创伤，巩固边疆，建设边疆，应该是个好办法。"

（《历史的真言》——李银桥在毛主席身边工作纪实，新华出版社2000年版，第598页）

屯田，是我国古代政府利用军队或农民、商人垦种土地，征取部分所收粮食作为军粮的一种制度。春秋时期的齐相管仲最早实施。

当年诸葛亮屯田的地方，人称"诸葛田"

汉以后历代政府沿用这种办法取得军饷和军粮。屯田有军屯、民屯、商屯之分。《汉书·西域传下·渠犁》："自武帝初通西域，置校卫，屯田渠犁。"

三国时期曹操、诸葛亮都实行屯田。《三国志·魏志·武帝纪》："是岁用枣祗、韩浩等议，始兴屯田。""是岁"即汉献帝建安元年（196）。

曹操屯田较早，而诸葛亮较晚。《三国志·蜀志·诸葛亮传》载："十二年春，亮悉大众由斜谷出，以流马运，据武功五丈原，与司马宣王对于渭南。亮每患粮不继，使己志不申，是以分兵屯田，为久驻之基。耕者杂于渭滨居民之间，而百姓安堵，军无私焉。相持百余日。""十二年"，即后主刘禅建兴十二年（234）。而且就在这年八月，诸葛亮病逝于军中。

三、"共产党就是以诸葛孔明的办法办事"

（一）诸葛亮的《出师表》

后主建兴五年（227）春天，诸葛亮率各路

王震（1908—1993），湖南浏阳人，中国现代军事家、无产阶级政治家。1943年，率359旅在南泥湾垦荒。1954年创建新疆生产建设兵团。1955年授中国人民解放军上将军衔，率转业军人赴黑龙江垦荒，把北大荒变成"北大仓"。后又在海南岛种植橡胶园，为我国的农垦事业作出了重大贡献。新中国成立后，曾任铁道部长、农垦部长、国务院副总理、国家副主席等职。

三顾堂历史重要纪
念史事——隆中对

大军第一次北伐曹魏，进驻汉中，临出发时给后主刘禅上奏疏说：

先帝开创统一大业还没有完成，就中途逝世了，现在天下分成三个国家，我们益州弱小贫乏，这真是生死存亡的关键时刻啊。然而，侍卫陛下的群臣在内毫不懈怠，忠心耿耿的将士在外奋不顾身，都是为了追念先帝的厚恩，而想报效陛下。陛下应该广开言路，听取意见，以光大先帝的美德，发扬志士的忠贞气概，不要看轻自己，说话不合道理，以致堵塞忠诚臣下向您建议的道路。

皇宫中和丞相府内的官员都是一个整体，赏罚褒贬，不应厚此薄彼。如果有违法乱纪和尽忠立功的人，应交给主管官吏评断赏罚，以表现陛下公正严明的法治，不应当有偏向和私心，使宫中和朝廷中执法不一。

侍中郭攸之、费祎，侍郎董允等人，都是贤良、诚实的人，其志向和心思忠贞不贰，所以先帝选拔出来留给陛下。我认为，宫中的事，无论大小，都拿来问问他们，然后施行，一定能够补救缺点和疏漏之处，获得更多的好处。

将军向庞，贤良公正，精通军事，过去试用他时，先帝称赞他很有才能，因此大家商议推举他为都督。我认为，军中的事，都要和他商议，

一定能使军队团结，优劣人才安排得当。

亲近贤臣，疏远小人，是前汉兴旺的原因；亲近小人，疏远贤臣，是后汉衰败的根源。先帝在世时，经常与我谈论此事，总是叹惜痛恨桓、灵二帝。侍中（郭攸之、费祎）、尚书（陈震）、长史（张裔）、参军（蒋琬），都是坚贞诚实，能以死报国的忠臣，希望陛下亲近信任他们，这样蜀汉的兴隆就为期不远了。

我本是个平民，在南阳（今河南南阳）种地，只希望在动乱的年代里，苟且保全性命，不打算向诸侯谋求高官显爵，以扬名当世。先帝不嫌我出身微贱，见解鄙陋，宁肯降低身份，三次亲临草庐访问我，向我询问对天下大事的看法，因此我很感激，决定答应为先帝奔走效劳。后来遇到兵败，在战败、危难的关头我奉命出使东吴，至今已二十一年了。

先帝知道我做事谨慎，所以临死的时候把完成统一大业的事托付给我。自从接受先帝的托付以来，我早晚忧愁叹息，恐怕先帝的托付不见成效，损伤先帝知人之明，所以我五月统帅大军渡过泸水（金沙江），深入不生草木的荒凉地方。现在南方诸郡已经平定，兵器盔甲已经充足，应当奖励和统率三军，向北平定中原，竭尽我平庸之才，铲除奸顽凶恶的敌人，重新把汉朝恢复起来，还都（洛阳），这就是我报答先帝和尽忠陛下的职责。至于斟情酌理，掌握分寸，向主上多进忠言，那是郭攸之、费祎、董允等人的职责了。

请求陛下把讨伐曹魏复兴汉室的重任交给我；如果我不能完成任务，就治我的罪，以告慰先帝之灵。假如没有革新朝政的忠言，那就责罚郭攸之、费祎、董允等人的怠慢，彰显他们的过失。陛下自己也应该深谋远虑，询问治国的好办法，采纳正确的意见，深切地回想先帝的遗诏中的话，我就受恩深重，不胜感激了。现在我就出征远离陛下，当我写这篇表文时，禁不住流下泪来，真不知道自己说了些什么。

这个奏疏就是所谓《前出师表》。在表文中，诸葛亮劝后主刘禅修明政治，推荐人才，自述己志，表示北伐中原，完成统一大业的决心。然后率大军出发，驻扎在沔阳（今陕西勉县东）。

建兴六年（228）春天，诸葛亮扬言要从斜谷（今陕西眉县西南三十里）夺取郿县，派赵云、邓芝作为疑兵，占据箕谷（今陕西褒城北）来迷惑敌人，魏国派大将军曹真率军抵抗。诸葛亮亲率蜀军主力进攻祁山（今甘肃西南和西北），队伍整齐，号令严明，南安、天水、永安三郡起来响应，整个关中地区都为之震动。

（二）"鞠躬尽瘁，死而后已"

汉献帝建安十六年（211），益州牧刘璋派法正迎接刘备入蜀，让他攻打占据汉中的张鲁，诸葛亮和关羽镇守荆州。后来刘备从葭萌关返回，攻打刘璋。诸葛亮和张飞、赵云等人率军溯江而上，分别平定了沿江各郡县，然后与刘备一起包围成都。攻下成都后，刘备任命诸葛亮为军师将军并代理左将军府事。刘备外出时，诸葛亮留守成都，粮食和军备物资供应充足。

建安二十六年（221），部下劝刘备称帝，刘备不答应，诸葛亮反复劝说，刘备才答应称帝。诸葛亮被任命为丞相，总管尚书台事务并持符节，张飞死后，他又兼任司隶校尉。

章武元年（223）春，刘备在永安病危，将诸葛亮从成都召来并以后事相托。刘备对诸葛亮说：您的才能比曹丕强十倍，一定能安定国家，最后完成全国统一大业。如果太子刘禅可以辅佐，您就辅佐他；如果他没有什么才能，您可以取而代之。诸葛亮流着泪说：我愿意竭尽全力辅佐，献出忠贞的节操，一直到死。刘备又下诏书

《前出师表》

告诫太子刘禅说：你与丞相一起治理国家，对他要像事奉父亲一样。

后主建兴元年（223），刘禅封诸葛亮为武乡侯，成立丞相府署处理政事。诸葛亮"受任于败军之际，奉命于危难之中"，忠心辅助刘禅，军政大事，每必亲躬，兢兢业业，备受辛劳。

图为白帝城托孤堂内，泥塑的当年刘备病重托孤情景

建兴六年（228）冬，诸葛亮闻孙权破曹休，魏兵东下，关中虚弱，十一月上言曰：

"先帝虑汉、贼不两立，王业不偏安，固托臣以讨贼也。以先帝之明，量臣之才，固知臣伐贼才弱敌强也；然不伐贼，王业亦亡，惟坐待亡，孰与伐之？是故托臣而弗疑也。

"臣受命之日，寝不安席，食不甘味，思惟北征，宜先入南，故五月渡泸，深入不毛，并日而食。臣非不自惜也，顾王业不可偏安于蜀都，故冒危难以奉先帝之遗意，而议者谓为非计。

"今贼适疲于西，又务于东，兵法乘劳，此进趋之时也。谨陈其事如左：

"高帝明并日月，谋臣渊深，然涉险被创，危然后安。今陛下未及高帝（刘邦），谋臣不如（张）良、（陈）平，而欲以长策取胜，坐定天下，此臣之未解一也。

"刘繇、王朗各据州郡，论安言计，动引圣人，群疑满腹，众难塞胸，今岁不战，明年不征，使孙策坐大，遂并江东，此臣之未解二也。

"曹操智计殊绝于人，其用兵也，髣髴孙（武）、吴（起），然困于南阳，险于乌巢，危于祁连，偪于黎阳，几败北山，殆死潼关，然后伪定一时尔，况臣才弱，而欲以不危而定之，此臣之未解三也。

"曹操五攻昌霸不下，四越巢湖不成，任用李服而李服图之，委任夏侯（渊）而夏侯败亡，先帝每称操为能，犹有此失，况臣驽下，何能必胜？此臣之未解四也。

"自臣到汉中，中间朞年耳，然丧赵云、阳群、马玉、阎芝、丁立、白寿、刘郃、邓铜等及曲长、屯将七十余人，突将无前、賨叟、青羌、散骑、武骑一千余人，此皆数十年之内所纠合四方之精锐，非一州之所有；若复数年，则损三分之二也，当何以图敌？此臣之未解五也。

"今民穷兵疲，而事不可息，事不可息，则住与行劳费正等，而不及早图之，欲以一州之地与贼持久，此臣之未解六也。

"夫难平者，事也。昔先帝败军于楚，当此时，曹操拊手，谓天下已定。然后先帝东连吴、越，西取巴、蜀，举兵北征，夏侯授首，此操之失计而汉事将成也。然后吴更违盟，关羽毁败，秭归蹉跌，曹丕称帝。凡事如是，难可逆料。臣鞠躬尽力，死而后已，至于成败利钝，非臣之明所能逆睹也。"

这就是所谓《后出师表》。《后出师表》不见于《诸葛亮传》，首见于陈寿注引《汉晋春秋》，所以一些学者认为是后人伪托。但它表现的诸葛亮"鞠躬尽力，死而后已"的献身精神，是符合诸葛亮的性格的。后多作"鞠躬尽瘁，死而后已"。明无名氏《鸣凤记·二相争朝》："我老臣不能为玉烛于光天，岂忍见铜驼于荆棘，明日奏过圣上，亲总六帅，鞠躬尽瘁，死而后已，不必再议。"因而对后代影响很大。

于是，诸葛亮又出兵散关（今陕西宝鸡西南），围攻陈仓（今宝鸡市东），魏将曹真迎击他，诸葛亮又因粮草已尽而退兵。魏将王双率骑兵追击，诸葛亮打败了魏军并将王双杀死。

建兴七年（229），诸葛亮派陈式攻打武都（今甘肃成县西）、阴平

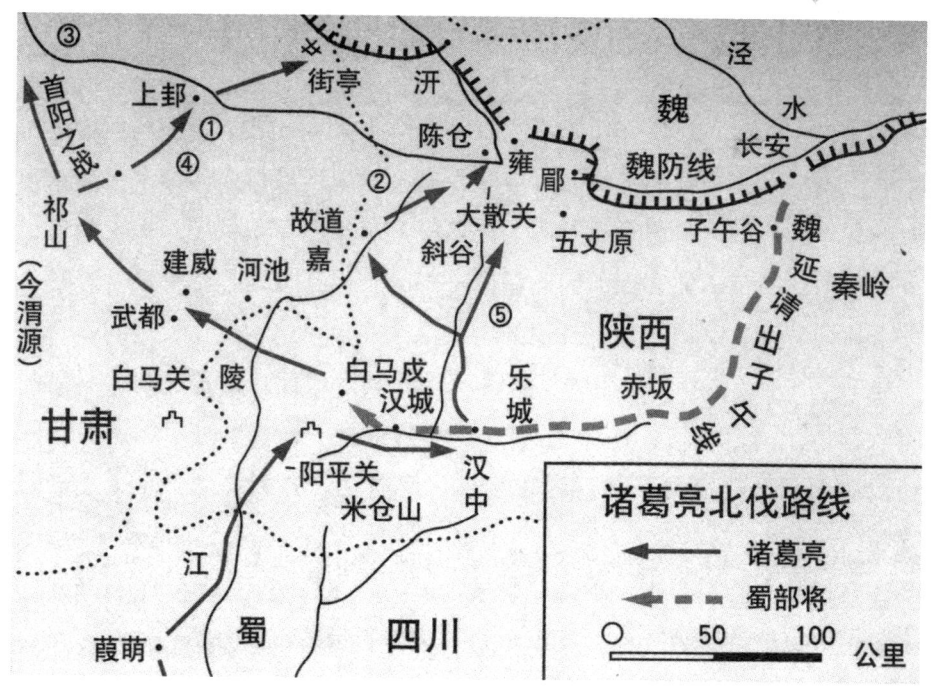

诸葛亮北伐线路

（今甘肃文西西北）二郡。魏国的雍州刺史郭淮
率军反击陈式，诸葛亮亲自赶到建威（今甘肃成
县西北），郭淮军退回雍州，于是平定了武都、
阴平二郡。后主刘禅下诏说：街亭那次战役，错
误是由马谡造成的，而您引咎自责，深深地贬低
并压抑自己，我也不好违背您的心愿，就听从了
您的意见，让您降到目前的位置。前年您出兵斩
了王双；今天再次征讨，郭淮被迫逃走，又纳降
安抚了氐、羌等民族，收复了武都、阴平二郡，
震慑了奸凶暴虐之徒，功勋显赫。如今天下还不
安宁，首恶还没有除掉，您身负重任主持国家事
务，但却长期受到贬抑，就不能发扬光大先帝的
功业了。于是恢复了诸葛亮的丞相职务。

建兴九年（231），诸葛亮再次出兵祁山，

用木牛运输军用物资，又因为粮草已尽而退兵。这次北伐作战袭杀了魏名将张郃。

建兴十二年（234）春，诸葛亮率领大军从斜谷出击，用流马运输军用物资，占据了武功县的五丈原（今陕西眉县西南斜谷口西侧），在渭水南岸与北岸的魏国名将司马懿对阵。诸葛亮常常担心军粮供应不上，使自己统一全国的抱负不能实现，因此派出一部分士兵在驻地垦荒种地，想建立一个长期驻军的基地。开荒种地的士兵混杂在渭水边上的居民中间，百姓安居乐业，不受骚扰，屯田的军队也不求私利。因此，诸葛亮与司马懿的军队相持了一百多天。这年八月，诸葛亮在军中病故，时年54岁。蜀军退走后司马懿巡视蜀军的营房和工事，感慨地说：诸葛亮真是天下的奇才啊！

在诸葛亮的治理下，蜀国"田畴开辟，仓廪充实，器械坚利，蓄积丰饶"，官吏廉洁奉公、开明守法。诸葛亮因长期的戎马生活，历尽艰辛，而又事必躬亲，终于积劳成疾，心力交瘁，于建兴十二年（234）在北伐前线五丈原军营中与世长辞，实现了他"鞠躬尽瘁，死而后已"的宿愿。

诸葛亮临终前留下遗嘱：把遗体安葬于汉中定军山（今陕西勉县西）中，丧葬力求节俭。依山造坟，墓大小只要能容纳一口棺木就行。入殓时，只穿平时衣服，不放任何陪葬品。

当初，诸葛亮曾给刘禅写过一道奏章，坦诚地表明自己的心迹：臣在成都有桑树八百株，薄田十五顷，子孙们的日常衣食费用已有宽余。至于臣在外任职，没有额外的花费安排，随身衣物饮食全由国家供应，无须再置其他产业来增添家财。待臣离开人世时，不让家有多余衣物，外有多余钱财，以不辜负陛下的恩宠和信任。及至去世后，人们清点其遗物，果然和他所讲的一样。

"鞠躬尽瘁，死而后已"，是诸葛亮的名言，也是他一生的写照。诸葛亮的英名连同他的业绩、品德，永载中华民族的光辉史册。

毛泽东高度评价诸葛亮"鞠躬尽瘁，死而后已"的献身精神，在自己的文章中多次提倡人们学习诸葛亮，他自己也表示：我也要鞠躬尽瘁，死

诸葛亮是『办事之人』

而后已呢!

1942年5月，毛泽东在《在延安文艺座谈会上的讲话》中号召："一切共产党员，一切革命家，一切革命的文艺工作者，都应该学习鲁迅的榜样，做无产阶级和人民大众的'牛'，鞠躬尽瘁，死而后已。"（《毛泽东选集》第三卷，人民出版社1991年版，第877页）

1944年11月15日，毛泽东为延安《解放日报·邹韬奋先生逝世纪念特刊》题词："热爱人民，真诚地为人民服务，鞠躬尽瘁，死而后已，这就是邹韬奋先生的精神，这就是他之所以感人之处。"

1950年4月24日，毛泽东在北京中南海接见国民党绥远起义将领董其武时说："共产党就是以诸葛孔明的办法办事。"

1956年11月12日，毛泽东为纪念孙中山先生诞辰九十周年写的文章《纪念孙中山先生》称赞说："他全心全意地为了改造中国而耗费了毕生的精力，真是鞠躬尽瘁，死而后已。"（《人民日报》1956年11月12日）

1939年1月2日，毛泽东写的《〈八路军军政杂志〉发刊词》说："从前人说：读诸葛《出师表》而不流泪者，其人必不忠；读李密《陈情表》而不流泪者，其人必不孝。今天我们应该说：凡看见或听见中国军队不计旧怨而互相援助、亲密团结而不感动者，其人必不爱国。"（《毛泽东文集》第二卷，人民出版社1993年版，第140页）

1950年4月24日，毛泽东在北京中南海接见国民党绥远起义将领董其武时说，"共产党就是以诸葛孔明的办法办事"

毛泽东所引前人的两句话，见于宋代赵与时《宾退录》中所记青城山隐士安子顺所述。诸葛亮上表后主刘禅，出师北伐曹魏，攻战累年，后以疾卒于军中，确实做到了"鞠躬尽瘁，死而后已"，对国家无限忠诚，所以读了他的《出师表》不感动得流泪，这个人对国家一定不忠诚。

李密侍祖母图

李密（224—287），字令伯，晋朝犍为武阳（今四川彭山）人。其父早死，母亲何氏改嫁。那时李密年仅四岁，又多病，赖祖母刘氏将其抚养成人。李密侍奉祖母十分孝顺。泰始三年（267），晋武帝下诏征他为太子洗马。他因为祖母年高，无人奉养，不肯应命，上表陈说自己的情况。晋武帝看了他的表章，很受感动，说他在当时的名望不是虚传的，就不再勉强他。祖母死后他才到晋朝做官，最后做汉中太守，因为怀怨被免官，卒于家。所以，如果有人读了李密的《陈情表》不流泪，那这个人肯定是不孝。

所谓"忠孝"，就是忠于君国，孝敬父母。毛泽东也是如此。他领导中国人民奋斗一生，为革命献出了六位亲人的性命，可以说对他为之奋斗的共产主义事业"鞠躬尽瘁，死而后已"；同时，他也是一个孝子，对自己的父母十分孝顺。母亲有病，他送母亲到长沙看病。1919年10月5日，母亲因患瘰疬去世，他从长沙星夜回去奔丧，悲痛中写下了四百余字的《祭母文》，赞颂

母亲勤俭持家、爱抚子女、和睦邻里等美德。还作泣母灵联两副：

> 疾革尚呼儿，无限关怀，万端遗恨皆须补，
> 长生新学佛，不能住世，一掬慈容何处寻？

> 春风南岸留晖远，
> 秋雨韶山洒泪多。

1920年1月23日，毛泽东的父亲毛顺生在家乡病逝，与母亲文氏合葬于韶山冲。当时毛泽东在北京忙于驱张（张敬尧，湖南军阀）活动，未能回湘奔丧。这也是忠孝不能两全吧！

1959年，毛泽东回到阔别32年的故乡韶山时，曾去父母墓前凭吊，寄托哀思。回到住所后，他对随行的公安部长罗瑞卿说："我们共产党人是彻底的唯物主义者，不信什么鬼神。但生我者父母，教我者党、同志、老师、朋友也，还得承认。我下次再回来，还要去看他们两位。"

毛泽东还多次用"诸葛一生唯谨慎，吕端大事不糊涂"两句话来赞扬叶剑英元帅，其中前句就是对诸葛亮作风的赞扬。

（三）诸葛亮的治国方法

毛泽东认为诸葛亮治国方法有三条，那就是他引的六句话，每两句是一个办法。

"言忠信，行笃敬"，语出《论语·卫灵公》："言忠信，行笃敬，虽蛮貊之邦，行矣。"这是孔子对其弟子子张问怎样才能使自己的主张行得通的答话。意思是说，说话讲究忠信，行为讲究笃敬，即使到了蛮貊地区，也可以行得通。这和《论语·子路》篇中说的"言必信，行必果"意思相近，是说诸葛亮言行一致，要求自己很严格。这是第一条。

诸葛亮清廉节俭的作风，成为他留给蜀汉政权的巨大财富，泽被后世。费祎"雅笃谦素，家不积财。妻子皆令布衣素食，出入无车骑，无异凡人"；姜维"宅舍弊薄，资财无余"；邓芝"不治私产，妻子不免饥寒，死之日家无余财"。蜀汉政权官员中为政清廉的风气，是在诸葛亮身

体力行的影响下形成的，对于安定民心、稳定政权起到了很大的作用。

"开诚心，布公道"，语出《三国志·蜀志·诸葛亮传》："诸葛亮之为相国也，抚百姓，示仪轨，约官职，从权制，开诚心，布公道。尽忠益时者虽仇必赏，犯法怠慢者虽亲必罚，服罪输情者虽重必释，游辞巧饰者虽轻必戮。"后形成"开诚布公"这个成语，指推诚相待，坦白无私。此处是说诸葛亮大公无私，办事公道。这是第二条。

"集众思，广忠益"，语出诸葛亮《与群下教》："夫参署者，集众思，广忠益也。"意思是说，参与讨论、决定国家大事，就要集中大家的智慧，广泛汲取有益的意见。后来约定俗成"集思广益"这个成语，这是第三条。

早在建安二十三年（218），刘备率兵同曹操在汉中展开争夺战时，诸葛亮就采纳了部属杨洪的意见，急速派兵增援汉中，保证了战役的胜利。建兴三年（225），诸葛亮率大军南征，临行前曾征求马谡的意见，马谡向他提了"攻心为上"的策略，也被诸葛亮所采纳。建兴五年（230），诸葛亮率兵北伐，需要留下一个有才能的人任丞相府长史，以代理丞相管理蜀汉日常军国事务。他想把此任交给张裔，但觉得此事关系重大，还应听听别人的意见。一征求别人意见，果然有不同看法，蜀郡太守杨洪就认为，张裔天生具有明察事物的能力，他能够担负起丞相府长史的公务，但他处事不太公平，恐怕不能单独担此重任。"后来，诸葛亮虽然任张裔为丞相府长史，但又派了"方整有威重"的蒋琬协助他，显然是听取了杨洪的意见。

对于不同意见，诸葛亮是持欢迎态度的。还在隆中隐居时，他的好朋友崔州平、徐庶等人就常和他一起探讨问题，在探讨中经常各抒己见，争论不休，正是这种争论，使诸葛亮获益匪浅。自从占领益州、初建霸业之后，诸葛亮又实行参署制度，即让一些有识之士参与机要事务的议论与处理。在参署人员中，比较突出的是董和和胡济。

董和，字幼宰，刘备入蜀后被任为掌军中郎将，与诸葛亮并署左将军、大司马府事，经常提一些好的建议。在他参署的时候，有时与诸葛亮意见不一致，双方的争辩讨论竟达十次之多。胡济，字伟度，任诸葛亮的主簿，也常提出不同意见。为了鼓励大家都能像董幼宰、胡伟度那样知无不言，言无不尽，**诸葛亮曾一再发布《与群下教》**。第一个教令说："夫参署者，集众思，广忠益也。若远小嫌，难相违覆，旷阙损矣。违覆而得中，犹弃弊蹻而获珠玉。然人心苦不能尽，惟徐元直处兹不惑。又董幼宰参署七年，事有不至，至于十返，来相启告。苟能慕元直之十一，幼宰之殷勤，有忠于国，则亮可少过矣。"

之后，又发了第二个教令："昔初交州平，屡闻得失；后交元直，勤见启诲。前参事于幼宰，每言则尽；后从事于伟度，数有谏止。虽姿性鄙暗，不能悉纳，然与此四子终始好合，亦足以明其不疑于直言也。"

街亭之役失败，诸葛亮退回汉中。在对这次战役中有过者处罚，有功者奖励之后，为了进一步总结经验，诸葛亮又下了《劝将士勤攻己阙教》："大军在祁山、箕谷，皆多于贼，而不能破贼为贼所破者，则此病不在兵少也，在一人耳。今欲减兵省将，明罚思过，校变通之道于将来；若不能然者，虽兵多何益！自今以后，诸有忠虑于国，但勤攻吾之阙，则事可定，贼可死，功可蹻足而待矣。"

从以上三个教令中，可以看到诸葛亮对不同意见真诚的欢迎态度。

（四）"东联孙吴，北拒曹操"

毛泽东说诸葛亮一出山握有兵权，就神出鬼没了，是指诸葛亮出山后，协助刘备在博望坡、新野火烧曹军，连连取胜，阻遏了曹军的进攻势头。毛泽东对诸葛亮在《隆中对》中提出的占据荆、益，联吴抗曹的策略，是一分为二看待的。

首先，它的成功之处在于抓住了当时的主要矛盾，区分了主要矛盾和次要矛盾。东联孙权，共抗曹操，在赤壁之战中大败曹军，初步形成了三足鼎立的局面，后又助刘备夺得益州，使弱小的刘备终成一番帝业。

1941年1月4日，新四军军部及其直属部队九千余人奉命北移。6日，部队到达泾县茂林地区时，突然遭到国民党第三十三集团军总司令上官云相指挥的七个师八万余人严密包围和猛烈攻击。新四军在浴血奋战七天七夜之后，终因弹尽粮绝而失败。奉命同国民党军队谈判的军长叶挺被扣，项英、袁国平、周子昆等其他主要领导同志遇难，史称"皖南事变"。

"皖南事变"之后，在如何对待蒋介石和国民党的问题上，共产党内产生了不同意见。有的同志主张从政治上、军事上立即全面反击。毛泽东认为，"皖南事变"之后，"在中国两大矛盾中间，中日民族间的矛盾依然是基本的，国内阶级间的矛盾依然处在从属的地位"。我们是必须制裁反动派，反击顽固派的，但我们要站在严格的自卫立场上，任何党员都不许超过自卫原则。蒋介石既有抗战的一面，又有反共的一面，在反共方面也有两面性，即既有对中共实行高压政策和军事进攻的一面，又有不愿在根本上破裂国共合作的一面。"我党的方针便是'即以其人之道，还治其人之身'，以打对打，以拉对拉，这就是革命的两面政策。"对其不愿在根本上破裂国共合作的一面，采取联合政策；对其动摇和反共的一面，采取斗争和孤立的政策。"但是斗争必须是有理、有利、有节的，三者缺一，就要吃亏。"（《关于打退第二次反共高潮的总结》，《毛泽东选集》第二卷，人民出版社1991版，第781—783页）

那么如何制裁反动派呢？毛泽东说：

"皖南新四军军部被歼——这是蒋介石杀我们的一刀，这一刀杀得很深。许多人看了这种情形，都非常气愤，就以为抗日没有希望了，国民党都是坏人，都应该反对。我们必须指出，

"但是斗争必须是有理、有利、有节的，三者缺一，就要吃亏。"（《关于打退第二次反共高潮的总结》，《毛泽东选集》第二卷，人民出版社1991版，第781—783页）

气愤是完全正当的，哪有看到这种严重情形而不气愤的呢？但是抗日仍然是有希望的，国民党里面也不都是坏人。对于各部分的国民党人，应当采取不同的政策。对于那些丧尽天良的坏蛋，对于那些敢于攻打进步军队、进步团体、进步人员的人，我们是决不能容忍的，是必定要还击的，是决不能让步的，因为这类坏蛋，已经丧尽天良，当一个民族敌人深入国土的时候，他们还闹摩擦、闹惨剧、闹分裂。不管他们心里怎样想，他们是在实际上帮助了日本和汪精卫，或者有些人本来就是暗藏的汉奸。对于这些人，如果不加以惩罚，我们就是犯错误，就是纵容汉奸卖国贼，就是不忠实于民族抗战，就是不忠实于祖国，就是纵容坏蛋来破坏统一战线，就是违背了党的政策。"

毛泽东又接着说：

"但是这种给投降派和反共顽固派以打击的政策，全是为了坚持抗日，全是为了保护抗日统一战线。因此，我们对于那些忠心抗日的人，对于一切非投降派、非反共顽固派的人们，对于这样的国民党员，是表示好意的，是团结他们的，是尊重他们的，是愿意和他们长期合作以便把国家弄好的。谁如果不这样做，他也就违背了党的政策。

"三国时期，荆州失守，蜀军进攻东吴，被东吴将领陆逊火烧连营七百里，打得大败，其原因就在于刘备没有区分与处理好主要矛盾和次要矛盾的关系，在谋略中没有抓住主要矛盾。诸葛亮在《隆中对》中所确定的战略方针是'东联孙吴，北拒曹操'。曹刘是主要矛盾，孙刘是次要矛盾。所以当孙权数次讨荆州时，诸葛亮总是一再推诿软磨，而不硬抗，直到最后才让出荆州的部分地方。刘备不了解这一点，派了根本不执行联吴为根本、争夺荆州要有理有节方针的关羽去驻守荆州。关羽这个人，虽然斩华雄，诛颜良、文丑，过五关斩六将，擒庞德，威震华夏，但孤傲自大，刘备封'关、张、赵、马、黄'五虎大将时，关羽怒曰：'翼德吾弟也；孟起世代名家；子龙久随吾兄，即吾弟也；位与吾相并，可也。黄忠何等人，敢与吾同列？大丈夫终不与老卒为伍！'当孙权派诸葛瑾为儿子向关羽女儿求婚，以结秦晋之好，共伐曹操时，关羽却勃然大怒，说：

'吾虎女安肯嫁犬子乎！不看汝弟（诸葛亮）之面，应斩汝首！再休多言。'诸葛瑾抱头鼠窜而去。孙权便攻占了荆州，孙刘联盟瓦解。刘备见关羽被杀，荆州丢失，遂起兵攻打东吴，众臣苦谏都不听，实在是因小失大。正如赵云所说：'国贼是曹操而非孙权也，且先灭魏，则吴自服。'诸葛亮也上表谏说：'臣亮等切以吴贼逞奸诡之计，致荆州有覆亡之祸；陨将星于斗牛，折天柱于楚地；此情哀痛，诚不可忘，但念迁汉鼎者，罪由曹操；移刘祚者，过非孙权。窃谓魏贼若除，则吴自宾服。愿陛下纳秦宓金石之言，以养士卒之力，别作良图。则社稷幸甚！天下幸甚！'可是刘备看完后，把表掷于地上，说：'朕意已决，无得再谏！'决意起大军东征，最终导致兵败身亡。"（徐中远：《毛泽东读评五部古典小说》，华文出版社1997年版，第177—178页）

毛泽东通过分析《三国演义》中刘备兵败身亡的历史故事启示大家：当时刘备只有"抓住主要矛盾，分清主次与轻重缓急，先曹后孙才是以大局为重的上策"。他用这个历史教训，很快地统一了全党同志对"皖南事变"的认识，牢牢抓住与日本侵略者的这个主要矛盾，恰当地处理了与国民党反动派的次要矛盾，维护了抗日民族统一战线，不断夺取抗日战争的新胜利。

其次，毛泽东认为《隆中对》中提出占据荆、益二州，分散了兵力，是导致后来蜀汉失败的原因。

清姚鼐编纂《古文辞类纂·苏明允（洵）〈权书〉十项藉》中云："诸葛孔明弃荆州而就西蜀，吾知其无能为也。且彼未尝见大险也，彼以为剑门者，可以不亡也。吾尝观蜀之险，其守不可出，其出不可继，兢兢而自安，犹且不给，而何足以制中原哉？"苏洵认为诸葛亮抛弃荆州这个战略要地，而到西蜀去，表明他没有多大作为。原因是西蜀只能凭险自守，而想由此出秦川北伐中原是不可能的。毛泽东看到这里，批注说："其始误于隆中对，千里之遥而二分兵力。其终则关羽、刘备、诸葛亮三分兵力，安得不败。"（《毛泽东读文史古籍批语集》，中央文献出版社1993年版，第106页）

《隆中对》中提出占据荆、益二州，后来得以实现，留关羽镇守荆州，这就把蜀汉有限的兵力一分为二，而且两地相距千里之遥；后来刘备在成都又派诸葛亮去夺汉中，这就把兵力一分为三。在魏、蜀、吴三国之中，蜀国最弱，而又三分兵力，怎么能不失败呢？毛泽东的这个分析，言之成理，是符合实际的，一反历代史家皆誉颂诸葛亮《隆中对》的战略思想，毛泽东别树一帜，堪称卓见。

（五）"三个臭皮匠，合成一个诸葛亮"

诸葛亮在传统文化里是智慧的象征，毛泽东也肯定诸葛亮的聪明才智。早在红军时代，他就多次说过："三个臭皮匠，合成一个诸葛亮。"只要我们有诚心，有耐心，就能把湘粤赣边建成千个万个"诸葛亮"。且动员起来，参加我们的斗争，那我们干出来的事业就一定比当年的诸葛亮不知要伟大多少倍。

1943年11月29日，毛泽东在中共中央招待陕甘宁边区劳动模范大会上讲话说："'三个臭皮匠，合成一个诸葛亮'，这就是说，群众有伟大的创造力。中国人民中间，实在有成千成万的'诸葛亮'，每个乡村，每个市镇，都有那里的'诸葛亮'。"（《组织起来》，《毛泽东选集》第三卷，人民出版社1991年，第933页）

1957年7月9日，毛泽东在上海干部会议上讲话说："刘备得了孔明，说是'如鱼得水'，确有其事，不仅小说上那么写，历史上也那么写，

"'三个臭皮匠，合成一个诸葛亮'，这就是说，群众有伟大的创造力。中国人民中间，实在有成千成万的'诸葛亮'，每个乡村，每个市镇，都有那里的'诸葛亮'。"（《组织起来》，《毛泽东选集》第三卷，人民出版社1991年，第933页）

也像鱼跟水的关系一样。群众就是孔明，领导者就是刘备。一个领导，一个被领导。

"智慧都是从群众那里来的。"（《毛泽东选集》第五卷，人民出版社1977年版，第452页）

1957年11月18日，毛泽东在莫斯科共产党和工人党代表会议上讲话说："任何一个人都要人支持。一个好汉也要三个帮，一个篱笆也要三个桩。这是中国的成语。中国还有一句成语，荷花虽好，也要绿叶扶持。……我们中国还有一句成语，三个臭皮匠，合成一个诸葛亮。……单独的一个诸葛亮总是不完全的，总是有缺陷的。"（《在莫斯科共产党和工人党代表会议上的讲话》，《毛泽东文集》第七卷，人民出版社1999年版，第330页）

1958年秋，毛泽东在河南郑州接见南阳县委的一位书记，问道："你们南阳，旧称宛城，是个古老的市镇，藏龙卧虎的地方哩！南阳有个卧龙冈，据说诸葛亮曾在那儿隐居过。诸葛亮，能人呵！俗话说，三个臭皮匠，顶个诸葛亮。诸葛亮是哪里人呀？"他等了片刻，不见回答，便自己说："诸葛亮是山东琅邪郡阳都县人。阳都，就是现在的沂水县。"毛泽东接着又问了南阳农民的生活，在分手时说："我给你们留下两句临别赠言：第一，学一点历史知识；第二，要关心人民生活。"

诸葛亮足智多谋，封建社会把他神化了，在旧戏曲、小说中甚至把他写成"眉头一皱，计上心来"的神奇人物，是一个没有缺点、不犯错

"任何一个人都要人支持。一个好汉也要三个帮，一个篱笆也要三个桩。这是中国的成语。中国还有一句成语，荷花虽好，也要绿叶扶持。……我们中国还有一句成语，三个臭皮匠，合成一个诸葛亮。……单独的一个诸葛亮总是不完全的，总是有缺陷的。"（《在莫斯科共产党和工人党代表会议上的讲话》，《毛泽东文集》第七卷，人民出版社1999年版，第330页）

误的完人。毛泽东认为这是可以理解的。据林默涵回忆，1953年夏秋之交召开的全国第二届文代会，主要精神是克服"左"的倾向。一千多人参加了这次大会。原来准备由胡乔木同志向大会做报告，于是他起草了一个报告，交中央审查。中央政治局讨论了这个报告，林默涵和周扬同志列席了这次政治局会议，毛主席在这次会议上讲了重要意义。在谈及关于文艺作品里的英雄人物问题时，毛泽东说，每个阶级都要塑造自己的英雄人物。封建社会塑造了孔子、诸葛亮那样的英雄人物；资产阶级也有它的英雄人物；无产阶级当然也应该有自己的英雄人物。写英雄人物是否一定要写缺点？这也不一定。不写缺点不是真实的人吗？封建时代写诸葛亮就没有写缺点，《列宁在一九一八》也没有写缺点。（朱元和主编：《共和国要事口述史》，湖南人民出版社1999年版，第77页）毛泽东讲写英雄人物不一定写缺点，原则上没有什么不妥；但他强调写像诸葛亮那样的完人，客观上助长了后来文艺作品"高、大、全"的不良风气。

诸葛亮毕竟是封建社会的"办事之人"，治理国家确有一套好的办法，毛泽东也颇为赞赏。1950年4月，他在中南海对在绥远起义的国民党将领董其武说："有人害怕共产党，那有什么可怕呢？共产党心口如一，表里一致，没有私利可图，要团结一切可以团结的人，把我们国家搞好。你看过《三国演义》吧？共产党就是以诸葛孔明的办法办事。那就是'言忠信，行笃敬'，'开诚心，布公道'，'集众思，广忠益'。蒋（介石）搞码头，搞宗派，他是必然要失败的嘛，希望你们团结起来，努力把国家的事情办好。"（中共呼和浩特市委党史资料征集办公室编：《呼和浩特史料》第五辑，内蒙古人民出版社1984年版，第82页）

四、"诸葛亮会处理民族关系"

（一）七擒孟获

毛泽东读史时，对一些能处理好民族关系的政治家，是十分推崇的。他说："诸葛亮会处理民族关系，他的民族政策比较好，获得了少数民族

七彩云南是三国时诸葛亮带蜀军安营扎寨的地方。传说诸葛亮第一次擒拿孟获时天边突然出现七彩祥云，诸葛亮观之以为这是老天暗示：须得七次拿得孟获，才能真正收服此地人心。于是，有了"七擒孟获"的典故，也有了七彩云南的由来

的拥护。"在《诸葛亮传》中，毛泽东在裴松之注引《汉晋春秋》的一段注文旁边，加了很多圈。这条注文记载了诸葛亮七擒七纵少数民族首领孟获和平定云南后用当地官吏管理南中的事迹。毛泽东说："这是诸葛亮的高明处。"（芦荻：《毛泽东谈二十四史》，1993年12月12日《光明日报》）

《诸葛亮传》载：建兴三年（225）春天，诸葛亮率军征讨南方，当年秋天平定了叛乱。这次征战的军需物资都出自这些新平定的郡县，没有动用国家仓库的东西，因而国家富饶起来了。于是整顿兵器，操练军队，准备伐魏。

裴松之注引《汉晋春秋》曰："亮至南中，所在战捷。闻孟获者，为夷、汉所服，募生致之。既得，使观于营陈（阵）之间，问曰：'此军何如？'获对曰：'向者不知虚实，故败。今蒙赐观看营陈（阵），若祗如此，即定易胜耳。'亮笑，纵使更战，七纵七禽（擒），而亮犹遣获。获止不去，曰：'公，天威也，南人不复反矣。'遂至滇池。南中平，皆即其渠率而用之。或以谏亮，亮曰：'若留外人，则当留兵，兵留则无所食，一不易也；加夷新伤破，父兄死丧，留外人而无兵者，必成祸患，二不易也；又夷累

看八·大·谋·臣

有废杀之罪，自嫌衅重，若留外人，终不相信，三不易也；今吾欲使不留兵，不运粮，而纲纪粗定，夷、汉粗安故耳。'"

这次出征的地域是南中，相当于今四川省大渡河以南和云南、贵州二省。蜀汉以巴、蜀为根据地，其地在巴、蜀之南，故名南中。此战的目的是平定南中地区少数民族中上层贵族发动的叛乱。根据参军马谡的建议，诸葛亮向部下颁布了《南征教》："用兵之道，攻心为上，攻城为下；心战为上，兵战为下。"他七擒七纵孟获是注重从心理上瓦解对方，平定后又大胆任用少数民族头领管理，确实是很高明的做法。因而受到毛泽东的称赞。

毛泽东非常注重"七擒七纵"孟获的历史经验，把它视为处理民族关系的一个好方法。

1935年5月初，毛泽东率领中央红军到达安顺场，往前需要经过彝族聚居区。当他得知总参谋长刘伯承已妥善地处理了和彝族首领小叶丹结盟的事，很高兴地询问："诸葛亮七擒七纵才使孟获心服，你怎么一下子说服了小叶丹呢？"

1949年，当习仲勋妥善争取青海省昂拉部落千户项谦成功归顺时，毛泽东对习仲勋说："仲勋，你真厉害。诸葛亮七擒孟获，你比诸葛亮还厉害。"

1953年8月，当西南军区李达参谋长汇报贵州擒获布依族女匪首程莲珍案事时说："这个女匪首，下面要求杀。"毛泽东却说："不能杀。好不容易出了一个女匪首，又是少数民族，杀了岂不可惜？"又说："人家诸葛亮擒孟获，就敢七擒七纵，我们擒了个程莲珍，为什么就不敢来个八擒八纵？连两擒两纵也不行？总之，不能一擒就杀。"

1956年4月，毛泽东又与天宝（桑吉悦希）、瓦扎木基谈及有些民族地区出现有被俘的叛乱分子，放回后又叛乱的问题时，他告诫说："诸葛亮就是七擒七纵，我们共产党为什么不可以八擒八纵呢？"据当时是凉山彝族代表瓦扎木基回忆，当他向毛泽东汇报凉山人民要求废除奴隶制度，实行民主改革时，"毛泽东从三国时诸葛亮说起，引经据典，教育我们要有气魄，有胆略，搞好彝族地区的民主改革"。

新中国成立后，在毛泽东的领导下，我国在少数民族聚居的地区，实行民族区域自治，先后建立了内蒙古、新疆维吾尔族、广西壮族、宁夏回族、西藏五个自治区和一些自治州、县，在中国共产党领导下走社会主义道路。我们的民族区域自治制度，无疑借鉴了历史上的许多经验，包括诸葛亮的民族政策。现在，我国56个民族56朵花，全国人民是一家，各个民族是完全平等的。

（二）"挥泪斩马谡，这是万不得已的事情"

蜀后主建兴六年（228），诸葛亮为实现统一大业，发动了北伐曹魏的战争。魏明帝曹叡亲自到长安镇守，命令张郃率军抵抗。诸葛亮派马谡统率各军作为先锋，与张郃战于街亭（今甘肃秦安东北）。马谡违背诸葛亮的战略部署，指挥不当，被张郃打得大败。

诸葛亮回到汉中（今陕西汉中东），杀了马谡以安慰众人。诸葛亮向后主上书说：我以弱小的才干，担任了我所不能胜任的职务，亲自率领三军将士，但不能训教部下，严明法纪，遇事谨慎戒惧，以至于发生了（马谡）街亭违背命令的错误，（赵云）箕谷戒备不严的过失，这些过去都在我用人不当。我既没有知人之明，考虑问题又不周到，按照《春秋》战争失败惩罚主帅的先例，我的职务应受这种处罚。请允许我自降三级，以示惩罚。于是诸葛亮降为右将军，做丞相应做的事，总管事务和从前一样。

诸葛亮曾先后六次出祁山攻魏，史称"六出祁山"。这是第一次。因马谡指挥错误而失败，诸葛亮挥泪斩马谡。

这是为什么呢？马谡（190—228），字幼常，襄阳宜城（今湖北宜城南）人。初从刘备克蜀，任越嶲太守。因好论军事，诸葛亮十分器重，可以说是作为接班人培养的。诸葛亮南征时，为随军参军，曾提出"用兵之道，攻心为上，攻城为下；心战为上，兵战为下"的好建议，为诸葛亮所采纳，并向部下颁布了这个教令。这次北伐，诸葛亮任马谡为前部先锋，但马谡违背诸葛亮的战略部署，致使街亭大败，遂使这次北伐归于失败，诸葛亮依法斩了马谡。

参军蒋琬认为"天下未定"，杀了马谡实在可惜。

诸葛亮说：孙武所以无敌于天下，是因为他执法严明。所以杨干违犯军法，魏绛杀了他的仆人。国内正处于分裂状态，蜀魏战争刚刚开始，如再废弛军法，靠什么讨伐敌人呢？这里，诸葛亮吸取了先秦著名军事家孙武以法治军的经验，指出了在战争中严明军法的重要性。

1951年11月底，河北省委在省会保定召开第三次代表大会。在会上，李克才同志把刘青山、张子善的问题公开揭露了出来。天津地区的代表纷纷上台发言，表示支持李克才，进而又揭发出刘青山、张子善的许多其他问题。省委组织部长代表省委当即在会上表态，要严肃处理。通过调查证明，刘青山、张子善严重触犯了党纪国法。同年12月4日，省委通过决议，开除刘青山、张子善的党籍，依法对其拘留审查。

刘青山是天津地委书记，张子善是天津专署专员。天津地委和专署当时设在天津西郊的杨柳青镇。

据揭发，刘青山、张子善二人的问题，早在1949年底就有所暴露。刘青山住在原来一个大汉奸的别墅里，生活奢侈、腐化。一天，副专员李克才同志去找他谈工作，发现他竟在抽大烟。李克才非常吃惊，当即向他提出，这是党纪国法所不允许的。他却满不在乎地说："老子从小革命，现在革命成功了，也应该享受享受了。"他不仅私下吸毒，而且毒瘾发作时，在公开场合也吸。张子善则投其所好，把专署公安处缴来的毒品送给他享用。

当时，天津地区连降暴雨，洪涝成灾。河北省政府为此下拨救灾款、救灾粮。刘青山、张子善合谋把救灾物资和运输任务交给机关生产处，并指使生产处从中牟利，侵吞了灾民四十多万斤粮食。他们还贪污、挪用救灾款、治河款和地方财政款项，进行非法活动。刘青山、张子善的行为，严重地损害了党和政府的声誉，激起了极大的民愤。群众纷纷向李克才反映他的问题，李克才于1950年二三月间向省委反映了刘青山吸毒和挪用公款等问题，但未引起重视。

毛泽东读《资治通鉴·汉纪》批注

诸葛亮佐治蜀，

夫人生变於肘腋，

法正外统都畿，

其一，未知其二。

秦以无道，政苛民怨，

1950年下半年，刘青山为贪图享受，又用公款从香港购进两辆小汽车，一辆留作自己使用，一辆送给别人。刘青山、张子善还与不法资本家串通一气，盗用公款倒卖钢材，以饱私囊，使国家蒙受了很大的经济损失。

1951年六七月间，《人民日报》又披露了天津地委倒卖木材的事件。刘青山却公然说："这是老子和张子善商量搞的，谁敢处理！"经刘青山、张子善四处活动，这件事竟不了了之。

"刘、张事件"上报华北局，华北局又申报中央。那天，毛泽东和刘少奇、周恩来、彭真、薄一波等书记处领导在顾年堂开会，专门研究杀不杀的问题。毛泽东说："非杀不可。挥泪斩马谡，这是万不得已的事情。"1952年5月10日，河北特别法庭判处刘青山、张子善死刑。

那次参加会议的还有公安部部长罗瑞卿，一起讨论了公安部行政处长宋德贵利用盖办公楼大量受贿和生活腐化问题，会上决定枪决宋德贵。

（李银桥：《在毛泽东身边十五年》，河北人民出版社1991年版，第170—172页）

"刘、张事件"是新中国成立后的第一个反腐败大案，毛泽东没有因为刘青山、张子善二人都是老革命，过去对革命有功而心慈手软，亲自批准处决了腐化变质分子刘青山、张子善。公审大会召开前，有人提出是否可以向毛主席说

情，不要枪毙，给他们一个改过的机会。意见反映到毛泽东那里，毛泽东说："正因为他们两人地位高、功劳大、影响大，所以才要下决心处决他们。只有处决他们，才可能挽救二十个、二百个、两千个、两万个，犯有各种不同错误的同志。"这次事件的果断处理，大大推动了"三反"（反贪污、反浪费、反对官僚主义）和"五反"（反对行贿、反对偷税漏税、反对盗骗国家财产、反对偷工减料、反对盗窃国家经济情报）运动的顺利开展，打退了资产阶级的猖狂进攻。

五、"这是诸葛亮的高明处"

（一）"观人观大节，略小故"

毛泽东还非常赞成诸葛亮评价人的原则，突出表现在他对法正的看法上。

据宋代司马光《资治通鉴》卷六十七《汉纪》五十九记载：法正外统都畿，内为谋主，一餐之德，睚眦之怨，无不报复，擅杀毁伤己者数人。或谓诸葛亮曰："法正太纵横，将军宜启主公，抑其威福。"亮曰："主公之在公安也，北畏曹操之强，东惮孙权之逼，近则惧孙夫人生变于肘腋。法孝直为之辅翼，令翻然翱翔，不可复制。如何禁止孝直，使不得少行其意邪！"

毛泽东读到这里，批注道："观人观大节，略小故。"（《毛泽东读文史古籍批语集》，中央文献出版社1993年版，第291页）

法正（176—220），字孝直，右扶风郿县

"观人观大节，略小故。"（《毛泽东读文史古籍批语集》，中央文献出版社1993年版，第291页）

（今陕西眉县）人，三国时刘备谋士。初依附刘璋，奉命邀刘备入蜀拒敌张鲁。他向刘备献计，劝他乘机夺取蜀地。刘备占据益州，任命他为蜀郡太守，并采用他的计策，攻杀曹操大将得夏侯渊，夺得汉中。后任尚书令、护军将军。

此事发生在汉献帝建安十九年（214），法正因助刘备取蜀有功，被任为蜀郡太守、扬武将军，"外统都畿，内为谋主"，颇受刘备信任，手中权力很大。因此他便利用权势，专横霸道，报个人之恩，泄个人之怨，甚至公报私仇，擅自杀了几个过去对他不满的人。于是，有人劝诸葛亮向刘备汇报，加以节制。诸葛亮则从当时刘备所处不利环境这一大局出发，指出法正像羽翼一样辅佐刘备，使刘备能自由翱翔，不能因为小的过失，就限制他的权力和自由。毛泽东认为诸葛亮对法正的看法，是"观人观大节，略小故"，表明他是赞同诸葛亮的看法的。

"大节"，这里指品德操行的主要方面。语出《宋书·王玄谟传》："玄谟虽苛剋少恩，然观其大节，亦足为美。"《明史·赵时春传》："大臣宜待以礼，取大节，略小过。""小故"，小过失。语出《宋史·范仲淹传》："仲淹曰：'太后受遗先帝，调护陛下者十余年，宜掩其小故，以全后德。'"毛泽东写"观人观大节，略小故"的批语，提出了一个评价人、使用

毛泽东读《资治通鉴·魏纪三》批注

初，越巂太守马谡，才器过人，好论军计，亮深加器异。汉昭烈临终谓亮曰："马谡言过其实，不可大用，君其察之！"亮犹谓不然，以谡为参军，每引见谈论，自昼达夜。

及出军祁山，亮不用旧将魏延、吴懿等为先锋，而以谡督诸军在前，与张郃战于街亭。

谡违亮节度，举措烦扰，舍水上山，不下据城。郃绝其汲道，击，大破之，士卒离散。

亮进无所据，乃拔西县千余家还汉中，戮谡以谢众。

亮自临祭，为之流涕。

是天水、南安、安定皆叛应亮。

《资治通鉴》卷七十一 魏纪三 明帝太和二年（公元二二八年）

二三四一

人的原则。

（二）"自街亭败后，每出，亮必在军"

毛泽东对诸葛亮的自我批评精神也十分赞赏。

宋代司马光《资治通鉴》卷七十一《魏纪》三记载："初，越嶲太守马谡，才器过人，好论军计，诸葛亮深加器异。……及出军祁山，亮不用旧将魏延、吴懿等为先锋，而以谡督诸军在前，与张郃战于街亭。谡违亮节度，举措烦扰，舍水上山，不下据城。张郃绝其汲道，击，大破之，士卒离散。亮进无所据，乃拔西县千余家还汉中。收谡下狱，杀之。"

毛泽东读了马谡失街亭的叙述，批注道："初战亮宜自临阵。"（《毛泽东读文史古籍批语集》，中央文献出版社1993年版，第292页）

《资治通鉴》卷七十二《魏纪》四记载："（太和五年）六月，亮以粮尽退军，司马懿遣张郃追之。进至木门，与亮战，蜀人乘高布伏，弓弩乱发，飞矢中郃右膝而卒。"

太和是魏明帝曹叡的年号，太和五年，即231年，也就是后主建兴九年。这年春天，诸葛亮五出祁山，"以木牛运，粮尽退军，与魏将张郃交战，射杀郃"。（《三国志·蜀志·诸葛亮传》）毛泽东读了上述一段文字后，批注道："自街亭败后，每出，亮

"初战亮宜自临阵。"（《毛泽东读文史古籍批语集》，中央文献出版社1993年版，第292页）

毛泽东读《资治通鉴·魏纪四》批注

必在军。"（同上注）毛泽东肯定诸葛亮知错必改的作风。

《三国志解集解》卷一《魏书》载："己酉，令曰：'《司马法》："将军死绥。"故赵括之母，乞不坐法。是古之将者，军破于外而家受罪于内也。自命将征行，但赏功而不罚罪，非国典也。其令诸将出征，败军者抵罪，失利者免官爵。'"

毛泽东读后，批注曰："赤壁之败，将抵何人之罪？"（《读〈三国志集解〉批语》，《毛泽东读文史古籍批语集》，1993年版，第137—138页）意思是说，赤壁之战，大败而归，曹操作为统帅，没有自责，降职削爵，又能追究什么人的责任呢？太缺乏自我批评精神了。在这一点上，曹操与诸葛亮相比，可谓相形见绌。

陆逊『知己知彼，很会打仗』

朱升

郭嘉　马周　陆逊

嘉　张良　李斯

商鞅　诸葛亮

陆逊（183—245）是东吴继周瑜、鲁肃、吕蒙之后的第四位战功卓著的将领，毛泽东对他赞赏有加。

毛泽东读《三国志集解·吴书·陆逊传》时，在不少地方做了批注。陆逊在彝陵大战前奉行以逸待劳的方针，东吴诸将并不理解，甚至十分激愤。但陆逊不为所动，手按宝剑以军令训诫众将："刘备天下知名，曹操所惮。今在境界，此强对也。诸君并荷国恩，当相辑睦，共翦此虏，上报所受；而不相顾，非所谓也。仆虽书生，受命主上。国家所以屈诸君使相承望者，以仆有尺寸可称，能忍辱负重故也。各任其事，岂复得辞！军令有常，不可犯矣。"

陆逊画像

毛泽东对此评价颇高，批注道："此司马懿敌孔明之智也。"（《毛泽东读文史古籍批语集》，中央文献出版社1993年版，第161—162页）

大战胜利后，陆逊没有听从徐盛等人乘胜追击捉拿刘备的建议。对此，史学家多数给予肯定。清代学者何焯认为，陆逊深思熟虑，"大胜之后，将骄卒惰，溯流仰攻，转馈又难，一有失利，前功尽弃"。毛泽东认为何焯的评价很中肯，并写下了"何评有理"的批语。可见，毛泽东对陆逊在彝陵之战后所采取的战略方针是充分肯定的。

一、"继吕蒙当了统帅"

（一）初露锋芒

陆逊，本名陆议，字伯言，吴郡吴县华亭（今上海松江）人，出身于江东大族。祖父陆纡，字叔盘，敏捷有才思，曾任城门校尉。父亲陆骏，字季才，淳朴敦厚，很受当地和本族的人拥护，曾任东汉九江都尉。

陆逊小时候就失去了父亲，跟随堂父陆康在庐江太守任所读书。袁术割据淮南时，唆使孙策攻陷庐江。一个多月后，陆康病死。陆康事先把家眷都送回吴县，其子陆绩尚幼，刚刚12岁的陆逊承担起支撑门户的责任。

年轻的陆逊是一个温文尔雅的书生。当时，陆绩及其外甥顾邵以博览书传齐名，陆逊、张敦、卜静次之，远近知名。然而，历史的风云际会却把陆逊推上了东吴的政治舞台。陆逊凭借这个舞台，演出了一部有声有色的话剧。

孙策死后，孙权继领其众，"招延俊秀，聘求名士"。陆逊21岁时，应召入孙权幕府，历仕东、西曹令史；稍后，又外出任海昌（今浙江泛海宁南二十里）屯田都尉，同时兼理县里政务。该县境内连年大旱，他开仓赈济贫民，组织生产自救，缓和了灾情，深得百姓信赖。

当时，吴、会稽、丹阳有许多农民因逃避赋役而投靠豪强大族，沦落为依附民。豪强大族为了反抗政府征发并保卫和扩大既得利益，把依附民组成地方武装队伍。这类豪强武装依山据险，被官府称作"山贼"、"山寇"。他们经常扰乱地方，有的豪强集团还与曹操遥相呼应，对抗孙吴政权，成了孙吴政权的心腹大患。

针对这种情况，陆逊向孙权陈述当前应该做的事，请求采取抑制豪强、安定社会秩序及扩大军队的措施。在孙权的支持下，他招募吴郡、会稽、丹阳三郡的依附民为兵。会稽有个山贼头目潘临，一向是这个地区的祸患，多年没有捕获。陆逊率领军队深入重山险谷，终于消灭了这支为害多年的豪强武装。他的部队也因此扩充到两千多人。不久，他又兴兵配合

奋武将军贺齐剿灭鄱阳郡的贼众头目尤突的豪强武装。事定之后，孙权拜陆逊为定威校尉，军队驻扎在利浦。

孙权十分赏识陆逊的才干，把哥哥孙策的女儿嫁给他，结为秦晋之好。他还多次向陆逊征询对时局的看法，陆逊献策说：如今英雄对峙，像豺狼一样窥测观望。要战胜敌人，平定祸乱，没有人数众多的军队是不能成功的。而目前山寇等旧势力，仍然占据深山险阻，这些腹心之地不安定，就谈不上大展宏图。因此，当务之急是扫平山寇，取其精锐，来扩充我们的军队。

孙权画像

孙权采纳了陆逊的建议，提拔他担任帐下右部督之职。

这时，恰巧丹阳地区又发生豪强叛乱事件，豪强费栈接受曹操封号，煽动山越人叛乱，充当曹军内应。

陆逊奉命讨伐费栈。费栈的支党很多，而陆逊去的兵少，在敌我悬殊的情况下，他就多设营帐，遍布战鼓号角，虚张声势，以迷惑敌人。然后，乘夜领兵潜入山谷，鼓角齐鸣，向敌人发起突然攻击，很快镇压了这场叛乱。

于是，陆逊检阅吴郡、丹阳、会稽三郡的依附民。以强壮的人当兵，病弱的人补充农户，共得精兵数万人。这样既打击了地方豪强，也大大增强了自己的实力。陆逊回师，驻扎在芜湖。

陆逊虽然在早期活动中初露锋芒，但并不甚为人所重视。直到建安末年的吴、蜀争夺荆州之战，他才脱颖而出，成为吴军将领中一位杰出的后起之秀。随后又火烧连营，取得彝陵大捷。

随之，陆逊的政治地位不断上升。黄武七年（228），他被授予大都督、假黄钺，作为元帅指挥九万大军迎击魏大司马、扬州都督曹休，斩获万余人、牛马骡驴车乘万余辆和无数军资器械。

黄龙元年（229），孙权称帝，陆逊官拜上大将军、右都护。孙权东巡建业，征陆逊赴武昌辅太子，并任荆州牧及掌管豫章、庐陵、鄱阳三郡事务。

赤乌七年（244），陆逊继顾雍之后任丞相。孙权在发布的任命诏书中说："惟君天资聪叡，明德显融，统任上将，匡国弼难。夫有超世之功者，必应光大之宠；怀文武之才者，必荷社稷之重。昔伊尹隆汤，吕尚翼周，内外之任，君实兼之。今以君为丞相，使使持节、守太常傅常授印绶。君其茂昭明德，修乃懿绩，敬服王命，绥靖四方。於乎！总司三事，以训群寮，可不敬与，君其勖之！其州牧、都护、领武昌事如故。"

吴王城遗址

（二）饮恨而终

陆逊曾经建议扩大军屯，增加诸将屯田面

南怀瑾
看
八·大·谋·臣

积，以弥补粮食不足，甚得孙权的赞赏。他主张实行德政，缓刑罚，宽赋调。

孙权写信对他说：设立法令，是要遏恶防邪，儆戒未犯的人，没有刑罚以威慑小人哪能成呢！这是先令后诛，使人免于犯法。孙权还令人抄写法律条文送给陆逊，以征求他的意见。

陆逊认为孙吴的法律太过严酷，于是上疏说：臣以为法律严峻，而下面犯法的人仍很多。近年以来将吏获罪者，虽然因为不慎，可加以责罚，但天下尚未统一，我们正在图谋进取，故小过应该宽恕，以稳定下属的情绪。尤其目前军政事务繁多，用人要以才能为先，只要不是不可救药和不能容忍的，都请给予重用，发挥他们的才干。

陆逊反对穷兵黩武，极力劝阻派兵征伐夷州、朱崖和北讨公孙渊等军事行动，提出"育养士民，宽其租赋"的建议。他说：平乱讨逆，需依赖兵威；农桑衣食，是百姓的本业。而今战争不能止息，百姓蒙受饥寒之苦。臣以为应当育养士民，宽其租赋。

嘉禾六年（237），中郎将周祗奏请在鄱阳招募郡民为兵，孙权询问陆逊的意见，陆逊认为此郡百姓易动难安，故不能召兵。但周祗固执己见，果然引起鄱阳、豫章、庐陵三郡的动乱。陆逊选拔精兵八千余人，发兵讨伐，才平定了这场动乱。

后来，谢渊、谢厷上书要求"兴利改作"，陆逊奏议说：国家以民为本，强盛出于民力，财富来自百姓。民富国弱，民贫国强，是从来没有的。所以治国的人，得民则治，失民则乱。如果不让百姓得利，只要求他们效力，是难以做到的。所以《诗经》上慨叹"政治措施适宜于人民，适宜于官吏，就会得到上天赐予的幸福"。因此，请圣上降恩，安宁赈济百姓，待数年以后，国家比较富裕，然后再考虑吧。关于"兴利改作"的具体内容，已经不得其详，单从陆逊所说，可能是指对老百姓的巧取豪夺。

孙权生性多疑，晚年更甚。他设立中书校事监察各级官吏，而校事吕壹等恃宠弄权，离间君臣，擅作威福，挟嫌报复，且手段十分残忍，使大臣人人自危，敢怒而不敢言。即使是陆逊也不敢尽言直谏，只能与潘濬

木渎是与苏州城同龄的水乡古镇,迄今已有2500多年的历史。三国时,木渎已是三吴重镇。东晋时司空陆玩为陆逊后裔,曾建宅于灵岩山馆娃宫旧址,后舍宅为寺,木渎成为佛教圣地

窃窃私议,相对流涕而已。

陆逊担任丞相后,仍然驻守武昌(今湖北鄂城)。这时,太子孙和与鲁王孙霸不和,孙权听信谗言,遂有废黜太子之意。陆逊一再上疏规谏,说:太子是正统,地位应该像磐石一样坚固,而鲁王为藩臣,他们在尊卑俸秩上应当有差别,这样才能使他们彼此得所,上下才能获得安宁。他还要求到建业(今江苏南京)当面申述自己的意见。太子太傅吾粲、太常顾谭也多次上疏辩嫡庶之义,反对废嫡立庶。但是,孙权既不许陆逊还都,又以亲附太子的罪名处陆逊外甥顾谭、顾承、姚信等流徙。太子太傅吾粲因几次与陆逊通信,竟被下狱处死。接着,孙权连连派遣内廷使者谴责陆逊。赤乌八年(245)二月,陆逊愤怒痛苦而死,时年63岁。

二、"陆逊知己知彼,很会打仗"

陆逊善谋略,其主要为孙权出了如下奇策妙计:

(一)智取荆州

荆州地处要冲,历来是兵家必争的战略要地。建安十三年(208),以曹操为一方,以孙

看八·大·谋·臣

230

权、刘备为另一方，因争夺荆州在赤壁打了一场大战。战后，刘备占据了武陵、长沙、桂阳、零陵四郡，孙权占据了江夏郡和南郡南部。刘备占领荆州大部分地区，既阻碍孙吴势力向西扩展，又威胁着孙吴侧翼的安全，成了孙权的一块心病。

从此，吴、蜀争夺荆州的纠纷越闹越大。建安二十四年（219），蜀汉荆州守将关羽出兵进攻曹操的樊城。当关羽的大军团团围住樊城的时候，镇守夏口的东吴汉昌太守吕蒙突然声称旧病复发，要回京城建业治病。吕蒙带着随从，张扬地离开荆州，途中路过芜湖。

这时，陆逊驻兵芜湖，连忙赶去拜见。一阵寒暄之后，陆逊说道：吕将军与关羽接境，您走了以后，荆州的局势岂不是很令人担忧吗？

吕蒙一副无可奈何的样子，说：足下言之有理，只是我的病情日益沉重，实在无法坚持下去。

陆逊又说：将军一走，目前却是一个难得的机会。关羽骄傲自大，盛气凌人；这次又立了大功，更加得意忘形。他一心只想北进，而对我方毫不怀疑，这回听说将军有病回建业，必然更不加防备。如果我们出其不意，攻其不备，一定可以稳操胜券。请将军回到建业面见至尊的时候，与他好好计议一番。

陆逊的这席话不禁使吕蒙大

荆州城，位于荆州市城区西部。无论是三国鼎立局面的形成，还是魏、蜀、吴霸业的兴衰，无不跟荆州的得失相关

吃一惊。原来，吕蒙病重是假，麻痹关羽、伺机出击是真，这其实是孙权和吕蒙合演的一出双簧，可他万万没有想到戏刚出台，就被陆逊识破了。

不过，军机不可泄露，吕蒙只得佯装无动于衷，他对陆逊说：关羽是一员猛将，本来就很难与他抗衡。现在他占据荆州，甚得人心，又刚刚打了胜仗，锐气更盛，从他手里夺取荆州恐怕不那么容易吧！

吕蒙回到建业，孙权问他：谁可以代替您呢？吕蒙极力推荐陆逊，他说：陆逊有深谋远虑，可以委以重任；况且他目前名声不大，不是关羽忌怕的人，是再合适不过的人选了。于是，孙权任命陆逊为偏将军右部都督，接替吕蒙统率孙吴西线军队。

陆逊赴任到了陆口，为了进一步麻痹关羽，给关羽写了一封措辞十分谦恭的书信。信上说：将军善于用兵，军纪严明，小举大克，您的功业是何等伟大啊！敌人的失败，就是我们联盟的胜利，我们获悉胜利的喜讯，无不拍手称快，希望能与将军席卷中原，同扶汉室。我是一个很迟钝的人，受任西上，时刻盼望亲聆您的教诲。

不久，关羽水淹曹操援军，杀庞德，俘虏大将于禁，陆逊又马上去信祝贺说：将军水淹曹军、活捉于禁等人的消息传来，大家赞叹不已，都认为将军的功勋足以流芳百世，即使往昔晋文公城濮的雄师，淮阴侯攻克赵国的谋略，也比不上将军。近来我听说徐晃带领少数骑兵，在一旁窥探。曹操是个狡猾的家伙，或许还会派兵增援，以求一逞。虽然曹军已经疲惫不堪，但也有些骁勇强悍之徒，打了胜仗以后，容易因轻敌吃亏，古人越是打胜仗越是警惕。因此，希望将军集思广益，保证大获全胜。我是一个粗疏迟钝的书生，有幸与将军这样才能非凡、品德高尚的人为邻，很乐意倾诉自己的一孔之见，虽然不一定有用，仅供将军参考。

关羽读了这些信后，觉得陆逊谦虚、诚恳，彬彬有礼，大有投靠自己之意，也就不把他放在心上了。

此时，关羽在前线虽然节节胜利，但后方却危机四伏。留守江陵、公安的将领糜芳、傅士仁因军资供应不及时，关羽声言要惩治他们，糜芳、傅士仁不堪忍受，顿生异心。

事实上，这些情报，陆逊都了如指掌。他见破蜀时机已经成熟，立即派人向孙权作了汇报。孙权当机立断，命令陆逊、吕蒙为前部，攻打荆州，自己也亲率主力，向西挺进。

吕蒙、陆逊兵分两路，直扑关羽的大后方。吕蒙率军攻打公安、江陵；陆逊则长驱直入，攻打宜都郡，刘备所置宜都太守樊友弃城溃逃，其他据点长吏和蛮夷酋长都望风投降。

孙权以陆逊领宜都太守，升为抚边将军，封为华亭侯。

陆逊派遣部将李异、谢旌等领兵三千人，水陆并进，攻破蜀将詹晏、生擒陈凤。接着又大破蜀国房陵太守邓辅、南乡太守郭睦。秭归大族文布、邓凯招聚夷兵几千人，企图抵抗吴军，又被陆逊率军击败。文布、邓凯逃走，蜀军任以为将，陆逊派人诱降，文布终于领兵归降。陆逊指挥的吴军所向披靡，势如破竹，占领了秭归枝江、夷道，守住了峡口，堵住了关羽退回西蜀的大门。

当关羽得到消息，匆匆忙忙从樊城撤军的时候，公安、江陵已经被糜芳、傅士仁献给了吴军。蜀军进退维谷，疲于奔命，军心动摇。关羽只得领兵退守麦城，最后全军覆灭，父子二人也被东吴所杀。在夺取荆州的战役中陆逊指挥吴军歼敌几万人，孙权十分高兴，提升他为右护军、镇西将军，晋封他为娄侯。

建安二十五年（220）冬，曹丕篡汉称帝，改元黄初。第二年（221）四月，刘备也在蜀中称帝。与此同时，孙权移镇于鄂，改名武昌。陆逊主张延纳刚刚返回荆州的人士，以扩大孙吴政权的影响，孙权采用了他的意见。

1958年9月21日，毛泽东由南京赴上海、杭州，同行的有民主人士张治中和时任公安部部长的罗瑞卿将军。

据张治中日记载：在去杭州的火车上，我和罗部长到主席的车厢里去，主席拿着一本《三国志》在看。主席说："《三国志》不错，看起来很有意思。……"我提到陆逊，主席说："最初陆逊是吕蒙手下的一个中级军官，以后继吕蒙当了统帅。关羽攻曹操手上的樊城，陆逊用计骗关羽把全军开到前方，然后轻骑疾趋南郡（现在的宜昌），南郡太守糜芳投降。关羽将士家眷留在南郡，吕蒙进城办法很好，对他们不但不加损害，还特加照顾，对年老的慰问，对疾病的给医药，对饥寒的给衣服、粮食，对关羽的财产丝毫不动。对关羽派来的人很优待，使他和将士家属相会，结果起了很大的作用。关羽的将士知道后，军心涣散，士无斗志，使得关羽不得不败走麦城。"（张治中、余邦湛：《张治中和毛泽东——随同毛主席视察大江南北日记》，陕西人民出版社1995年版，第61—62页）

（二）彝陵大捷

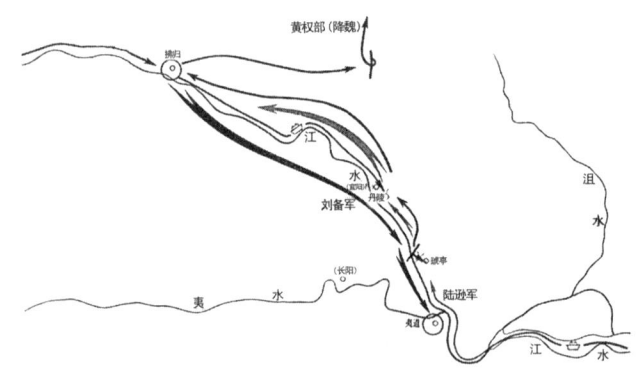

彝陵之战地图

荆州之战后，刘备一直耿耿于怀，不听赵云等人的劝阻，准备亲自领兵伐吴，替关羽报仇，想再夺回荆州。孙权慑于曹魏大兵压境，派人向刘备求和，吴南郡太守诸葛瑾也写信给刘备，劝他捐弃前嫌，共御曹军。但刘备报仇心切，断然拒绝。于是，吴、蜀之间就爆发了一场更大规模的战争——彝陵之战。

彰武二年（221）七月，刘备率领大军浩浩荡荡出三峡，蜀军前锋吴班、冯习首先攻下巫县，紧接着四万蜀军长驱直下，占领秭归。

此时，孙权只得命将出师，迎战蜀军，他拜

看·八·大·谋·臣

陆逊为大都督，统率将军朱然、潘璋、韩当、徐盛、孙桓等部五万余人抵抗。

吴黄武元年(222) 一月，刘备到达秭归，命令吴班、陈式的水军沿长江东下，封锁彝陵一带沿江两岸。然后，刘备率领各路大军攀山越岭深入到猇亭，武陵地区的蛮夷等少数民族因受到刘备使者的鼓动，也派兵参战。蜀军进展神速，声势浩大，从巫峡到彝陵的长江沿岸，设立了几十个营地，绵延七百多里。整个形势对吴军十分不利，吴军统帅陆逊面临着严峻的考验。

陆逊实行战略退却，退守彝陵。他按兵不动，避开蜀军的锐气，不与蜀军决战，而是冷静地等待战机。

但一些吴军将领沉不住气，纷纷要求出兵，给蜀军一个迎头痛击。陆逊耐心地对他们说：刘备举兵东下，锐气正盛，现在又居高临下，占据险要地形。我们一时难以攻下，纵然攻下了，也难以全歼敌人。可是，如果我们出师不利，就会影响全局，这绝不是小事。目前，我们只能激励将士，广施方略，静观其变。蜀军驻屯在群山之间，兵力不易展开，时间一长，自当疲惫不堪，等到那个时候，我们就可以抓住它的弱点来制服他们。

将领们以为陆逊畏惧敌人，心中都愤愤不平。这时，蜀军在猇亭以南的夷道包围了孙桓。

孙桓乃是孙权的侄儿，他派人向陆逊求救，陆逊却说：不能派兵。

将领们问：安东将军是公族，现在被蜀军包围，非常危险，为什么不发兵救援？

陆逊回答说：安东将军得到士兵拥护，城池坚固，粮食充足，不必为他担忧。等到我的计划实现了，我就是不救他，包围他的蜀兵自然也会解除的。

陆逊部下的将领，有的是孙策的旧将，久经沙场，资格很老；有的是王公贵戚，地位很高。他们都很傲慢，不肯接受陆逊的节制。但大敌当前，这种倾向如果不能及时纠正，后果将不堪设想。

于是，陆逊召集部将，手按着剑对他们说：刘备闻名天下，曹操尚且顾忌他。现在他就在我们面前，确实是我们的劲敌。诸位都受到国家重用，理应同心协力，共同抗敌。我虽然是一介书生，但受命为全军统帅，主上之所以让大家听从我的指挥，是因为我多少还有可取之处，能够忍辱负重。你们都履行自己的职责，不得违抗命令，军法无情，不可冒犯！

有一次，刘备派将领吴班带着几千名士兵在吴军阵地前面的平地上安营扎寨，向吴军挑战。

吴军将领按捺不住，主张出击，陆逊非常沉着，分析说：其中必然有诈，等着瞧吧！果然不出陆逊所料，刘备确实预先在山谷中埋伏了八百精兵，只要陆逊出击，伏兵就会突然包围过来。刘备见吴军没有上当，才把伏兵从山谷中撤出，这时陆逊对诸将说：我之所以不同意大家出击吴班，是料到敌人一定有阴谋。部将才稍稍心服。

时间一个月一个月地过去了，吴军始终坚守阵地，拒不应战；蜀军无计可施，思想上渐渐松懈了。

闰五月，陆逊决定反攻，他上疏孙权说：彝陵是军事上的要害之地，国家的西部门户，既容易攻占，也容易失守。丢掉彝陵不只是丢掉一个郡，整个荆州都将岌岌可危，所以我与刘备争夺彝陵，一定要取得胜利。我起初担心刘备水陆并进，而现在他放弃水军，只用步兵，处处结营。据我的观察，他的部署今后也不会出现什么变化，因此至陛下高枕无忧，不必挂念这件事了。

当陆逊下令发起进攻时，诸将疑虑重重，纷纷说：攻击刘备应当趁蜀军立足不稳的时候，现在他们已经深入我国境内五六百里，双方已经相持七八个月，他们所占据的战略要地都加兵固守了。这个时候再去攻打，一定没有好结果。

陆逊反驳说：刘备是个狡猾的敌人，见多识广，经验丰富。当他的军队刚刚集结的时候，他对各方面都考虑得很周密、细致，那时我们不能与他硬拼。现在他们驻扎时间长了，没有找到进攻的机会，士卒疲乏，斗志消沉，又无计可施，这个时候正是我们歼敌的大好时机。

陆逊十分谨慎，决战之前，派出一支小部队先做试探性的进攻，攻打蜀军的一个营寨，结果

失利了。原来持反对意见的将领就说：这是让士兵去送死呢！陆逊却说：我已经找到破敌之法了。

当时正值盛夏，蜀军营寨多用木栅构筑，而且地处峡谷，草木丛生，利于火攻。陆逊命令士兵人人带上一把茅草，顺风点火。蜀军阵地顿时火势熊熊，化成一片火海。蜀军混乱中，陆逊命昭武将军朱然率五千人马突破蜀军前锋，与偏将军韩当的部队共同攻占涿乡（今湖北宜昌西），切断蜀军的退路。接着，陆逊又命振威将军潘璋攻击蜀护军冯习等，他自己则亲率吴军主力，在猇亭向蜀军主力发起进攻。

蜀军前锋溃败以后，士气一落千丈。不久，蜀将张南、冯习战死，杜路、刘宁走投无路，被迫投降。蜀侍中马良和少数族首领沙摩柯部也被歼灭。蜀军的四十余座营寨都不复存在。刘备只好收拾残部，退守彝陵西北的马鞍山。这一仗，蜀军所有的舟船、器械、辎重全都被吴军缴获。

陆逊又乘胜指挥吴军从四面进逼马鞍山，消灭蜀军万余人。刘备在夜色掩护下带着少数兵将拼死突围，幸亏驿卒焚烧铠甲，堵塞吴军追路，

宜昌市位于长江中上游交界处，地处长江三峡的西陵峡口。宜昌古称"彝陵"，是巴楚文化发祥地之一，古属"荆州之域"，今在湖北宜昌东南。吴后改西陵，晋又改彝陵。"山至此而陵，水至此而彝"，意思是说山到了这里就变成了小丘陵，而水到了这里就化险为夷了，描述了彝陵是一块兵家必争、百姓向往的风水宝地。由陆逊指挥的"彝陵之战"就发生在这里

陆逊营寨

才逃回了白帝城（今四川奉节东）。之后，刘备又惭愧又愤恨地说：我竟然被陆逊所挫败受辱，难道不是天意吗！

彝陵之战充分显示了陆逊卓越高超的军事才能。他审时度势，指挥吴军撤退诱敌，以逸待劳，集中兵力，造成有利态势；他谨慎选择时机，该停则停，该打则打，坚决果断，一举歼灭蜀军主力，解除了来自西面的威胁。因此，他被孙权拔擢为辅国将军，领荆州牧，改封江陵侯。刘备败逃后，徐盛、潘璋等将领主张继续追击蜀军，擒拿刘备。陆逊毕竟是一位有战略眼光、全局在胸的名将，他不忘魏军陈兵边界，蠢蠢欲动，故决计退兵。九月，魏军果然大出，孙吴三处受敌，但因为早有准备，所以魏军毫无所获。

不久，刘备病死，蜀丞相诸葛亮辅佐刘禅。此后，诸葛亮与孙权联合，恢复了吴蜀联盟。而驻守江陵的陆逊，也经常代表孙权与蜀国互通信息。在他的府中，有一枚孙权的印章。孙权写信给刘禅、诸葛亮时，常先交陆逊过目，不妥之处，陆逊即加修改，再重新封好，加盖孙权的印章。

毛泽东在自己的军事著作中曾多次讲到彝陵之战，认为它是"以少胜多、以弱胜强"的著名战例。他在《论持久战》中说："中国如晋楚城濮之战、楚汉成皋之战、韩信破赵之战、新汉昆阳之战、袁曹官渡之战、吴魏赤壁之战、吴蜀彝陵之战、秦晋淝水之战等等，外国的如拿破仑的多数战役，十月革命后的苏联内战，都是以少击众、以劣势对优势而获胜。"（《毛泽东选集》第二卷，人民出版社1979年版，第491页）

三、"此司马懿敌孔明之智也"

（一）忍辱的智慧

诸葛亮最后一次北伐时，屯兵五丈原（今陕西眉县西南斜谷西侧），由于劳师远征，粮食不足，打算速战速决。司马懿看出他的意图，所以采取"以候待变"的策略，无论诸葛亮怎么挑战，他就是按兵不动，坚守不出。诸葛亮无奈，派人送去一套白色的女装和头巾，并附送书信一封，讽刺司马懿："既为大将，统领中原之众，不思披坚执锐，以决雌雄，乃甘窟守土巢，谨避刀剑，与妇人又何变异哉？今遣人送巾帼素衣至，如不出战，可再拜而受之；倘耻心未泯，犹有男子胸襟，早与批回，依期赴敌。"

司马懿看过书信，心中大怒，却强作笑颜："孔明视我为妇人耶？"接过衣物，厚待来使，继续坚守。

在封建社会，妇女地位低下，诸葛亮给司马懿送巾帼素衣，把他视为妇人，无疑是莫大的侮辱，意在激怒对方，使之出战。司马懿身为魏军大都督，按常情决不能咽下这口气，但他老谋深算，对当时的形势作了冷静分析：一是战事于

"中国如晋楚城濮之战、楚汉成皋之战、韩信破赵之战、新汉昆阳之战、袁曹官渡之战、吴魏赤壁之战、吴蜀彝陵之战、秦晋淝水之战等等，外国的如拿破仑的多数战役，十月革命后的苏联内战，都是以少击众、以劣势对优势而获胜。"（《毛泽东选集》第二卷，人民出版社1979年版，第491页）

卷五十八　陆逊

乃知调度自有方且当禦备时诸将军或是孙策时旧将或公室贵

戒各自矜恃不相听从逆条剑曰刘备天下知名曹操所惮今在境

界此强对也　诸君并荷国恩当相辑睦共翦此虏上报所

受　而不相顺非所谓也仆虽书生受命于

命主上国家所以屈诸君使相承望者以仆有尺寸可称能忍辱负

重故也　各任其事

常不可犯矣　岂复得辞军令有

此诸将或任腹心或堪爪牙或是功臣皆国家所当与克定大事

者臣虽驽懦窃慕蔺相如寇恂相下之义以济国事

毛泽东读卢弼
《三国志集解·陆
逊传》批注

魏不利。诸葛亮六出祁山，锋芒正锐，誓与魏军决一死战。且新败之后，贸然出战，难操胜券。二是蜀国小力弱，虽集三年之力伐魏，但后方遥远，蜀道崎岖，三十万大军的补给不易解决，经不起旷日持久的消耗，利在速战速决。魏国则不然，国大人多，物力雄厚，战场又离渭水平原不远，补给十分便利，利在以逸待劳。司马懿出于对敌我双方形势的正确估计，出师前就与魏主一起制订了以守为攻、拖垮蜀军的作战方略。在他看来，受辱事小，失利事大。因而强忍激愤，只在"心中大怒"，仍旧坚壁高垒，静待时机。

司马懿不是消极的"忍"，他在忍的同时，密切注视着蜀军的动静，特别注意抓住机会了解蜀主帅诸葛亮的健康状况。蜀军使者称"丞相夙兴夜寐，罚二十以上皆亲览也。所啖之食，日不过数升"。这一番话，无意中透出一个重要消息："孔明食少事烦，其能久乎？"司马懿由此得出诸葛亮将不久于人世的估计。原来不仅蜀国拖不起，诸葛亮本人也没有多少时间了。

司马懿没有白忍，形势终于发生了根本性变化，蜀军正打熬不住，盟友吴军又在配合攻魏中兵败合肥，无功而退。魏国两面受敌的局面已告结束。诸葛亮闻讯，长叹一声，昏倒于地，五丈原秋风，大星陨落，蜀军不战自退，由战略进攻转为战略退却。司马懿兵不血刃，凯旋长安。

司马懿的高明之处就在于，他在需要坚守的情况下，始终保持清醒的头脑，不为辱骂所怒，不争强，不上当。能够以忍对待危机，以忍来解决问题。

毛泽东指出，吴蜀彝陵之战时陆逊实施坚守不出，遇到困难时，用的就是"司马懿敌孔明之智也"。（《读卢弼〈三国志集解·陆逊传〉批语》，《毛泽东读文史古籍批语集》，中央文献出版社1993年版，第161—162页）其实，在彝陵之战中陆逊开始采取坚守不战的战略方针，部将多有怨言，私下里认为他胆小怕事，怯懦无能。这位年轻的统帅既不能在强敌和部将面前示弱，又不能鲁莽地和刘备硬拼，于是想出了一个两全之策——借君命来压众。他比司马懿还要高明，在出征时就向孙权讨到了一柄"尚方宝剑"，"有不听号令者，先斩后奏"。所以当部下"各自矜持，不相听从"时，陆逊按剑怒斥说：我虽是个文弱书生，但是主公命我为大都督，我就要报效国家，你们必须各行其事，不用多说。军令有常，不可违犯。由此镇住了众人。

毛泽东读到这里，又联想到从前司马懿与孔明对阵时也用君命压众的故事，所以写下了"此司马懿敌孔明之智也"的批注。

（二）"彝陵之战刘备策略失误"

吴蜀彝陵之战，是中国历史上有名的战役。毛泽东在1936年12月写的《中国革命战争的战略问题》中，曾引用这个战例，来说明"双方强弱

"刘备的野心大，但他志大才疏学识浅，好感情用事，在许多问题上用感情代替了政策。"

——1949年3月毛泽东路经刘备家乡河北涿州时的讲话

不同，弱者先让一步，后发制人，因而战胜"的战略战术。那么，在当时的情况下，刘备有无战胜孙权的良策呢？在毛泽东看来是有的。

毛泽东在读《三国志集解·陆逊传》时，曾对这个战例进行了别出心裁的批注，从当时处于强者一方而又失败了的刘备的角度来总结经验教训。

刘备的这次失败，首先是战略上的失误。从当时三国间斗争的形势来看，吴国虽然讨还荆州，袭杀关羽，但并不能改变三国间的基本关系，即是说蜀汉的最大敌人仍是曹魏，而不是东吴。刘备的当务之急是应修复遭到破坏的孙刘联盟，共拒曹魏，而不宜加深吴蜀间的矛盾；从吴国来看，也有修复盟约的必要性与现实可能性。这一点，赵云说得很清楚："国贼是曹操，非孙权也，且先灭魏，则吴自宾服。"孙权也遣使求和，对刘备晓以厉害。但刘备报仇心切，听不进他人意见，一意孤行，终遭惨败。

陆逊营寨

其次，关于刘备战术上的失误，历代都有人探讨。一般认为刘备劳师远征，深入吴地五六百里，是一场冒险的军事行动。特别是砍伐山木，连营扎寨，以阵地战的形式进攻东吴，给陆逊留下了火攻之机，导致失败。《陆逊传》写道：

毛泽东看八·大·谋·臣

"逊曰：'吾已知晓破敌之术。'乃敕一把茅，以火攻拔之。一尔势成，通率诸军同时俱攻。斩张南、冯习及胡王沙摩柯等首，破其四十余营。"卢弼在《三国志集解·陆逊传》中引用了清代学者钱振锽的评论："陆逊破先主，无他奇策，只令军士各持一把茅草。意先主连营，皆伐山木为之，故易火；若土石为之，逊其如之何？"

毛泽东读到这里，批注道："土石为之，亦不能久，粮不足也。宜出澧水流域，直出湘水以西，因粮于敌，打运动战，使敌分散，应接不暇，可以各个击破。"（《毛泽东读文史古籍批语集》，中央文献出版社1993年版，第161页）

在毛泽东看来，刘备失败的根本战术原因不在于用什么方式连营，而在于采用了阵地战

毛泽东读《三国志集解·陆逊传》批注

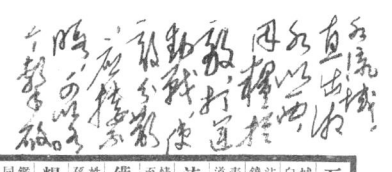

的战术。因为蜀军远征，粮草供应不上，在陆逊坚守不出的情况下，不宜与之对峙相持过久，而应该主动抽身。在吴军防守较薄弱的澧水流域和湘水以西地区打运动战，一边筹粮，一边作战，以迫使吴军分兵，然后各个击破。

可见，毛泽东不愧为中国杰出的军事家，见解独到而精当。

「第一奇文」上书人马周

朱升

马周陆逊

郭嘉张良

李斯

商鞅诸葛亮

一部《二十四史》，为毛泽东生前所钟爱。翻阅他在书页上评论人物的批语，可见大政治家的眼光。

毛泽东读欧阳修等著的《新唐书·马周传》，至马周上疏的那一页，他在其天头处写下："贾生（即贾谊）《治安策》以后第一奇文。宋人万言书，如苏轼之流所为者，纸上空谈耳。"（中共中央文献研究室编：《毛泽东读文史古籍批语集》，中央文献出版社1993年版，第235页）评价之高，竟至"第一"，而且不惜贬抑被后代视做文坛北斗的苏东坡，以作对照性褒扬。

马周像

这还不算，针对这篇传记所谓马周才能不及傅说和吕望的结论，毛泽东又批注道："傅说、吕望何足道哉，马周才德，迥乎远矣。"（中共中央文献研究室编：《毛泽东读文史古籍批语集》，中央文献出版社1993年版，第236页）

傅说是由奴隶而成为商朝宰辅的，吕望即协助周武王灭纣的姜太公（因受封于吕，从其封改姓）。认为马氏超越治国名相傅说和神通广大的姜太公，可见其在毛泽东心目中的地位。

马周何许人？他因何而出名？毛泽东又欣赏他哪里呢？

"傅说、吕望，何足道哉。马周才德，迥乎远矣。"（中共中央文献研究室编：《毛泽东读文史古籍批语集》，中央文献出版社1993年版，第236页）

一、唐初唯一寒门出身的宰相

（一）寒门学士

马周（601—648）出生于隋朝，正值从南北朝的分裂走向统一，人们进入了一段难得的和平时期。

史书没有记载马周的家世。据专家推测，马周极有可能出身于富裕的诗书世家。在魏晋南北朝近400年的时间里，中国通常依靠出身门第选拔人才，贫苦人家的子弟即使读书也很难有出人头地的机会，所以读书成为世家子弟的专利。正是世家出身，马周才有可能一心向学，不用顾及其他。据《新唐书·马周传》记载，马周少年时期便精通《诗经》、《春秋》。然而，就在马周的学业不断精进的时候，一场变故发生了，马周一夜之间父母双亡。

史书没有记载这是一场什么变故。有学者根据当时的历史背景推测，马周的父母很有可能丧身于隋朝末年的农民起义。当时，马周只有11岁左右。这场变故对少年马周打击很大，但是马周仍然记得父母对他的期望，没有荒废自己的学业。

就在琅琅的读书声中，马周步入了自己的青年时期，历史也进入了唐朝。马周虽然诗书满腹，却不懂得谋生之道。或许是因为怀才不遇，马周有些自暴自弃，凭借力气吃饭的乡人都看不

毛泽东读《新唐书·马周传》批注

起他，马周也因此更加苦闷。

　　唐高祖李渊武德年间（618—626），马周在20岁左右的时候，博州的地方政府将他录用为一名州学助教。或许是平时懒散惯了，或许是认为以自己的才能不应该只做这种小事，马周没有好好地对待这个工作，只是"日饮醇酎，不以讲授为事"。由于严重"怠工"，马周多次被博州刺史达奚恕指责。

　　此时的马周有些恃才傲物，见刺史如此对他，便挂冠而去，客居密州（今山东诸城）。赵仁本非常推崇他的才华，给他准备了许多行装、盘费，让他西入函谷关（今河南灵宝东北），进京谋发展。

唐长安城鸟瞰复原图

　　马周一路西行，寻找可以发挥自己才干的地方。他"拂衣游于曹（今山东菏泽）、客汴（今河南开封），又为浚仪（今河南开封）令崔贤所辱，遂感激西游长安（今陕西省西安市）"。

　　马周来到长安城外的新丰镇（今陕西西安临潼东北），借宿客店的时候，因为穿戴一般，被忙着招呼来往商贩的店主人冷落，他便要来一斗八升酒，"悠然独酌"。当时一般人能饮酒一斗，马周要的酒明显超出了他的酒量。在后人的演绎中，马周甚至要了五斗酒，喝了一斗多，其余的酒便全倒进盆中洗脚。马周旁若无人的潇洒自在，让周围的人不由得暗暗称奇。

第二天，马周便直奔当时的京城——长安，开始了他人生的另一段旅途。

（二）步入政坛

初到长安，马周借宿于中郎将常何的家中。常何是一名武将，与马周素不相识，他为何会收留马周，史书并没有记载。或许，常何为了方便自己书写奏疏，正在寻找文书的时候遇到了马周。

贞观三年（629），天下大旱，严重的灾情已危及国计民生。唐太宗忧心如焚，多次率百官求雨并极为虔诚地谴责自己。唐太宗求天不应，便召集群臣商量对策。他宣布，无论文臣还是武将都要上书评论朝廷政令的得失，并提出几条具体的意见。

这可难坏了武将常何，他回到府中，愁眉不展。马周得知了常何的为难之事，慨然伸出援手。他不假思索，伏在案上，以常何的名义写了一个奏折，洋洋洒洒地向朝廷提了二十多条建议，都切中时弊，文辞也非常优美。

次日早朝，常何怀着忐忑不安的心情，将奏疏呈现给唐太宗。

唐太宗一看，这些建议有根有据，确属可行。但唐太宗觉得武夫常何决不会有这神来之笔，便问他是何人所写。常何如实告诉唐太宗，这不是他所能想出来的，是家中的门客马周所写。太宗又问马周是何样之人，常何便向唐太宗介绍说，他这位客人是个忠厚孝顺的人。马周是清河茌平（今山东茌平）人，家境贫寒，但勤奋好学，尤其精通先秦诸子的典籍。由于自负才学出众，清高而孤傲，郁郁不得志。他在博州一所学校教书，常受地方官的训斥，一怒之下便拂袖而去，离家远游。他穷困潦倒，经常受人欺凌，历尽艰辛来到长安，住在臣家，乃当今一大奇士也。

唐太宗听完介绍，预感到这是一位隐于"陋巷"的杰出人才，当日便立即传诏奖赏给常何丝绸三百匹，表彰他推荐贤才之功，并派常何回家，请马周马上入宫见驾。唐太宗求贤心切，一连四次亲自派官员去催促马周。

唐太宗见到马周，问及尧舜的德治天下、孔孟儒学的思想精华、周隋的盛衰兴亡以及当今的时弊和治国方略，马周皆对答如流，见解精辟。唐太宗对马周的才华和忠诚极为赞赏，立即下诏命他入值门下省。

门下省，官署名。唐时与中书省同掌机要，共议国政，并负责审查诏令，签署章奏，有封驳之权。其长官称侍中，其下有黄门侍郎、给事中、散骑常侍、谏议大夫、起居郎等官。这是个权力中枢，马周从一个平民百姓，能到这个中央机构当值，可谓一步登天。

第二年，唐太宗又任命马周为监察御史。

马周为官后，理政谦虚、谨慎，不拘旧俗，锐意创新，对于贞观时期的制度建设作出了重要贡献。为了表彰马周勤劳国事，唐太宗亲自题写了"鸾凤冲霄，必假羽翼；股肱之寄，要在忠力"十六个草书大字赐予马周。

马周被任命为监察御史里行，这个职务最初是专门为马周设置的。自此，马周迈开了政治生涯的第一步，最终官居中书令，成为当朝宰相。

（三）平步青云

苦心人，天不负，命运之神终于垂青了这位胸怀大志的青年人。马周十分感激唐太宗的信

龙兴晋阳雕塑，建于2003年，高6.99米，宽9.5米，重2500公斤，是目前太原最大的青铜雕塑。这座青铜群雕彰显唐太宗李世民及其勋臣长孙无忌、裴寂等历史人物的丰功伟绩

任，他觉得自己得到的不仅是高官厚禄，更得到了一个充分发挥才能的机会，他要尽其所学为唐朝社会的发展作出自己的贡献。

贞观七年（633），马周上书皇帝，对李世民为太上皇李渊大建宫室的做法，提出了比较婉转的批评。在这篇奏折中，马周写道："微臣每读经史，见前贤忠孝之事，臣虽小人，窃希大道，未尝不废卷长想，思履其迹。臣以不幸，早失父母，犬马之养，已无所施，顾来事可为者，唯忠义而已。"

他从自己的经历开始说起，认为李世民的想法是对的，对待父母就应该尽孝道。但是，马周认为现在唐朝初建，百业待兴，老百姓还很不富裕，应该以发展国力为先，等到以后国力有余了，再修建宫室尽孝道也不为晚。

他在这篇奏折中以非常平和的口气，对李世民的这种做法提出了不同意见，也很奏效。李世民看到后，觉得马周说得很对，不但没有生气，还停止修建宫室，并加封了马周的官职，让他更多地参与朝政，使马周有了更大伸展抱负的空间。

贞观十一年（637），马周又上书皇帝，从以前的朝代兴亡开始，说唐朝建立前的那几个朝代之所以存在的时间很短（长的不过五六十年，短的只有二三十年），主要因为这些时代的君主不懂得爱护百姓，一味地挥霍奢侈，对老百姓横加剥削，一是耗费了大量财力；二是失去了民心。另外，这些统治者昏庸无能，不会用贤良的人才，最终灭亡。

他还重点谈了隋朝灭亡的原因。他认为隋朝在文帝杨坚时的基础很雄厚，本来是可以长治久安的。可是炀帝杨广当皇帝以后，开始腐化堕落，剥削百姓到了很严重的程度，最终失去了天下人的心，被人杀死在扬州。马周劝李世民要以隋亡为鉴，时时刻刻记得隋亡的教训，不能因为天下平定下来，就走隋炀帝的道路。只有让老百姓安居乐业，才能巩固唐朝的统治，才能使唐朝由乱到治。李世民通过这篇奏折，更看到了马周出色的治国才能，越发重用他了。

贞观十二年（638），马周迁为中书舍人。唐太宗曾经对左右的人说：

我一天见不到马周就想他。可见马周在李世民心中的地位是很高的。当时的宰相岑文本，对马周的才能也是深为敬佩，说马周的才能可比汉朝的张良和终军。贞观十八年（644），马周当上了宰相(中书令)，同时还兼任皇太子李治的老师，对李治当皇帝以后的治国起到了很大的作用。

（四）奇思妙想

马周不仅在皇室和朝政大事上有颇多建议，对于很多日常的小事也总有自己的创意。当时在长安，如果有警情需要传奏，通常都是由人喊话来完成。在马周的建议下，长安城内外沿着大路设置了很多警鼓，依靠敲鼓来传递信息，这种鼓俗称"冬冬鼓"。

唐朝以前，官员的官服通常只有黄色和紫色，不容易分辨品级，马周便建议多设置几种颜色，三品官服为紫色，四五品为红色，六七品为绿色，八九品为青色。从此之后，官服的颜色和品级相对应的做法便被确认了下来，一直延续到清朝灭亡。

如今行人、车辆靠右行驶已经成为一种常识，但是很少有人知道，这种规则早在一千多年前的唐朝就已经开始实行。当时，马周定出一个规则，进出城门一律靠右走，以方便交通。这个规则断断续续地执行下来，直到今天。

当时，李世民为了防止御史巡查的时候加重各地的负担，便要求御史出巡不能吃肉。马周巡视各地的时候，每到一个地方，一定会要求给他鸡吃。有地方小官便告上京师，李世民对此的解释是，他只禁止御史吃肉，但是并没有禁止吃鸡，所以马周并没有犯错。

二、"贾生《治安策》以后第一奇文"

（一）马周的"上书"

马周一生，为官二十多年，曾多次向唐太宗上书，提出他的治国主张，并多为唐太宗所采纳，成为唐太宗的重要谋士，不愧为一个卓越的政

茌平县是马周的诞生地，它地处鲁西平原，现属山东省聊城市

治谋略家。令人遗憾的是，在《旧唐书》、《新唐书》本传中，并没有关于马周在治国安民方面的实绩，能看到的就是他的几个长篇奏折。

马周上奏章说：臣我每次读前代史书，看到贤能的人和忠孝的事迹，没有一次不是掩卷长思，想追随他们的足迹。我不幸早年就失去父母，已无法报答养育之恩；考虑今后所能做的事，只是对皇上忠义罢了。因此，我步行了两千里，前来归依陛下。陛下不认为我愚笨，越级提拔我做高官。我私下想我没有什么报答陛下的，就竭尽我微薄的力量，提出建议，供陛下选择。

我看见大安宫在宫城右边，宫墙、屋檐、宫门、观楼比起紫极宫来就显得矮小。东宫，是皇太子居住的地方，在里面；大安宫，是至尊高祖太上皇居住的地方，反而在外面。太上皇纵然是心意清静俭朴，爱惜人才，陛下不敢违背他的意愿，但是有周围少数民族前来朝见，天下前来观听朝政，大安宫就显得不合适了。我希望建造城墙门观，务必高大显著，以与太上皇的名望相称，如果这样，那么大孝也就彰明显著了。

我拜读了陛下的诏令，二月要驾临九成宫。我私下认为太上皇年事已高，陛下应该早晚探望。现在所要驾临的宫殿离京城有三百多里，不是早晨出发傍晚就能到达的。万一太上皇有什么

看八·大·谋·臣

感触，想马上见到陛下，又怎么来得及呢？陛下这次只是为了避暑去的，太上皇留在热的地方，而陛下到清凉的地方去，如此来处置热和凉，是我不能心安的地方。但是诏令已经下达，事情就不能中途停止，希望陛下昭示回来的日期，消除众人的疑惑。

我看见陛下宗室的人和功臣都到封国去，这样，封国就传给其子孙后代了，让他们世代守护着分封国政权。我私下认为陛下的用意实在是爱护他们、看重他们，想让他们的后代继承、守护下去，代代相传。我认为像诏书中提到的那些人，陛下应该考虑如何安排他们，使他们富贵，又何必让他们世代做官呢？即使是尧、舜那样的父亲，尚且有朱、均那样不贤的儿子。假使有不成器的人承袭了封国和职位，百姓就要遭殃，国家就要蒙受灾难。假如想禁绝这种情况，那么像春秋时代楚国令尹子文的大治还会实现；假如还想继续这种状况，那么像春秋时代晋国奕麝的强横凶恶早已显出暴虐了。所以说与其毒害还活在世上的人，不如对已死的臣子割断恩情，那么原来所说的陛下爱护他们，看重他们，正好是伤害他们啊。我认为应该授予他们土地和人口，确实有才能的，再按能力大小授官职。即使权势不够强大，却也可以因此免受牵累。汉光武帝不任命功臣为官吏，因此保全了他们的后代，这才是深得统治的方法啊。希望陛下慎重地考虑这件事，使那些贵族功臣能够得到隆恩，而且子孙后代能够一直享有富贵利禄。

我听说圣人教化天下，没有不把孝义当做根本的。所以说"没有比尊敬父亲更大的孝义，而尊敬父亲又不能大于祭天"，"国家的大事，在于祭祀和作战"，孔子也说"我不亲身参加祭祀就等于没有祭祀"，圣人就是这样重视祭祀啊。自从陛下登上帝位，宗庙祭祀的事，未曾亲自参加过。我私下揣摩陛下的心思是，认为自己乘车一出，花费就会很多，所以忍下了孝心，方便百姓。但是这一代的史官，没有写上皇帝到宗庙去，将拿什么来传给子孙后世，昭示帝业呢？我知道大孝实在不是只在祭祀的仪式上，但圣人要教导别人，必定要自己先做到，表示没有忘记根本啊。

我听说达到教化的方法，在于求得贤才，审察官员。孔子说："只有名位与官爵不可以借给别人。"这说的是谨慎用人的重要啊。我见到王长通、白明达本来是乐工、车夫等杂役，韦般提、斛斯正没有其他才能，只懂得调教马匹。虽然技艺超过同等地位的人，只可能多赏赐他们钱财丝帛，让他们家境富足。现在却超越名位授予他们过高的爵位，让他们参与朝廷的朝会，这些养马、歌舞的贱人，却穿着官服，戴着官饰，我暗自为此感到羞耻。如果朝廷的任命一时不能更改，适宜的办法是不让他们排列官班，与士大夫同列一伍。

唐太宗赞成他的说法，升他做了侍御史。他又上疏说：我一个个地观察夏、商、周、汉的天下，帝位相传承继，多的有八百多年，短的也有四五百年，都是依靠积累功德、基业，对百姓施加恩惠，其中难道没有邪僻的君王吗，却仍能依靠着以前有才德的君主而幸免灾难。从魏、晋到后周、隋，长的延续五六十年，短的二三十年就灭亡了，实在是因为创业的君主不致力于仁义教化。他们在位只能保住自己，以后没有留传下来什么功德值得追思，所以后来继位的君主，政权稍见衰败，一个人振臂一呼，统治便土崩瓦解。

现在陛下虽然以大功平定了天下，但是积累功德的日子还很短，所以应当大力提倡禹、汤、文、武的治国之道，广施恩惠，留下余地，为子孙后代创立万世的基业，哪里只能维持自己一代的统治呢。

然而自古以来的明王圣主，虽然因人施教，但大都是自己非常节俭，而对百姓施加恩惠，所以人民爱戴他像爱待父母，崇仰他如崇仰日月，敬畏他同敬畏雷霆，预计皇位能传长久，而且没有祸乱发生。

现在百姓正值丧乱之后，人口比起隋代才是它的十分之一，但是徭役不断，往往是兄去弟回，来往行程远的五六千里，无论春夏秋冬，从没有间歇的时候。陛下虽然下诏减免徭役，但有关部门却不能免除劳作，只是行了文书，而徭役的繁重仍像从前一样。四五年来，百姓中很多嗟叹抱怨，认为陛下不体恤他们。

尧的茅屋土阶、禹的粗衣陋食，我知道不可能在今天再实行。汉文帝爱惜百姓的费用而停止修建露台，搜集上书的布袋，做成宫殿的帷幕，他所宠爱的慎夫人衣服长度不拖到地上；汉景帝也认为编织的有彩色花纹的丝织品会妨害女子的纺织，特地下诏免除了，因此百姓安居乐业。到了汉孝武帝虽然极度奢侈，但因受惠于文帝、景帝遗留下来的功德，所以天下人心没有动摇。假如在汉高祖的后面就是武帝继位，天下一定不能保住。这些都是近代的事，事迹清晰可见。

现在京城（今陕西西安）以及益州（今四川广元北）等地，制造供奉的器物，以及诸王、宫妃、公主的服饰，都太奢侈华丽了。我听说先王设早朝于拂晓之时，后代都难以避免出现懈怠的人；靠法理治理，弊病更大，更容易混乱。陛下年轻时接触过社会，知道百姓的困苦，前代的兴衰，亲眼所见，您治理天下尚且如此，更不用说皇太子生长在深宫，没有经历过世事了。您之后他继位会怎样呢，这是陛下您心里应当忧虑的啊。

我私下寻思，自古以来只要百姓起来造反，聚集成盗贼，那个国家就没有不立即灭亡的，君主虽然悔悟了，但没有再能安稳、保全政权的。大凡治理国家推行教化，应当在可以治理的时候治理。如果要等到事变发生才后悔，就没有用处了。所以君王每每见到前代的灭亡，就知道他们的政治教化是从哪方面丧失的，但却不知道自身的过失。所以纣笑桀的灭亡，而幽王、厉王笑纣的灭亡，隋炀帝又笑齐、魏的亡国。现在我们来看隋炀帝，正像昔日隋炀帝看北齐、西魏一样。

回想贞观初年，全国因霜冻而歉收，一匹绢才换一斗米，但天下很安定，这是因为百姓知道陛下怜恤、体贴他们，所以人人都很安定而没有怨言。这五六年来，连年丰收，一匹绢可以换十多斛粟，但百姓却多抱怨，认为陛下不怜恤、体贴他们。

这是为什么呢？因为现在做的都是不迫切的事情啊。自古以来，国家的兴亡，不是凭着积蓄粮食多少决定，而在于百姓是苦还是乐啊。姑且拿近朝的事来验证这个道理。隋朝贮粮在洛口仓，李密利用了它；贮藏布帛在东都（今河南洛阳），却被王世充占据；西京（今陕西长安）的府库也成为我们今朝的资财。假使洛口、东都没有粮食、布帛，王世充、李密就不一定能聚集起那么多人马。积贮本是立国的常规，应当在百姓有余力时才收聚，难道要在百姓吃力时强行收敛，而用来资助盗匪吗？

节俭朴素以安息生人，贞观初年，陛下已亲自这样做了，现在再实行它也不难。这样做一天，天下百姓就知道，高兴得载歌载舞。如果百姓已经疲惫不堪，却不停地征用他们，万一中原发生了旱涝灾害，而边境又传来战争的警报，狂妄狡诈之徒也暗中兴起，那就不只是晚吃饭晚睡觉能解决的了。古语说："感动人要用行动而不是语言，应和上天要用诚实而不是文辞。"以陛下的英明，如果真想励精图治，也不用采取上古的做法，只要能像贞观初年那样，那么天下百姓就很幸运了。

从前贾谊对汉文帝谈起"可痛哭及长叹息的事"说：当韩信在楚地为王、彭越在梁地为王、英布在淮南为王的时候，假使文帝坐了皇位，天下一定不能安定。

他又说：由于众王年少，让傅、相来控制他，当各位王爷长大以后，一定会发生祸乱。后代都认为贾谊说得很对。我私下观察现在的各位大将、功臣，与陛下一起平定天下的人，没有像韩信、彭越那样威望智慧能震撼陛下的人；并且各位王爷都年幼，即使他们长大了，陛下在的时候，一定不会生出二心，但是万世以后，不能不让人忧虑。

汉、晋以来，祸乱天下的，哪一个又不是诸侯王之中的人呢。都是因为建立安置封赏不当，也不事先加以节制，而导致灭亡。君主哪里会不知道这样的道理呢，只是沉溺于个人的偏爱难以摆脱罢了。所以虽然前面有车倾覆了，但后车仍然重蹈覆辙。

现在天下百姓还比较少，而王爷却已有很多，对于那些过分受宠的，我实在感到忧虑，不仅仅是凭借恩宠而骄横的事啊。过去魏武帝宠爱陈留王，文帝即位以后，把他禁闭看管起来，像对待狱中的囚犯一样。为什么呢？先帝对他过分恩宠，所以继位的君王怀疑而且害怕他啊。况且皇帝的儿子都有封地，哪里还怕没有富贵，另外皇帝每年给他们的优厚赏赐，更是没有限度的。俗话说："贫穷不学俭朴，富贵不学奢侈。"这说的是顺其自然的道理。现在陛下开创帝业，哪里只是为安置眼前的子弟呢，应当制定长久的法度，使世世代代都遵照执行。

看
八·大·谋·臣

　　我听说治理天下以人民为根本。毕竟能使百姓安居乐业的，在于刺史、县令。县令很多，不可能做到都是贤才，但只要州里有好的刺史还是可以的。假如全国的刺史都很贤能而得民心，陛下就能拱手端坐在朝廷上，还要再去做什么呢？古时候的郡守、县令都选拔贤明有才德的人，想要运用他们，一定先考查他们管理百姓的能力，或从俸禄为2000石的官员中选拔成绩优等的做宰相。现在只重视内官，而轻视县令、刺史的选拔。而且刺史大多是武夫中有功劳的人，有的是不称职的京城官员放出去补的空缺。忠勇、果断刚毅，身强力壮的人入朝做中郎将，那些稍差一些的人才被补充到边远州县，而用德才兼备的标准选任的人还不到十分之一。百姓不能安居乐业，大概就是这个方面的原因吧。

　　他的上疏进奏以后，唐太宗认为很好，提拔他做给事中，转任中书舍人。

　　马周善于陈述奏章，机敏、辩证、清晰、深入，切中要害，处理问题周密，当时有很高的声誉。唐太宗曾经和长孙无忌等人从容谈论大臣们的得失，在讲到马周时他说："马周见事敏速，性甚贞正，至于论量人物，直道而言。朕比任使，多所称意。"曾经和马周共事的另一位宰相岑文本说："吾见马周论事多矣！援引事类，扬榷古今，举要删芜，会文切理。一字不可加一字不可减。听之靡靡，令人忘倦。"岑文本是文章的行家里手，当需要起草的诏书太多时，他就会叫来六七个书童执笔，自己口述，几篇诏书的书写同时进行，在很短的时间就会完成。而在岑文本的口中，马周议论事情时所说出的话是多一个字就繁琐，少一个字就词不达意，人听了之后有一种华美的感觉，可以解除疲倦。这种评价是很高的。

　　综观这些奏折，马周主要提出了如下重要的治国方略：

　　其一，劝谏唐太宗节俭治国，力戒奢侈。他从夏、商、周至魏、晋、隋统治天下的时间长短切入，告诫唐太宗应该"节俭于身，恩加于人"，如此才能让天下人对当政者"爱之如父母，仰之如日月，畏之如雷霆"。马周历陈尧、禹及西汉文景二帝节俭之事例，抨击当时朝中滋长的奢靡风气。

　　其二，劝谏唐太宗以"百姓苦乐"为国之兴衰的权衡标准。马周指出"自古以来，国之兴亡，不由积蓄多少，在百姓苦乐也"。他说隋朝虽然积蓄大量的仓米、布帛、金银，但最终却成为帮助造反者的财物。而今老百姓本无多少积蓄，我们还在强征暴敛，百姓颇有怨言，认为是朝廷不忧民怜民。进而提出"百姓苦乐"决定"国之兴亡"的观点。

其三，劝谏唐太宗高度重视基层政权建设。马周认为诸王与功臣的分封应该得当，不可"树置失宜，不预为节制"。他尤其强调重视郡县官吏的选拔任用，提出"天下者，以人为本"，要使老百姓安居乐业，就必须安排贤良的官吏赴任，才可能真正造福一方。

毛泽东的批语高度赞扬了马周在贞观五年（631）给唐太宗的奏疏，并认为是"贾生《治安策》以后第一奇文"。将马周的奏疏与贾谊政论相并列提出，足见他对马周所上之疏的评价之高，并且认为马周给唐太宗的奏折是宋代一些洋洋大论所不可企及的。

贾谊（前200—前168），又称贾太傅、贾长沙、贾生。西汉政治家、文学家，河南洛阳人。18岁时，就以博学能文而闻名于郡中，得到郡守吴公（秦朝丞相李斯的同乡，又是李斯的学生）的赏识，收为弟子。文帝即位后，因吴公的推荐，任为博士，掌文献典籍。其时，贾谊不过20多岁，在博士中最为年轻，但以见识和议论赢得博士中年长者的尊敬，受到文帝的重视。不到一年，被擢升为太中大夫，朝廷上许多法令、规章的制定，都由他主持进行。

贾谊在政治上主张改革，提出改定历法、修正律令、制定制度等建议，引起了一部分朝臣的不满。他们以"洛阳之人，年少初学，专欲擅权，纷乱诸事"（《史记·屈原贾生列传》)的流言，动摇了文帝对贾谊的信任，结果文帝让贾谊离开长安，去做长沙王的太傅，这便是贾长沙、贾太傅之名的由来。

在长沙任职的三年中，贾谊的心情一直抑郁不欢。文帝七年（前175)，贾谊被召回长安，任梁怀王的太傅。此时文帝虽仍赞赏贾谊的博学，但对于他多次上疏陈述的政治主张并不采纳。后来梁怀王骑马摔死，贾谊认为自己没有尽到太傅的责任，经常悲泣自责，不久而逝。

贾谊是杰出的政论家，其作品最著名的是《过秦论》与《治安策》

毛泽东看八·大·谋·臣

（又称《陈政事疏》），载于《汉书·贾谊传》。

　　毛泽东最喜欢贾谊的《治安策》，该文从国家的长治久安出发，居安思危，痛陈盛世下潜伏的危机，直指西汉同姓王分封制之弊：诸王幼弱，可暂免为祟，但将来长成，国家必现"一胫之大几如腰，一指之大几如股"的尾大不掉局面，建议朝廷"众建诸侯而少其力"，及早削弱其挑战中央的能量。贾谊还提出了匈奴侵扰、抗外不力、世风侈靡、仁义不施等种种弊端。所提措施，都有的放矢；分析时势，有理有据。毛泽东曾称赞"《治安策》一文是西汉一代最好的政论"（《毛泽东书信选集》，人民出版社1983年版，第539页）。

贾谊画像

　　毛泽东赞扬贾谊，在其早年诗句"年少峥嵘屈贾才"（《送纵宇一郎东行》）中已见端倪。后来在评价初唐诗人王勃时他曾说："以一个二十八岁的人，写了十六卷诗文作品，与王弼的哲学(主观唯心主义)、贾谊的历史学和政治学，可以媲美，都是少年英发。贾谊死时三十几，王弼死时二十四，还有李贺死时二十七，夏完淳死时十七，都是英俊天才，惜乎死得太早了。"（《毛泽东读文史古籍批语集》，中央文献出版社1993年版，第10—11页）

　　毛泽东1958年4月27日还专门写给秘书田家英一封信，让其读《贾谊传》。全文如下：

家英同志：

　　如有时间，可一阅班固的《贾谊传》。可

七律·咏贾谊
毛泽东

少年倜傥廊庙才，
壮志未酬事堪哀。
胸罗文章兵百万，
胆照华国树千台。
雄英无计倾圣主，
高节终竟受疑猜。
千古同惜长沙傅，
空白汨罗步尘埃。

略去《吊屈》、《鵩鸟》二赋不阅。贾谊文章大半亡失，只存见于《史记》的二赋二文，班书略去其《过秦论》，存二赋一文。《治安策》一文是西汉一代最好的政论，贾谊于南放归来著此，除论太子一节近于迂腐以外，全文切中当时事理，有一种颇好的气氛，值得一看。如伯达、乔木有兴趣，可给一阅。

毛泽东

四月二十七日

　　毛泽东在多次讲话中，说到历史上年轻有为的人物时，常常提到贾谊。如，1958年5月8日在八大二次会议时，毛泽东作"破除迷信"的讲话，一口气讲了几十个年轻有为的例子，其中也谈到贾谊。毛泽东说："汉朝有个贾谊，17岁就被汉文帝找去了，一天升了三次官。后来贬到长江，写了两篇赋，《吊屈原赋》和《鵩鸟赋》。后来又回到朝廷，写了两本书叫做：《治安策》和《过秦论》。我看他是秦汉史专家。他写了几十篇作品，留下来的是两篇文学作品（两篇赋）和两篇政治作品——《治安策》和《过秦论》。他死的时候只有三十三岁。"
　　（王子今：《毛泽东与中国史学》，中共中央党校出版社1993年版，第198页）
　　毛泽东曾两次写诗歌颂贾谊。他一生两次写诗歌颂的历史人物，仅贾谊一人而已。一首是《七律·咏贾谊》另一首是《七绝·贾谊》。这两首诗均最早发表于中央文献出版社1996年9月版《毛泽东诗词集》。

贾谊故宅

再说马周的"上书"。其切中要害，唐太宗看后"称善久之"。尽管从文学的角度看，马周的这封"上书"不及贾谊的《治安策》那样文采斐然、层次分明，但因为言之有物，在平实中见至理，于质朴中显真情，所以毛泽东对之赞赏不已，称之为"贾生《治安策》以后第一奇文"，并说，"宋人万言书，如苏轼之流所为者，纸上空谈耳。"苏轼为一代文学大家，其万言书被毛泽东说成是"纸上空谈"，可见毛泽东对政策建言的要求是切实可行，而非徒然好看而已。

毛泽东有一种独特的文化心理，即认为"贫人、贱人、被人看不起的人、地位低的人，大部分发明创造，占百分之七十以上，都是他们干的"。原因在于这些人"生力旺盛，迷信较少，顾虑较少，天不怕，地不怕，敢想敢说敢干"。《读〈初唐四杰集〉批语》马周以一介草民而平步卿相，为毛泽东的这一看法又提供了强有力的佐证，所以他格外喜欢。

马周在奏疏中说："自古以来，国之兴亡，不由积蓄多少，在百姓苦乐也。"他始终从更为长远的目标出发，防患于未然，马周的这种重视人民群众力量的观点，受到毛泽东的赞赏。

对于马周的这封"上书"，毛泽东在极其

七绝·贾谊
毛泽东

贾谊才调世无伦，
哭泣情怀吊屈文。
梁王堕马寻常事，
何用哀伤付一生。

赞赏的同时也指出了其中的某些不足。如"上书"中说："今百姓承丧乱之后，比于隋时才十分之一。"毛泽东认为此种说法"不确，比于隋时，大约五分之一"。隋唐鼎革，人口锐减，但不至于减少到马周所说的十分之一，可见毛泽东读史是非常善于独立思考的。

历史上，唐太宗以"从谏如流"而著称，毛泽东对他一向深表佩服。他曾总结"李世民的工作方法有四"，其中有两条便涉及虚心纳谏，即"每旦视朝，听受无倦"与"罢朝之后，引进名臣，讨论是非，备尽肝膈"。没有李世民便不可能有马周，毛泽东对此也是看得很清楚的。也正是因为有了马周这样敢于直言上谏的忠义之臣，才使唐太宗能及时调整统治政策，最终有了唐初"贞观之治"的局面。

（二）"马周才德，迥乎远矣"

马周按照儒家的民本思想，提出了"以人为本"的政治主张。他说，历观上古三代及汉朝，历年多者八百，少者不减四百，良以恩结人心，人不能忘故也。自是而降，多者六十年，少者二三十年，皆无恩于人，本根不固也。因此，他提出："然自古明王圣主，虽因人设教，而大要节俭于身，恩加于人；故其下爱之如父母，仰之如日月，畏之如雷霆，卜祚遐长，而祸乱不作也。"为此，他指出如下缺失：今之户口不及隋之十一，而给役者兄去弟还，道路相继。这是说赋税徭役太重，应当减轻。"今京师及四方所造乘舆器用及诸王、妃主服饰，议者皆不以为俭。"这是说统治者过于奢侈浪费，应该节俭。"自古以来，百姓愁怨，聚为盗贼，其国未有不亡者也。"这是说处理不好统治者与百姓间的关系，阶级矛盾激化，就不可避免地会爆发农民起义，导致亡国。他一针见血地指出："国家兴亡……在于百姓苦乐。"

马周提出的救弊药方是："节俭朴素以安息生人。"他认为在这方面，贞观初年做得比较好，而现时不如从前。所以，他感慨地说："以陛下之明，诚欲厉精为政，不烦远采上古，但及贞观初，则天下幸甚。"他进一步指出："必也使百姓安乐，在刺史、县令尔。县令既众，不可皆贤，但州得良刺史可矣。"他批评朝廷"今独重内官。县令、刺史颇轻其选。又刺史多武夫勋人，或京不称职始出补于外"，"所以百姓未安，殆在于此"。唐太宗对这些奏章十分赞赏，曾说："刺史朕当自选。"这些切中时弊之见，都是有根有据，而且马周都有针对性地提出了补救措施。

马周从儒家的传统精神出发，强调要以忠孝节义作为立国之本。而且皇帝本人要亲力躬行，"以己先之，示不忘本也"。马周结合唐太宗的实际生活情况，指出他做得不够的地方，如他对太上皇、皇太子等人住处的安排"太上皇留热处，陛下走温凉"，这样会使人困惑，难以确立以忠孝立国的根本。再如，下诏让宗臣、功臣全都到所属藩国去任职，虽出自关爱他们，但若承继子嗣无德无能，不能守住旧职，也会给国家造成危害。为此，他建议学习汉武帝的做法："宁割恩于已亡之臣。"只有这样，才能使国家免受拖累，功臣后裔也不会因此而有所损伤。

马周非常同意汉代贾谊在《治安策》中提出的有关分封诸侯以削弱他们势力的主张。他认为对诸王和功臣，不可"树置失宜，不预为节制"。他举例说，三国时曹操宠爱曹植，但当魏文帝曹丕即位后，对曹植倍加猜忌，如同对待囚犯一样严加防范，致使曹植抑郁而死。马周借此说明"先帝加恩太多，故嗣王疑而畏之也"。他希望唐太宗汲取前人的教训，不要"前车既覆，而后车不改辙也"。

马周的上书，以高屋建瓴之宏阔眼光，事无巨细，都归结于国家的长治久安上，特别是重视人民群众，并视为决定历史发展中的力量的观点，不只在封建社会历史中闪耀光辉，而且给后人以极大启发，也因此受到毛泽东的赞扬，誉之为"贾生《治安策》以后第一奇文"。

欧阳修、宋祁在《新唐书·马周传》中说："然周才不逮傅说、吕望，使后世未有述焉，惜乎！"毛泽东读到这里，在天头空白处批注道："傅说、吕望，何足道哉。马周才德，迥乎远矣。"毛泽东把马周的才德与历史上的著名谋略家傅说、吕望比较，认为马周比傅说、吕望高明得多。

傅说、吕望从一个平民百姓到为王所知，大施韬略，建立了不世功勋，与马周由"一介草茅"，"言天下事"而得到唐太宗的赏识和提拔，成为国之栋梁，是极其相似的，就他们对国家的贡献也是难分轩轾的。但毛泽东认为马周的才德远远超过傅说、吕望。

马周"机辩明锐，动中事会，裁处周密"。在贞观之治中建树颇多，"时誉归之"。而且，"马君论事，会文切理，无一言可损益，听之缅缅，令人忘倦。苏、张、终、贾正应此耳"。此处的"苏"指苏秦，"张"指张仪，两人都是战国时期的著名纵横家。苏秦主张连横不成，遂又说服山东六国行合纵之策；张仪则是主张连横政策的，两个都因鸿猷远谋，分别得到高官，铸造过辉煌。"终"指终军，西汉人。18岁被选为博士弟子，上书评论国事，武帝任为谒者给事中，迁谏大夫。后奉命赴南越（今两广地区），被杀。死时年仅20多岁，时称"终童"。"贾"即贾谊。《新唐书》作者通过别人的口，赞扬了马周的才德。唐太宗以"见事敏速，性甚贞正，论量人物，直道而言，朕比任使，多能称意"来评价马周。马周与唐太宗的关系是："故君臣间不胶漆而固，恨相见得晚"，以至于到了唐太宗"暂不见周即思之"的地步。这种认为马周远在傅说、吕望之上的评价历史上并没有人这样说过，完全是毛泽东本人所下断语，可算一家之言。这可能与毛泽东对出身微贱、年轻有为者比较偏爱有关。

三、"饮酒过量，使不永年"

（一）"饮酒过量，使不永年"

马周青年时代就喜欢饮酒，至老不衰，可谓终生嗜酒，严重地影响了他的健康，所以只活了48岁。

《新唐书·马周传》写道："马周字宾王，博州茌平人。少孤，家婆狭。嗜学，善《诗》、《春秋》。资旷迈，乡人以无细谨薄之。武德中，补州助教，不治事。刺史达奚恕数咎让。周乃去，客密州。赵仁本高其才，厚以装，使入关。留客汴，为浚仪令崔贤所辱。遂感激而西，舍新丰逆旅，主人不之顾。周命酒一斗八升，悠然独酌，众异之。……二十二年

毛泽东
看
八·大·谋·臣

卒，年四十八。"

毛泽东读到《马周传》写到马周饮酒量大和48岁而卒时，批注道："饮酒过量，使不永年。"（《毛泽东读文史古籍批语集》，中央文献出版社1993年版，第234页）显然，所谓"饮酒过量"，是指"周命酒一斗八升，悠然独酌"。那么，一斗八升是多少呢？斗是古代酒器名。《诗经·大雅·行苇》曰："酌以大斗，以祈黄耇。"张守节正义曰："大斗长三尺，谓其柄也。"斗柄有三尺长，可见是个不小的容器，而马周一次竟能喝一斗八升，是过量了。古人喝的大都是白烧酒。少饮点酒，可以扩张血管，有益于人的健康。但凡事都要有个度，酒喝多了，而且是终生嗜酒，自然会损害健康，便"使不永年"了。

（二）"马周年四十八"

贞观二十二年（648），马周因为一直为国事操劳，在长期的工作中积劳成疾，一病不起。据历史记载，马周患有消渴病，这种病今天被称为糖尿病。得病原因可能与马周过度饮酒有关系。唐太宗下令在长安城内的形胜之地为马周修建新的住宅，用以压邪，这座住宅就建在隆兴坊内。隆兴坊后来成为五王子宅，唐睿宗的五个儿子在这里居住，在这五个儿子中排名第三的李隆基也当了皇帝，隆兴坊从此改建为兴庆宫。

马周病重时，唐太宗在南山的翠微宫，亲自为马周调配药剂，连马周的日常饮食也由御厨提供。他还让皇太子李治前往马周家中慰问，希望早日康复。马周也想继续为大唐的发展壮大再多工作几年，可惜他的身体已经到了无药可治的地步，终于医治无效。

贞观二十二年元月九日，马周病故，时年48岁。他在临死之前，命家人把他这十几年给皇帝上的奏折统统烧掉，并说：春秋战国时的管仲和晏子经常数落国君的错误而出名，我不想做这样的人。马周死后，唐太宗为他举行了规格很高的葬礼，并特别让他的遗体陪葬在自己的皇陵。

唐太宗对于马周的死有些接受不了。唐太宗身边虽然并不缺少谏臣，但是缺少像马周这样连进谏也讲究策略的人。虽然他看上去不够"刚直不阿"，但是他的忠心却并不比别人少。唐太宗因为想念马周，甚至找来方士作法，希望可以再次见到他。

贞观年间，治国人才济济，马周能够从一介寒士做到宰相不是一件容易的事情。盛唐时的李白就曾以马周为榜样，企盼着一策打动帝王心，进而建功立业。马周虽然壮年逝世，但他毕竟也实现了人生的目标——辅佐明君治盛世，唐朝初年的政治稳定和经济发展都有马周的一份功劳。

毛泽东在读"二十四史"时，对《新唐书》中的《马周传》有句评点："饮酒过量，使不永年。"说的是马周是喝酒过多，导致韶光华年而逝。毛泽东从马周的生活习性出发，推断他英年早逝的原因是平日里饮酒过度，从而不得长寿，对才俊的早逝深表遗憾。

商鞅、诸葛亮
郭嘉 张良
李斯
朱升 马周 陆逊

朱升「九字国策定江山」

1972年12月10日中共中央转发国务院关于粮食问题的报告的批语中写道："毛主席最近又一次指出，当前国内外形势大好，各级领导同志要谦虚谨慎，不要因为胜利就忘乎所以。毛主席讲了《明史·朱升传》的历史故事。明朝建国以前，朱元璋召见一位叫朱升的知识分子，问他在当时形势下应当怎么办。朱升说：'高筑墙，广积粮，缓称王。'朱元璋采纳了他的意见，取得了胜利。根据我们现在所处的国内外大好形势和我们所坚守的社会主义制度和无产阶级立场，毛主席说：我们要'深挖洞，广积粮，不称霸'。毛主席的这一指示，使'备战、备荒、为人民'的伟大战略方针更加具体化了。"（逄先知、金冲及主编：《毛泽东传》（下），中央文献出版社2003年版，第1623—1624页）

中央批语稿曾送毛泽东审阅，毛泽东批示："照办。"1973年1月1日《人民日报》、《红旗》杂志、《解放军报》的元旦社论《新年献词》中，都传达了毛泽东的这个指示。

毛泽东讲朱升的历史故事，已不是第一次。

1969年8月27日，毛泽东在北京中南海又重读了"二十四史"，面对当时一触即发的战争形势，他从《明史·朱升传》中受到了启示，对

朱升像

"明朝建国以前，朱元璋召见一位叫朱升的知识分子，问他在当时形势下应当怎么办。朱升说：'高筑墙，广积粮，缓称王。'朱元璋采纳了他的意见，取得了胜利。"（逄先知等主编：《毛泽东传》（下），中央文献出版社2003年版，第1623—1624页）

周恩来说:"恩来,你读过《明史》没有?我看朱升是个很有贡献的人。他为明太祖成就帝业立了头功。他有九个字国策定江山:'高筑墙,广积粮,缓称王。'我也有九个字是:'深挖洞,广积粮,不称霸。'"(《文摘周刊(安徽)》2000年3月31日)

可以说,熟知历史的毛泽东早就注意到了朱升的九个字国策。早在1953年2月24日,毛泽东视察南京紫金山天文台时就讲过。

这一天,毛泽东在华东局领导人陈毅、谭震林的陪同下,先参观了总统府,游览了莫愁湖、玄武湖,最后驱车去紫金山天文台。毛泽东本是要登门拜访著名天文学家竺可桢的,因竺可桢不在天文台,未能会面。

天文台的科技人员热情地接待了毛泽东一行,并向他们作了天文台科学工作的简单汇报,然后陪同他们参观了古天文仪器、天体观察室。

随后,毛泽东一行离开紫金山天文台,步行下山,又顺便游览了位于山脚下的明孝陵。

毛泽东一行顺山而下,所见尽是坟头、石碑、祭室。所见祭室是清同治四年(1865)和十二年(1873)两次修建后的三间瓦房。在祭室南墙的中央,工笔重彩画着朱元璋的全身坐像。朱元璋的形象显得十分滑稽可笑:一张长长的瘦脸,像一个倒放的长把葫芦。脸上垂着长长的下巴,厚厚的嘴唇向前突起,两个鼻孔朝前开着。这副尊容,真可以说是三分像人,七分像猪。如果说是个人身猪面孔,那是毫不夸张的。

陈毅说:"这个朱洪武啊,怕有人刺杀他,所以要把画像故意画成这个猪样子的!其实呀,他长得并不这样难看。朱洪武死后,据说呀,南京的四个城门同时出殡,迷惑人们,不知道哪个棺材里装的是他真朱洪武,怕后人盗他的墓,真可谓用心良苦也!"他把最后三个字,一个字一个字地拖长了音调,大概是表示意味无穷。陈毅结束了他的故事,双手将木棍拄在地面双脚之间,面部留着回味的微笑。

毛泽东笑着看了陈毅一眼,又看了一下朱洪武的画像,面对我们说道:

"这些都是传说,朱洪武是放牛娃出身,人倒也不蠢,他有个谋士叫朱升,很有点见识。朱洪武听了朱升的话:'高筑墙,广积粮,缓称

毛泽东看八·大·谋·臣

王。'最后取得了民心，得到了天下。"（王鹤滨：《在伟人身边的日子》，中国青年出版社2003年版，第372页）

一、朱元璋与朱升其人其事

人们不禁要问，朱元璋到底是怎样一位皇帝？朱升的建议对他又起到了什么作用呢？

（一）富有传奇色彩的皇帝：朱元璋

朱元璋（1328—1398），幼名重八，又名兴宗，字国瑞，濠州钟离（今安徽凤阳）人，明王朝的建立者，史称明太祖。1368～1398年在位。他家境贫寒，只读过几个月私塾，从小给地主放牛、放羊。当时由于元朝的腐败统治，民不聊生，1344年淮北大旱，又逢蝗虫灾害和瘟疫流行，死者不计其数。朱元璋的父母和大哥相继死去，17岁的朱元璋便投入皇觉寺当了和尚。

元朝末年，农民起义风起云涌。元至正十二年（1352），朱元璋参加了郭子兴的红巾军，时年25岁。郭子兴死后，朱元璋成了这支起义军的重要将领，隶属于明王韩山童。韩山童死后，他的儿子韩林儿被立为皇帝，号称小明王。小明王任命郭子兴的儿子郭天叙和朱元璋分别为右都元帅和左副都元帅。后来郭天叙战死，朱元璋就统领郭子兴的全部人马，成为红巾军的元帅。龙凤二年（1356）攻下集庆（今江苏南京），改名为应天府，称吴国公，以此作为根据地，向外发展。

朱元璋在位期间实行了抗击外侵、革新政

"朱洪武是放牛娃出身，人倒也不蠢，他有个谋士叫朱升，很有点见识。朱洪武听了朱升的话：'高筑墙，广积粮，缓称王。'最后取得了民心，得到了天下。"（王鹤滨：《在伟人身边的日子》，中国青年出版社2003年版，第372页）

治、发展生产、安定民生等一系列有利于社会前进的政策，在政治、经济、军事、思想等方面大力加强君主专制的中央集权统治，巩固了明朝政权。但是他也有许多措施功过难断或者遭人诽议，如廷杖大臣、废丞相、设锦衣卫、大杀功臣、擅杀文人、重开殉葬制度、八股文取士制度、实行君主集权和高压统治等举措，所以他也是中国历史上最具争议的皇帝之一。

在称吴国公后，如何扩展，便成了摆在朱元璋面前的大问题。当然，朱元璋身边已有一批重要谋士，如刘基、宋濂等为他出谋划策，但面对当时局势，尚未有良策。这时，他的大将邓愈向朱元璋推荐了朱升。

那么，朱升又是怎样一个人呢？

（二）朱元璋访朱升

朱元璋听说石门镇有这样一位高士，又与自己同姓，十分欢喜，当即带领人马赶往廻溪拜访朱升。朱元璋一班人马赶到廻溪以西的一个山头正休息时（后人将此岭定名为思贤岭，岭下有一个亭子叫访贤亭），忽听到山下以东的方向有鞭炮声，当时随访的刘基一算，感到很奇怪，因为当天是个不吉利的日子，怎么会有人家办喜事呢？于是，就沿着鞭炮声赶到廻溪，看到一个姓洪的大户人家正在上梁，周围人山人海。朱元璋看到中柱上有副对联，上联"竖柱喜逢黄道日"，下联"上梁恰遇紫微星"，梁上横匾为"紫微高照"四个大字。朱元璋就问主家，上梁的这个日子是谁订的，家主说：这个日子是朱老进士确定的，梁上的对联就是他写的。于是，朱元璋按照主人的指点，找到朱升家，敲了半天门，朱夫人正在厨房切菜，菜刀也没有来得及放下，就出来开门，问有什么事。朱升在为洪家写好对联后，知道朱元璋这天定来寻访他，所以避而不见，夜半遁居入石门。但为了拯救百姓，在出门时还是写下一条锦囊妙计，放在楼上。朱元璋说明来意后，朱升夫人将他们一行人带到楼上，而到楼上一看，空空荡荡，只有一个竹匾，盖住一只碗。揭开竹匾，有半碗水，水中有一只螃蟹。夫人说：你们有事请教，就看这个东西。刘基走近，拿起螃蟹仔细一瞧，螃蟹的脐子已经被扒掉了，刘基恍然大悟，鄱阳湖就是蟹的形状，有七门，其中一门就叫齐门，朱升暗示我们攻打齐门。刘基将此计说给朱元璋听，朱元璋感到朱升是个奇才，问朱升夫人：老先生到什么地方去了，什么时候回来。夫人回说，主人走时说过，出门寻访少则两三个月，多则半年，叫你们不要找他。后来，朱元璋照此用兵，结果一举获胜，消息传到石门，朱升默言道："知我心者朱元璋也。"

当年冬天，邓愈重兵包围徽州城，元军坚守，双方相持半月有余，邓愈再次举荐朱升。由于上次战役的胜利，朱元璋佩服朱升的谋略，接受了上次访问的教训，把带领的队伍化装成商队，并带101匹战马，其中一匹金马为请朱升出门的礼，但不小心掉在山田里。此后，当地山民就把那个地方命为金马场。

民间相传，朱元璋来到石门时，朱升早就准备好了100根马桩和所有马料坐等朱元璋的到来。商队绕道浙江，从大连岭下，直奔朱升的隐居地石门。两人一见如故，朱元璋请教立国大事，朱升进呈"高筑墙、广积粮、缓称王"九字策，或称"首除三策"。朱升从战略上提出创基立国策略，深得朱元璋赞许，当即拜为中顺大夫，备顾问于内廷，参密命于翰苑。朱升也很高兴，事后，他在《和休宁县令唐于华》的诗中说：

西风笳鼓东南来，国本应须老手裁。

净洗甲兵过练水，早随冠冕上云台。

传宣导系门前柳，作颂人磨石上苔。

机会到时须勇进，无边莫待羽书催。

朱升在这首诗里，叙述了朱元璋来访的时令、方向、马匹以及自己的喜悦心情。

（三）"枫林先生"生平

朱升（1299—1370），字允升，休宁（今安徽休宁）人。元朝末年举人，被推荐参加进士考试，曾任池州府（今安徽贵池）学正（地方学校学官），很有讲授方法。蕲州（今湖北蕲春）、黄州（今湖北红安）农民暴动反元时，朱升弃官隐居在石门镇（今江西波阳北）。他屡次躲避兵荒马乱，逃往异地，却始终没有停止学习。

龙凤三年（1357），朱元璋攻下徽州（治所今安徽歙县），大将邓愈把朱升推荐给他。朱元璋召见朱升问当世大事，朱升回答说："高筑墙，广积粮，缓称王。"吴王（朱元璋）元年（1367）授官侍读学士、知制诰（掌起草诏令文书），同修国史。因为他年纪大，特别免除朝见。

明王朝建立后，洪武元年（1368），朱升任翰林学士，负责制定宗庙祭祀的礼仪。不久，又受命修订《女诫》，广采古代贤惠王后、贵妃可效法的事编入此书。

朱元璋大封功臣，诏书上的文词大多由朱升撰写，被认为典雅而确实。一年之后，朱升告老还乡，去世时年72岁。

朱升特别精通经学，他所撰写的《诸经旁注》，文词简洁，旨意精深，被学者称为枫林先生。

朱升的儿子朱同官至礼部侍郎，因犯法而被处死。

朱升是一个饱读经史、学富五车的知识分子，在元末的大动乱中，他隐居避乱，置身事外。俗话说，旁观者清。对当时局势，他洞若观火，所以当朱元璋向他垂问时，他胸有成竹地提出三条建议。

二、"高筑墙、广积粮、缓称王"

（一）朱升的三条建议

朱升的三条建议是什么意思？它在朱元璋建立明王朝的斗争中，发挥了什么作用？

朱升建议中的"高筑墙"，就是要朱元璋把自己控制地区城市的城墙筑得高高的，打起仗来，易守难攻，以巩固自己的管辖区域，建立巩固的后方，作为向外扩展的依托。

我们不能拔高古人，说朱升已有建立根据地的思想。但在冷兵器时代，在刀对刀、枪对枪的格斗中，高大坚固的城墙在战争中的作用是不能

低估的。朱元璋接受了朱升的这
个建议，不仅把应天的城墙修得
很坚固，而且攻取的城池也都如
法炮制，所以攻取的地方都能巩
固下来，从而对他夺取全国胜利
起了很大作用。

　　朱升建议中的"广积粮"，
就是要朱元璋积极发展农业生
产，积存充裕的军粮和民用粮。俗话说，兵马未
动，粮草先行。粮草对于军队和战争的重要意义
是不言而喻的。另外，农民有足够的粮食，他们
才能拥护战争、支援战争。朱元璋接受朱升这条
建议，任命康茂才为营田使，负责屯田和兴修水
利，发展农业生产，既解决了军粮的急需，又为
日后战胜群雄增强了经济实力。

　　朱升建议中的"缓称王"，就是要朱元璋务
求实效，不图虚名，避免过早地成为众矢之的。
如果说朱升的前两条建议都很切合实用，"缓称
王"则更表现出朱升这位大谋略家的眼光。在我
国历史上的动乱时代，群雄割据，谁先称王谁就
成了众矢之的。如秦朝末年的农民大起义中，项
羽自称西楚霸王，号令天下，最后被他封的汉王
刘邦打败。所以，凡是高明的政治家都是缓称
王，甚至自己不称王，让他的儿孙先称王。东
汉末年的曹操为汉献帝丞相，"奉天子以令不
臣"，已有称王称霸的实力，但他就是不称王。
孙权劝他当皇帝，他说，孙权是"要把他放在炉
火上烤"。但曹操一死，他的儿子曹丕便篡汉自

大纵湖位于盐都
县和兴化市交界处，朱
升曾隐居在大纵湖畔。
他的"高筑墙、广积
粮、缓称王"的名谏，
曾被毛泽东所借鉴，而
使其作出"深挖洞、广
积粮、不称霸"的战略
决策。朱升的后裔至今
还住在这里，并保存着
他的画像

立，建立魏国。

所以，朱升"缓称王"的建议，是对历史经验的总结，也是根据朱元璋当时面临的客观形势提出来的。当时东方的张士诚攻克平江（今江苏苏州），建其为国都；西方徐寿辉的蕲黄红巾军也东山再起，迁都于汉阳，后陈友谅取而代之；北方有刘福通、韩林儿的红巾军；南方有元朝的军队分守镇江、宁国、扬州、徽州、处州、衢州等地，紧紧地包围着朱元璋的地盘。这几支军队哪一支都比朱元璋势力大，所以朱元璋面临的形势十分危急。

（二）朱元璋如何应对

此时，朱元璋应该怎样面对呢？从战略和策略上来看，必须"缓称王"。红巾军农民起义的领袖是韩山童。元至正十一年（1351），他聚众三千人，在家乡栾城（今属河北）杀白马黑牛为誓，以红巾为号，宣布起义，被推为明王，从而点燃了元末农民大起义的烈火。韩山童死后，至正十五年（1355）春，其子韩林儿被刘福通迎至亳州（今安徽亳县），拥立为小明王，国号宋，年号龙凤。不久，移驻安丰（今安徽寿县）。龙凤四年（1358）夏攻取汴梁（今河南开封）为都

西安古城垣修建工作由都督濮英主持，在唐皇城旧城基础上扩建起来。城墙完全围绕"防御"战略体系，呈长方形，城墙的厚度大于高度，稳固如山，墙顶可以跑车和操练。城墙包括护城河、吊桥、闸楼、箭楼、正楼、角楼、敌楼、女儿墙、垛口等一系列军事设施

城。次年秋，兵败退还安丰。龙凤九年（1363）春，张士诚部将吕珍来攻，韩林儿被朱元璋率军挟至滁州（今安徽滁县）。

当时朱元璋臣属于韩林儿政权，不敢独树一帜，以免树大招风，四面受敌。其实，这就是"缓称王"的一个具体措施，对朱元璋势力的生存和发展起了很大作用。韩林儿是当时红巾军中力量最大的一支，在朱元璋的北边，不但挡住了元朝军队的巨大压力，减少了元军的打击，而且可乘机发展生产，积聚力量，从而对付东、西两边与他为敌的张士诚和陈友谅。

在"缓称王"的大前提下，朱元璋冷静地分析了形势，制定了正确的策略。他首先把军事打击的目标指向元军驻守的浙西地区，到至正十九年（1359），浙江省西部的元统治区都为朱元璋所有，成为朱元璋补充兵员和军需物资的基地。

与此同时，张士诚占有浙西富庶之地，不思进取而怠于政事；徐寿辉部则由于陈友谅杀徐寿辉自立及陈的骄横跋扈，内部不和，从而削弱了势力。面对这种情况，朱元璋作了正确的分析："友谅志骄，士诚器小，志骄则好生事，器小则无远图……向使先攻士诚，浙西负固坚守，友谅必空国而来，吾腹背受敌矣。……故先攻友谅……陈氏灭，张氏囊中物矣。"

事态的发展果如朱元璋所预料的那样，当朱元璋和陈友谅在鄱阳湖大战时，张士诚却袖手旁观，因而朱元璋能全力对付陈友谅。陈友谅原为徐寿辉部将，至正十九年（1359）迎徐寿辉迁

龙凤通宝是元末农民起义军韩林儿的铸钱

都江州（今江西九江），自称汉王。至正二十年（1360）夏，杀害徐寿辉称帝，建都江州，国号汉，年号大义。当时，陈友谅并没有把朱元璋放在眼里，他恃强自傲，妄图一举消灭朱元璋。朱元璋抓住敌人的弱点，采取正确的战略战术，沉着应战，最终打败了陈友谅。陈友谅在九江口中箭而死，其子陈理继位，次年即向朱元璋投降。

随后，朱元璋又打败了另一个劲敌张士诚。张士诚是盐贩出身，至正十三年（1353）起兵，攻下高邮（今江苏高邮）等地。次年称诚王，国号周，年号天佑。渡江攻下常熟、湖州、松江、常州等地，至正十六年（1356）定都平江（今江苏苏州），次年降元。他继续扩占土地，割据范围南到浙江绍兴，北到山东济宁，西到安徽北部，东到大海。至正二十三年（1363）攻安丰，杀红巾军领袖刘福通，自称吴王。后屡被朱元璋击败，至正二十七年（1367）平江城被朱元璋军攻破，张士诚被俘至集庆（今江苏南京），自缢而死。

张士诚雕像，位于江苏苏州何山公园

朱元璋在小明王韩林儿称帝时任左副元帅，龙凤二年（1356）攻下集庆，称吴国公，击败陈友谅后改称吴王。龙凤十二年（1366）发布文告，咒骂红巾军为"妖"。另外，他还指使廖永忠以迎韩林儿赴应天为名，把韩林儿沉死于瓜洲长江中。次年消灭张士诚的割据势力，随后挥师北伐中原，势如破竹。至正二十八年（1368）正月，朱元璋在应天登上皇帝宝座，国号明，年号洪武。同年攻克大都（今北京），推翻了元朝

毛泽东看八·大·谋·臣

的统治，以后逐步统一了全国。

三、"我们要'深挖洞，广积粮，不称霸'"

借助历史故事或古人的言论来阐释一个道理和观点，是毛泽东常用的一种方式。在批注国务院关于粮食问题的报告中讲述朱升的历史故事，发出"我们要'深挖洞，广积粮，不称霸'"的号召，是毛泽东根据新的世界政治格局和中国所处的国际地位和外部环境，明确提出的当前和今后工作的一个重要指导原则。

20世纪70年代初，我国还处于"文化大革命"动乱中，几年的动乱，使生产遭到严重破坏，国民经济和军事力量遭到严重削弱；盘踞在台湾的蒋介石叫嚣"反攻大陆"，在东南沿海不断派遣特务袭扰；在国际上，美国总统尼克松虽然访华并开始和我国进行外交谈判，但并没有放弃颠覆我国的图谋；中苏意识形态领域的论战进而影响到国家关系，苏联在中苏边境陈兵百万，摆出随时对我国发动侵略战争的态势；中印边境发生战争，我国被迫自卫反击。我国一时处于四面受敌之势。在这种情况下，毛泽东和中共中央对外敌入侵的严重性和危险性，提出了"备战、备荒"的方针和在这一方针指导下的"三线建设"任务。

"备战、备荒"的思想和"三线建设"的计划，是1968年5月中旬到6月中旬在北京举行的中共中央工作会议上提出来的。会议期间，毛泽东

明孝陵在南京市东郊紫金山（钟山）南麓独龙阜玩珠峰下，茅山西侧。朱元璋和皇后马氏合葬于此

从存在着新的世界战争严重危险性的估计出发，指出在原子弹时期，没有后方不行。他把全国划为一、二、三线，下决心搞好三线建设。

1965年6月16日，毛泽东在听取编制第三个五年计划和长远规划的问题汇报时指出：第一是老百姓，不要丧失民心；第二是打仗；第三是灾荒。计划要考虑这三个因素。11月中旬，毛泽东在华东视察谈到战备问题时指出：要争取快一点把后方建设起来。打起仗来，不要靠中央，要靠（地方）自力更生，粮食和棉花都要储备一些，要自己搞点钢，制造武器。要修工事、设防，多挖防空洞。

1966年3月12日，毛泽东在关于各省发展农业机械化问题给刘少奇的信中，对"备战、备荒、为人民"这一战略口号作了具体解释："第一是备战，人民和军队总得先有饭吃有衣穿，才能打仗，否则虽有枪炮，无所用之。第二是备荒，遇了荒年，地方无粮、棉、油等储备，仰赖外省接济，总不是长久之计。一遇战争，困难更大。而局部地区的荒年，无论哪一个省常常是不可避免的。几个省合起来看，就更加不可避免。第三是国家积累不可太多，要为一部分人至今口粮还不够吃、衣被甚少着想；再则要为全体人民分散储备以为备战、备荒之用着想；三则更加要为地方积累资金用于扩大再生产着想。"从毛泽东的这封信中可以看出，备战也好，备荒也好，一切都是为了人民。

"文化大革命"开始以后，这些工作实际上便停顿下来了，到1969年3月苏联军队入侵我国黑龙江珍宝岛地区，中苏关系进一步恶化，毛泽东在中共中央九届一中全会上的讲话中，提出了"要准备打仗"的要求。而后，中共中央发布《中国共产党中央委员会命令》，要求各省、市、自治区各级革命委员会，各族革命人民，中国人民解放军驻防边疆全体指战员，充分做好反侵略战争的准备，防止敌人突然袭击。在当年9月17日，《人民日报》刊登庆祝中华人民共和国成立20周年的口号中，虽然已有"备战、备荒、为人民"和"提高警惕，保卫祖国！随时准备歼灭入侵之敌"的内容，毛泽东又亲自加上了一条口号："全世界人民团结起来，反对帝国主义对社会主义发动的侵略战争，特别是要反对以原子弹为武器的侵略战争！如果这种战争发生，全世界人民就应该以革命战争消灭侵略战争，从现在起就应有所准备！"

1970年5月20日，毛泽东在《全世界人民团结起来，打败美国侵略者及其一切走狗！》的声明中指出："新的世界大战的危险依然存在，各国人民必须有所准备。"1972年12月10日，中共中央转发国务院《关于粮食问题的报告》时，传达了毛泽东关于"深挖洞，广积粮，不称霸"的指示，不仅使"备战、备荒、为人民"的伟大战略方针更加具体化了，而且对我国以后的内外政策有深远影响。

"深挖洞"就是"备战"，特别是准备打核战争，当时全国大中城市挖了很多防空洞，即"人防工程"。"广积粮"，既是"备战"，也是"备荒"，其宗旨都是"为人民"。"不称霸"则是我国对外政策的一种新表述，它至少包含这样两层含义：当时苏联与美国两个超级大国争夺世界霸权，我们提出"不称霸"，就是反对美苏称霸；再一层意思是，中国在世界上不谋求霸权，不仅当时如此，就是将来强大了也不称霸，中国坚持大小国家一律平等，世界上的事由各国商量着办，而不是由一两个大国决定。这种平等态度，使我国赢得了很多朋友。

1971年10月25日，第26届联合国大会以压倒多数票通过了恢复中华人民共和国在联合国的一切合法权利、驱逐台湾蒋介石集团的决议。从此，中国以一个负责任的大国形象出现在世界舞台上。1972年，面对风云变幻的国际形势，毛泽东和周恩来审时度势，运筹帷幄，作出了一系列重要决策，取得了中美关系正常化和中日建交等举世瞩目的巨大成就，开启了中国外交的新局面。

1974年2月22日，毛泽东在和赞比亚总统卡翁达谈话时，又提出关于三个世界的划分问题，说："我看美国、苏联是第一世界。中间派，日本、欧洲、澳大利亚、加拿大，是第二世界。咱们是第三世界。"又说："美国、苏联原子弹多，也比较富。第二世界，欧洲、日本、澳大利亚、加拿大，原子弹没有那么多，也没有那富；但是比第三世界要富。……"还说："亚洲除了日本，都是第三世界。整个非洲都是第三世界，拉丁美洲也是第三世界。"（《关于三个世界的划分》，《毛泽东外交文选》，中央文献出版社、世界知识出版社1994年12月版，第600—601页）毛泽东关于三个世界的划分，最大限度地孤立了苏、美两个超级大国，是"不称霸"思想的具体化。

20世纪80年代后期，随着东欧社会主义国家的蜕变，苏联的解体，出现了美国独霸世界的局面。邓小平同志提出了"冷静观察，稳住阵脚，沉着应付，韬光养晦，善于守拙，决不当头，有所作为"的战略方针（转引自《江泽民论有中国特色社会主义》，中央文献出版社2002年8月版，第527页）其核心要义就是"决不当头"和"有所作为"。其实，"不当头"就是"不称霸"的另一表述方法。

以后，随着世界多极化格局的形成，江泽民、胡锦涛同志更进一步提出，在和平共处五项原则的基础上，建立国际政治经济新秩序，进一步加强同发展中国家的团结与合作，努力发展大国间长期稳定的友好合作关系，为建立和谐世界而奋斗。显而易见，这些主张都是毛泽东"不称霸"思想的创造性的新发展。

总之，毛泽东从《明史·朱升传》中得到的启示，就是要避开当时的国际矛盾，搞好应付世界大战的准备，提出了"深挖洞，广积粮，不称霸"的主张，可以说是古为今用的一个典范。为了使全党同志对这一策略有更深层次地理解，他还于1972年12月下达了注释《明史·朱升传》的任务。因而，"深挖洞，广积粮，不称霸"很快成为一种政治口号，影响极大，在当时可以说是家喻户晓。它不仅是推动国内"备战、备荒"运动的一个口号，而且也成为指导我国对外政策的长远方针。

看·八·大·谋·臣

后　　记

我们编完本书之后，尚有两个问题需要向读者交代：

一、关于编写凡例方面的两个问题：

1．关于古代纪年。本书采取古代纪年括注公元纪年的方法，而省去"公元"和"年"字，如果是公元前则只加一"前"字。例如唐太宗贞观五年（631），汉武帝元光三年（前132）。

2．关于古书地名。本书采取古地名括注今地名的方法。例如大梁（今河南开封）。

二、关于本书的编写情况：

在编写帝王篇的过程中，我们参考了目前公开出版的毛泽东著作及有关的研究成果，以及相关的历史研究著作。对于借鉴别人的劳动成果，我们大都在书稿中一一注明，在此再次致谢。

由于作者受理论水平和历史知识所限，错误和不当之处，在所难免。企盼广大读者、专家不吝赐教。

本书是一部集体著作，除主编兼主笔毕桂发教授外，参加本书编写工作的还有毕国民、毕晓莹、毕英男、东民、刘磊、孙谨、赵玉玲、赵善修、赵庆华、赵悦、朱东方、许娜、王汇涓、范闫青、范冬冬、张涛、张豫东、李会平、韩明英。

毕桂发于河南大学
2010年5月19日